Infinitude subjetiva e estética

FUNDAÇÃO EDITORA DA UNESP

Presidente do Conselho Curador
Herman Jacobus Cornelis Voorwald

Diretor-Presidente
José Castilho Marques Neto

Editor-Executivo
Jézio Hernani Bomfim Gutierre

Conselho Editorial Acadêmico
Alberto Tsuyoshi Ikeda
Áureo Busetto
Célia Aparecida Ferreira Tolentino
Eda Maria Góes
Elisabete Maniglia
Elisabeth Criscuolo Urbinati
Ildeberto Muniz de Almeida
Maria de Lourdes Ortiz Gandini Baldan
Nilson Ghirardello
Vicente Pleitez

Editores-Assistentes
Anderson Nobara
Fabiana Mioto
Jorge Pereira Filho

Jair Barboza

Infinitude subjetiva e estética

Natureza e arte em Schelling e Schopenhauer

© 2003 Editora UNESP

Direitos de publicação reservados à:
Fundação Editora da UNESP (FEU)
Praça da Sé, 108
01001-900 – São Paulo – SP
Tel.: (0xx11) 3242-7171
Fax: (0xx11) 3242-7172
www.editoraunesp.com.br
www.livrariaunesp.com.br
feu@editora.unesp.br

CIP-Brasil. Catalogação na fonte
Sindicato Nacional dos Editores de Livros, RJ

B214i

Barboza, Jair, 1966-
    Infinitude subjetiva e estética: natureza e arte em Schelling e Schopenhauer / Jair Barboza. – São Paulo: Ed. UNESP, 2005.

    Anexos
    Inclui bibliografia
    ISBN 85-7139-592-6

    1. Schelling, Friedrich Wilhelm Joseph von, 1775-1854. 2. Schopenhauer, Arthur, 1788-1860. 3. Kant, Immanuel, 1724-1804. 4. Estética. 5. Filosofia alemã. I. Título.

05-1245
CDD 193
CDU 1(43)

Editora afiliada:

Asociación de Editoriales Universitarias
de América Latina y el Caribe

Associação Brasileira de
Editoras Universitárias

Sumário

Introdução   7

1   Intuição intelectual e absoluto   19
O ponto firme da filosofia   19
A construção   38
Atividade originária   44
Razão intuitiva   57

2   Alma cósmica   61
Polaridade   61
Vida universal   73
Graus de desenvolvimento da natureza   83
Potências   89
Vontade   93

3   Vontade cósmica – Recepção e assimilação
de Schelling em Schopenhauer: a natureza   99
Em favor da metafísica   99
Um novo ponto de vista   103

Vida universal   114
Graus de objetivação da Vontade   126
Aparições   138

4   O belo   145
Sensível e suprassensível   145
Juízo estético   149
Ideia kantiana   152
Reinterpretando a ideia   160

5   O sublime   187
Transição para o sublime   187
O caso Schiller ou o sublime trágico   197
Schelling: unidade entre belo e sublime   209

6   Belo-sublime – Recepção e assimilação
de Schelling em Schopenhauer: a arte   223
Gênio e consciência melhor   223
Belo artístico e belo natural   233
O belo-sublime   242
Kant relido   255
Parentesco entre estética e ética   261

Conclusão   277

Referências bibliográficas   285

Índice   293

Anexos   301

Introdução

Fichte e Schelling encravam-se em mim, mas não eu
neles: ou seja, o pouco de verdadeiro que reside em
suas doutrinas está contido naquilo que eu disse.

Schopenhauer

Numa carta autobiográfica a Erdmann de 31 de março de 1851,
Schopenhauer relata que, ao frequentar a Universidade de Göttingen, em 1809, ouviu durante um semestre preleções de "ciências naturais e história" (estando matriculado oficialmente em
medicina) quando, "mediante as palestras de Schulze e seu
Enesidemo", foi "despertado para a filosofia". O mesmo mestre
lhe deu o conselho de primeiro "dedicar-se exclusivamente a
Platão e Kant" e, até que tivesse domínio deles, não ler nenhum
outro filósofo, nem mesmo Aristóteles ou Espinosa, no que foi
atendido. Schopenhauer ainda acrescenta que não se arrependeu
de ter seguido o conselho (Hübscher, 1933, II, p.55).

Esse relato contém de forma sucinta a história que o filósofo narra em suas obras, ou seja, que a sua filosofia é devedora
dos "dois maiores filósofos do Ocidente", o "divino Platão e o
assombroso Kant" (Shopenhauer, 1988c, p.15), aos quais se
juntam o *Upanixade*, o livro sagrado dos Vedas, e a observação da
natureza. Semelhante imagem que Schopenhauer desenha do

seu trajeto e da sua formação intelectual é a que ainda hoje marca os seus estudos. De modo que o fato de dedicarmos um texto à recepção e à assimilação dos conceitos de natureza e arte de Schelling em sua obra talvez possa a princípio surpreender.

De fato, se são levados em conta atualmente os temas da pesquisa em torno do autor, constata-se que ela respeita a história por ele contada acerca da origem do seu sistema e privilegia sobretudo as referências teóricas a Kant, em comparação com o qual mesmo Platão entra no ocaso.[1] Essa fortuna crítica é reforçada por Schopenhauer e a sua *Crítica da filosofia kantiana*, em apêndice a *O mundo como vontade e como representação*, sua obra principal. Constantes remissões são feitas a conceitos básicos da filosofia crítica. É o caso do conceito de vontade, com o qual a metafísica schopenhaueriana é identificada, que é conectado à coisa-em-si e à solução da terceira antinomia, na qual Kant mostra como é possível a conciliação entre liberdade e necessidade, e, daí, a referência da ideia transcendental de liberdade ao em--si, ficando reservada a necessidade às coisas enquanto objetos da experiência. Schopenhauer acreditava ser o autêntico e fiel herdeiro de Kant, ao passo que nega uma proximidade maior com Shelling, que classifica antes, ao lado de Fichte e Hegel, como um "sofista" ou "professor de filosofia" que precisava ganhar honorários à custa da conformação do seu pensamento aos interesses do Estado.

Mas já em vida Schopenhauer tomou conhecimento das desconfianças acerca da sua proximidade com Schelling, do que ele se queixa em carta de 31 de outubro de 1856 ao discípulo Frauenstädt. Diz que tentam fazer dele um schellinguiano que teria, mediante "combinações sagazes" e "espinosismo requenta-

---

1 Cf. Hübscher, 1981. De 2.395 registros bibliográficos, Hübscher traz 18 estudos sobre o tema Schelling-Schopenhauer, sendo apenas dois na forma de tratamento mais detido: Hartmann, 1979 (1869), p.21-36; e Hartmann, 1886, p.44-61.

do", gerado o próprio sistema. Schopenhauer pensa que o autor de tal acusação (Pack) na verdade procurava se vingar do fato de o filósofo, já famoso, ter-lhe recusado uma visita. Em outra carta, de 12 de novembro do mesmo ano (a Asher), a queixa é retomada, agora contra o teólogo Fricke, que "tenta de todas as maneiras me difamar", dizendo que "retirei tudo de Schelling" (Hübscher, 1933, p.517, 521). Tal desconfiança passa para a história da filosofia e reaparece em E. v. Hartmann, que chega a afirmar que a estética de *O mundo...* é mera popularização da schellinguiana. Nesse caminho de E. v. Hartmann, abordagens parecidas, que filiam ambos os filósofos, encontram-se novamente em Fischer (1902, p.310, 543, 561, 603), Cassirer (1923, III, p.423-5) e Tilliette (1970, p.431-3). No entanto, trata-se aqui de comentários que se detêm em paralelos e semelhanças, conjecturas sem tratamento conceitual mais detalhado que desça às bases dos dois sistemas de pensamento. Tarefa tanto mais lacunosa por não estarem disponíveis a nenhum dos comentadores os manuscritos póstumos de Schopenhauer, nem os exemplares da obra schellinguiana de sua biblioteca. Por outro lado, também em vida Schopenhauer encontra apoio em J. Hillebrand, quando este, investigando o período romântico-idealista da filosofia alemã, sentencia na sua *Die deutsche Nationalliteratur*: "Estando no solo do idealismo, Arthur Schopenhauer eleva-se a uma concepção altamente própria e original das coisas do mundo e humanas" (Hillebrand, 1851, p.190). Contudo, uma prova de como a sua filosofia é original, embora esteja "no solo do idealismo", não nos é oferecida.

Hübscher, por seu turno, que à diferença dos demais comentadores se debruçou sobre os póstumos de Schopenhauer durante décadas, opina que, apesar da proximidade entre Schelling e Schopenhauer, não é de se admitir uma recepção do primeiro no segundo. Schelling foi apenas um *intermezzo* para Platão (Hübscher, 1988, cap. V – "Von Shelling zu Platon"). Essa posição se reflete no *Schopenhauer-Jahrbuch*, que em quase um século de existência registra apenas três artigos sobre o tema (May, 1950; Vecchiotti, 1987, 1989). De resto, há silêncio, como se os pósteros fôssemos demasiados respeitosos para com as muitas críticas severas que Schopenhauer fez ao adversário e aceitássemos o seu juízo sobre a influência deste sobre si. De outra perspectiva, a do influxo intelectual de Schopenhauer sobre a posteridade, há estudos mais frequentes e extensos, centrados em diversos autores, o acento recaindo no lado imanente da sua filosofia, caso do fisiologismo de Nietzsche, que considerava Schopenhauer o seu "primeiro e único educador".

Freud, por sua vez, embora negue a leitura de Schopenhauer antes da criação da psicanálise, reconhece todavia as "amplas concordâncias da psicanálise com a filosofia de Schopenhauer" (Freud, 1961, p.84). Na arte, Wagner tinha o intento de musicalizar a filosofia schopenhaueriana. E o primeiro Nietzsche, com o seu *A origem da Tragédia no Espírito da Música*, não escapa à órbita do mestre. Mesmo Wittgenstein, com a sentença 6.421 do *Tractatus* – "Ética e estética são uma coisa só" –, remete imediatamente ao objetivo schopenhaueriano de unir ambos os domínios.[2] Enfim, tem-se hoje em dia um espectro variado de estudos seja sobre Kant e Schopenhauer, seja sobre a fortuna crítica deste entre filósofos posteriores. Quanto a Schelling, um relativo esquecimento paira em torno dele.

* * *

Este estudo retorna à desconfiança do tempo de Schopenhauer, retira-a da nota de rodapé a que foi confinada e explora

---

2 Cf. o guia de Frongia, Mcguinnes, 1990. Mostra-se ali que os estudos da relação Wittgenstein-Schopenhauer concentram-se no *Tractatus* e o seu chamado misticismo ético. Os *Tagebücher* de 7.10.1916 dizem: "A obra de arte é o objeto visto *sub specie aeternitatis* e a boa vida é o mundo visto *sub specie aeternitatis*. Eis a conexão entre arte e ética". Clara repetição de um ponto de vista schopenhaueriano (cf. aqui o cap. VI, 5). Cf. ainda Bryan, 1983, p.286-315.

uma face relativamente desconhecida do autor. O nosso *método de investigação se baseia em tomar Schopenhauer mesmo como condutor,* seja nas obras publicadas, nos cadernos de estudos da gênese do seu sistema ou nos exemplares de mão da obra schellinguiana presentes em sua biblioteca. Rastreamos as suas referências ao idealista, interrogamos o seu sentido e procuramos ir além delas no intuito de descobrir se e como os mesmos se enraízam em sua obra. Fotocópias do Schopenhauer-Archiv em Frankfurt am Main – algumas com material inédito – constituem uma fonte central de apoio ao nosso texto. *Usar Schopenhauer como condutor implica ao mesmo tempo uma delimitação do tema,* tanto mais necessária em virtude da extensão dos dois sistemas. Procuramos nos ocupar apenas dos momentos efetivos em que o filósofo deixa sinais de Schelling na gênese e na publicação de sua obra. Em função disso, a literatura secundária será economizada, para evitarmos nos deter em temas exclusivos de um ou de outro autor. Interessa-nos aqui o confronto crítico direto e imediato de Schopenhauer com Schelling, o primeiro filósofo de envergadura por ele lido antes da elaboração de *O mundo como vontade e como representação.*[3] Decisivo ainda é men-

---

3 Consultando-se o que restou da sua biblioteca, pode-se nomear as seguintes obras schellinguianas lidas por Schopenhauer antes da elaboração de sua obra principal: *Vom Ich als Prinzip der Philosophie oder über das Unbedingte im menschlichen Wissen; Philosophische Briefe über Dogmatismus und Criticismus; Abhandlungen zur Erläuterung des Idealismus der Wissenschaftslehre; Über das Verhältnis der bildenden Künste zu der Natur; Philosophische Untersuchungen über das Wesen der menschlichen Freiheit; Von der Weltseele; Ideen zu einer Philosophie der Natur; Denkmal von Jakobis Schrift; Einleitung zu dem Entwurf eines Systems der Naturphilosphie; System des transzendentalen Idealismus; Über das Verhältnis des Realen und Idealen; Bruno oder über das göttliche und natürliche Princip der Dinge, ein Gespräch; Philosophie und Religion; Darlegung des wahren Verhältnisses der Naturphilosophie zu der verbesserten Fichteschen Lehre.* Um leque variado que inclui as obras mais significativas de Schelling até 1809. Isso atesta como Schopenhauer era um profundo conhecedor da sua filosofia, tendo para si claro o que podia dela receber ou rejeitar.

cionar que, para melhor seguir o modo como Schopenhauer lê
Schelling – sem recorrer a periodizações –, a nossa abordagem
do idealista não segue a tradição corrente de aproximação ao
seu pensamento que o divide em períodos, por sua vez divididos
em subperíodos, como se existissem quase tantos Schellings
quantas são as suas obras.[4] Trabalharemos aqui com o conceito
de *continuidade*: temas podem desaparecer em certo momento,
mas depois serem retomados com modulações de sentido.
Conceitos como os de vontade e intuição intelectual já estão
presentes nos escritos schellinguianos de 1795 e alcançam,
retrabalhados, os textos de 1809. É aquilo que também se
pode chamar de "filosofia em devir" (Tilliete, 1970). Porém, se
tivermos de respeitar uma periodização, então se observará a
divisão feita pelo próprio Schelling, ou seja, entre filosofia "negativa" e "positiva". A primeira entendida como o "movimento
do pensamento" enquanto conhecimento que degrada para as
"relações que os objetos assumem no mero pensamento", a
segunda entendida como a aproximação da "*existência* mesma",
do "positivo imediatamente", isto é, a personalidade de Deus a
manifestar-se gradualmente para o homem na história (com o
que "a filosofia positiva é também *histórica*") (Schelling, 1856-
-1861s, SW X, p.125; 1856-1861n, SW X, p.176; 1856-1861l,
SW XI, p.571). Assim, por lidar com a leitura de Schopenhauer
e tomá-lo como condutor, o nosso trabalho gravita em torno da

---

4   Essa tradição foi trazida à ordem do dia por E. v. Hartmann, que vê dois
    períodos básicos em Schelling: 1794-1806 e 1806-1856. O primeiro
    período admite a fase do idealismo transcendental do eu absoluto entre
    1794 e 1797; a fase da filosofia da natureza entre 1797 e 1799; uma união
    entre idealismo transcendental e filosofia da natureza entre 1799 e 1800
    e a preponderância da filosofia da natureza ao fim de 1800. A partir de
    1804 prepara-se o segundo período principal. Este admite uma primeira
    fase, 1806-1827, centrada na personalidade de Deus e na liberdade, e uma
    segunda fase que trata da pura filosofia racional que transita para uma filo-
    sofia positiva ou empirismo filosófico (Hartmann, 1979 [1897], p.1-3).
    Ou seja, somados, temos 6 períodos!

filosofia negativa, mais precisamente a primeira filosofia de Schelling até 1809, ano de publicação do *Freiheitsschrift*.[5] Confrontamos o equívoco que ora se inclina a considerar Schopenhauer um popularizador de Schelling, caso de E. v. Hartmann, ora nega a recepção deste no primeiro, caso de Hübscher. Não transformamos Schopenhauer num schellinguiano ou num autor que ignorou o idealismo transcendental e a filosofia-da--natureza de Schelling. Para isso definimos os conceitos de recepção e assimilação do nosso título no sentido de *O mundo...* Trata-se aqui de compreender como certos conceitos são recebidos e transmutados pelo chamado *Selbstdenker*, o pensador autônomo, de gênio. Este, como um organismo, trabalha o que ingeriu do contato com outras obras, recusa alguns elementos e transforma outros numa substância própria, gerando uma maneira ímpar de abordar e perceber o mundo, ao contrário do *Bücherphilosoph*, o filósofo livresco que apenas repete coisas de "segunda mão", com "expressões gastas", "impressões de impressões", curvando-se ao estilo da moda (Schopenhauer, 1988g, § 257-71). A originalidade do Schopenhauer *Selbstdenker* implica divergências advindas do processo de assimilação, ou seja, ele elimina o que lhe é indigesto e neutraliza assim uma herança conceitual passiva, o que também será mostrado no decorrer do texto, ou seja, realçaremos a especificidade de Schopenhauer mediante críticas ao papel da razão e da reflexão na abordagem da natureza e da estética por Schelling.

* * *

Este texto, em suma, é intertextual. Mostra como Schelling e Schopenhauer se iluminam reciprocamente num projeto comum de reação contra Kant e a sua negatividade crítica relacio-

---

5 Que é como os especialistas denominam abreviadamente as *Philosophische Untersuchungen über das Wesen der menschlichen Freiheit un die damit zusammenhängenden Gegenstände*.

nada ao mundo inteligível em oposição ao sensível. Para isso, Schelling e Schopenhauer aproveitam-se do momento mais avançado do kantismo, a exposição negativa do suprassensível na *Crítica da faculdade de juízo*, e tentam *positivizá-lo*. Se Schopenhauer recebe e assimila Schelling pelo conceito de natureza e arte, pensamos, deve-se ao fato de *ambos estarem empenhados na tarefa comum de atribuir imagens ao substrato suprassensível do mundo e da natureza*. Por conta disso, os dois penetram no interior da Analítica do Sublime e de lá conferem a ela um poder imagético inexistente em Kant, porém aproveitando-se das próprias ferramentas que este lhes fornece. A tarefa de Schopenhauer, ao fim, será tanto mais crucial porque ele, servindo-se de um caminho aberto por Schelling no idealismo transcendental, *unifica ética e estética*.

A primeira parte deste texto será dedicada à "infinitude subjetiva" ou "natureza", e subdivide-se em três capítulos:

Capítulo I, "Intuição intelectual e absoluto" – aborda um momento angular do pensamento pós-kantiano, quando Fichte e Schelling introduzem no idealismo alemão o conceito de "intuição intelectual", ponto firme da filosofia que apreende o "eu absoluto". Schelling, no entanto, desgarra-se aos poucos da órbita fichtiana, pois o seu misticismo transcendental o leva a ampliar a intuição intelectual, por delimitação ou construção, à natureza, o que ocasiona uma ruptura com o idealismo de Fichte, para quem a natureza só existe como resistência à atividade originária do eu absoluto. Porém, a partir desse distanciamento, dar-se-á a aproximação de Schopenhauer. Na verdade, o conceito de intuição intelectual como definido na oitava das *Cartas filosóficas sobre o dogmatismo e o criticismo* de Schelling atravessa todo o capítulo I – e mesmo os posteriores – como uma ponte entre os misticismos de Schelling e Schopenhauer.

Capítulo II, "Alma cósmica" – é dedicado à expansão schellinguiana da intuição intelectual ao mundo. O acosmismo fichtiano é rejeitado pelo conceito de alma cósmica, considerada a *natura naturans* que se manifesta na realidade efetiva como *natura natu-*

Infinitude subjetiva e estética

rata, pela intermediação dos chamados graus de desenvolvimento da natureza, das Ideias platônicas ou potências (espécies naturais). A alma cósmica é considerada vida universal, numa conclusão extraída tanto da nova biologia de Kielmeyer como do conceito de organismo de Kant. A alma cósmica vivente, embora em certos momentos seja confundida com um querer cósmico, possui em seu fundo um substrato racional. Ela exibe polaridade e metamorfose em sua manifestação, conceitos que vêm de Goethe e do seu encanto pelo fenômeno do magnetismo e da metamorfose das plantas. O trabalho com diversos autores indica como Schelling era um daqueles espíritos ecléticos, que amalgamava tendências diversas para a montagem de sua filosofia.

Capítulo III, "Vontade cósmica" – trata da recepção e da assimilação do conceito de natureza de Schelling em Schopenhauer. Indica porém o novo ponto de vista com o qual trabalha a filosofia, justamente o conceito de vontade cósmica, dita *natura naturans*, princípio irracional do mundo a substituir a alma cósmica. A vontade, em correspondência com a alma cósmica, manifesta-se como *natura naturata* em graus de objetivação, isto é, Ideias platônicas (espécies naturais). Essa mesma vontade é nomeada também vida universal, e é no pensamento de Schopenhauer uma discórdia originária. Este caráter alógico e totalmente obscuro do querer acarreta uma divergência de base com Schelling, a qual, no entanto, não anula a referência a ele e aos graus de desenvolvimento da natureza. Schopenhauer, mesmo, ao ler certas passagens da filosofia schellinguiana, falará de *Vorspuck von mir* (aparições, suspeitas de algo depois expresso claramente).

A segunda parte deste texto é dedicada ao papel da estética em sua íntima ligação com o conceito de natureza. Desde já entenda-se que o termo "estética", embora associado privilegiadamente pelo idealismo à bela-arte, será subsumido por Schopenhauer ao conceito de belo. Portanto, a estética não se restringe à arte, mas inclui a bela-natureza. Portanto, ao conceito de arte a que se refere o título de nosso texto, associe-se o conceito de belo, que não deve ser reduzido àquele.

Capítulo IV, "O belo" – mostra que a filosofia-da-natureza prepara conceitualmente a filosofia da arte schellinguiana. Retomamos o discurso kantiano sobre o sensível e o suprassensível visando aos conceitos de belo, ideia racional e ideia estética. Por ser impossível que estas ideias encontrem uma intuição ou um conceito, vale dizer, por ser impossível a exposição positiva do substrato suprassensível da natureza, Schelling reinterpreta a noção de Ideia. Ele retorna assim à tradição neoplatônica de concepção do belo como objetivação estética da Ideia. A arte se torna exposição imagética do infinito no finito, com o que um passo é dado rumo à intuição do incondicionado, da *natura naturans*, na arte. Papel central nessa tarefa cabe ao gênio, que pode contemplar as "filhas de Deus", expressão empregada por Schelling em *Bruno* para se referir às Ideias.

Capítulo V, "O sublime" – prossegue com o tema do belo, só que agora se serve de Schiller como ajuda para compreender o sentido da unificação entre belo e sublime. Schelling ensaia um passo semelhante para anular a transição entre belo e sublime que caracteriza a estética kantiana. Isso sedimenta uma revolução estética no idealismo, pois agora, via Platão, pode-se intuir esteticamente o substrato suprassensível da natureza, da vida, da alma cósmica em seus atos originários. Positiva-se a estética kantiana. Positiva-se o incondicionado, o absoluto.

Capítulo VI, "O belo-sublime" – mostra a recepção de Schelling em Schopenhauer pela conexão entre filosofia da natureza e estética, via doutrina das Ideias, tal qual Schelling o faz em apêndice à tradição neoplatônica. A intuição intelectual, estetizada, reaparece no autor de *O mundo...* como consciência melhor ou puro sujeito do conhecimento. Tanto quanto Schelling, Schopenhauer anula a transição entre o belo e o sublime da terceira crítica. Kant é relido: a vontade como coisa-em-si pode exibir-se na contemplação do belo-sublime artístico ou natural. Pode-se

16

Infinitude subjetiva e estética

agora intuir a natureza na sua essência. Porém, o que marca a originalidade schopenhaueriana é a efetuação do parentesco entre estética e ética pelo conceito de negação da vontade. Schopenhauer abandona a positividade racional da alma cósmica, para evitar os perigos de uma ontolologia do absoluto. A sua estética vai além da schellinguiana e apresenta-se como negativa. Ela coloca em discussão o tema do nada com o intuito de unificar estética e ética. Trata-se da sua maneira de neutralizar o resquício ontológico que herda da assimilação de Schelling e prestar o seu tributo à negatividade crítica de Kant em face do incondicionado.

* * *

O capítulo VI deste texto deu origem ao artigo "Estética e ética são uma coisa só (Explicitação da proposição 6.421 do *Tractatus* de Wittgenstein à luz de Schopenhauer)", publicado nos *Cadernos de Ética e Filosofia Política*, número 3, São Paulo: USP-Humanitas, 2001, p.9-24; o capítulo II deu origem ao artigo "Polaridade, alma cósmica, graus de desenvolvimento da natureza: o nascimento da Naturphilosophie de Schelling", publicado na revista *Discurso*, número 32, São Paulo: Discurso Editorial-Fapesp, 2001, p.249-87.

* * *

Este livro originou-se de minha tese de doutorado defendida no departamento de filosofia da USP, em 2000. Os seus primeiros leitores foram: Maria Lúcia Cacciola, orientadora, Franklin Leopoldo e Silva, José Arthur Gianotti, Oswaldo Giacoia Jr. e Zeliko Loparik. A todos, pelos desafios lançados e pelo prazer do diálogo, os meus agradecimentos. Agradeço, também, a Brigitte Scheer, da Universidade de Frankfurt, coorientadora deste trabalho na Alemanha.

Jair Barboza
Texto escrito entre São Paulo e Frankfurt, 2001-2002.
Introdução escrita em Curitiba, maio de 2004.

1
Intuição intelectual e absoluto

O ponto firme da filosofia

Para o jovem Schelling, a intuição intelectual é o *órganon* de toda filosofia (Schelling, 1856-1861o, SW III, p.369). Permite ela o acesso, mediante a consciência-de-si, ao eu absoluto, supraindividual que atravessa toda a natureza como uma atividade originária produtiva inconsciente, metamorfoseando-se nas diversas formas dos reinos inorgânico e orgânico até, no homem, tornar-se consciente de si e reconhecer-se como inteligência na sua identidade total, ou indiferença. Na verdade, eu e intuição intelectual são conceitos recíprocos. A intuição intelectual é o eu mesmo, isto é, um saber cujo objeto não é dela independente, mas uma produção originária do seu objeto. Na intuição intelectual, producente e produto se dão conjuntamente, ou o eu se dá como infinito em e para si mesmo, incondicional e absolutamente, exterior a *todo* tempo, isto é, na eternidade. O eu

19

é infinito através de *si mesmo*; mas essa infinitude não é vaga, como a que a imaginação representa com o auxílio do tempo, mas antes é a infinitude mais determinada, contida em sua essência mesma; sua eternidade é a condição mesma de seu ser. (idem, 1856-1861q, SW I, p.202)

Quanto ao tempo, impregna as coisas efetivas com o caráter da relatividade, já que nele tudo é passageiro, transitório. Tal inessencialidade é ainda reforçada por outra forma cognitiva da finitude, o espaço – multiplicador dos objetos, das intuições empíricas dadas em diversos pontos –, em que sujeito e objeto, ao contrário da intuição intelectual, se dão separados. Em 1795, n´*O eu como princípio da filosofia ou sobre o incondicionado no saber humano*, Schelling "deseja" a linguagem de Platão para poder expressar a especificidade dessas duas dimensões, a saber, o contraste entre o absoluto, eterno e imutável, e a existência, relativa e mutável. Na linguagem platônica, procura indicar que a eternidade a enformar o eu absoluto é diferente da eternidade da duração (*aeviternitas*), que significa a existência em *todo* tempo, enquanto a outra é considerada "no sentido puro do termo (*aeternitas*)", sem *nenhum* tempo. Esta forma da eternidade pura é a forma mesma da intuição intelectual, adequada ao eu, que, justamente por ser eterno, não se submete a nenhuma duração. A tarefa de expor conceitualmente a intuição intelectual implica uma dificuldade angustiante para a finitude, pois o incondicionado, o absoluto, imutável em nós, é quase sempre "turvado" pelo condicionado, ou seja, pela transitoriedade e pela mutabilidade das coisas. A nossa existência, a nossa vida e o nosso conhecimento estão quase sempre envoltos e determinados pelo tempo, o que significa um distanciamento da identidade primeira, noutros termos um intuir empírico na forma dicotômica sujeito-objeto. Nem por isso Schelling, nas *Cartas filosóficas sobre o dogmatismo e o criticismo*, do mesmo ano de 1795, deixará de retomar a admirada linguagem platônica, para, na oitava carta, reforçar o "poder misterioso, maravilhoso" da intuição intelectual.

Em todos nós reside um poder misterioso, maravilhoso de recolhermo-nos da mudança do tempo para o nosso mais íntimo, de tudo o que vem do exterior para o nosso eu desnudado e, assim, sob a forma da imutabilidade intuirmos o eterno em nós. Essa intuição é a experiência mais íntima e pessoal da qual depende tudo o que sabemos e acreditamos de um mundo suprassensível. Tal intuição é a primeira que nos convence de que algo *é* em sentido próprio, enquanto todo o resto apenas *aparece*, e ao qual *transmitimos* aquele verbo. Ela se diferencia de qualquer intuição sensível na medida em que é engendrada apenas por *liberdade*, sendo alheia e desconhecida para aqueles cuja liberdade, violentada pelo poder impositivo dos objetos, não é suficiente para o engendrar da consciência. ...

Essa intuição intelectual aparece quando cessamos de ser *objeto* para nós mesmos; quando quem intui, recolhido em si mesmo, é idêntico com o que é intuído [*in sich selbst zurückgezogen, das anschauende Selbst mit dem angeschauten identisch is*]. Nesse instante da intuição desaparecem tempo e duração, *nós* não estamos no tempo, mas o tempo – ou antes, não ele, mas a pura eternidade absoluta – está *em nós*. Não estamos na intuição do mundo objetivo, mas ele se perdeu [*ist verloren*] em nossa intuição. (1856-1861k, SW I, p.319)

Quer dizer, o mundo se perde na egoidade, o objeto dissolve-se no sujeito, desaparecem os limites entre subjetividade e objetividade, quando o saber e a crença acerca do mundo suprassensível (extratemporal) se unificam, para, daí, dar-se o alcançamento da unidade cósmica, aconceitual, não abstraída do diverso da sensibilidade e pensada com o auxílio do esquema numérico – pois aqui não se trata de um eu lógico enquanto princípio da unidade do pensamento, o qual "desaparece com o pensamento mesmo e possui uma realidade meramente pensável"; não, aqui se trata da "pura unidade (*unitas*) absoluta", em oposição à "unidade em sentido empírico (*unicitas*)" (1856--1861q, SW I, p.183, 208). Noutros termos, por meio de um veio que definiria antes como místico, de *unyo mistica* com o todo,

Schelling indica na intuição intelectual a identidade total com o mais fundamental das coisas, com o seu substrato suprassensível. Trata-se de uma experiência de pura liberdade, de integral dissolução do mundo objetivo "em nossa intuição". Aqui já se percebe o seu idealismo, pois o mundo externo dirige-se para o mundo interno, o objeto dirige-se para o sujeito e neste se confunde.

Mas, apesar da verve mística, o filósofo procura convencer o seu leitor de que ainda se encontra nos limites da filosofia crítico-transcendental, ou seja, ele entende o princípio do dogmatismo, daquele pensamento que para Kant desrespeita os limites da experiência, como um "não eu posto anteriormente a todo eu". Dizendo de outro modo, segue a lição de Fichte, o qual, diferentemente de Kant, define o dogmatismo antes como o pensamento que acredita candidamente no ser "como algo além do qual não mais se investiga e se fundamenta", de onde "todo pensamento e toda consciência têm de partir", quer dizer, "um *ser* como absoluto" e sobre o qual nunca se eleva o investigador, pois cada um que afirma que "todo pensamento e toda consciência têm de partir de um ser faz do ser algo originário, e aí se baseia o dogmatismo...". Mas Fichte problematiza essa crença num mundo exterior e questiona-se: "um *ser apenas para nós*, no entanto *originário*, não dedutível, que significa isso?". Um ser, uma coisa, é para ele uma noção dependente de um sujeito que representa, e, assim, não é para-si, portanto "não é de maneira alguma um conceito *primeiro* e *originário*, mas meramente um conceito *derivado*". Se há algo para nós, então esse algo está aí para a inteligência, significa ser representado por ela, e *apenas* por ela. Mesmo um conceito de ser como algo que supostamente, se encontrasse além da experiência possível e fosse independente da representação, teria "decerto de ser deduzido da representação, pois ele só pode ser através dela" (Fichte, 1971k, FW I, p.499-500). Com isso, Fichte combate a noção de uma pretensa realidade autônoma, independente do sujeito. Para ele isso significaria postular metafisicamente, para além da realidade imediata do mundo objetivo, um polo absoluto da objetividade, pensado como se fosse a realidade por excelência, e em fazer repousar sobre ele (batizando-o de "coisa em si", de "substância" ou de "Deus") a investigação filosófica, o pensamento em geral, a vida... (Torres Filho, 1975, p.83)

Ora, alinhando-se a Fichte para enfrentar essa, para eles, semelhante forma de dogmatismo, Schelling adota o princípio fichtiano do "eu posto anteriormente a todo não eu e com exclusão de todo não eu" (Schelling, 1856-1861q, SW I, p.170). Acredita, desse modo, não ter tido uma recaída dogmática, visto que parte exatamente do eu como princípio da filosofia, com exclusão de todo não eu, e não afirma, como ocorre nas provas cosmológica e físico-teológica da existência de Deus rejeitadas pela *Crítica da razão pura*, uma tese que concluiria da condição empírica, do ser, das coisas condicionadas, o incondicionado transcendente, além da experiência. Ademais, caso o eu absoluto fosse negado, então se estaria promovendo o desaparecimento do principal pressuposto de explicitação do eu empírico, restando assim apenas a objetividade exterior para explicá-lo. O mundo avançaria de passo em passo objetivamente até que surgisse em algum momento o eu. Ora, um *não* eu explicar o eu contradiz a perspectiva da liberdade cognitiva que faz os objetos girarem em torno de nós, em vez de nós em torno deles, a assim chamada revolução copernicana em filosofia desencadeada por Kant. Pelo contrário, a afirmação da egoidade absoluta na sua independência defende radicalmente aquela perspectiva e é "a mais imanente de todas as afirmações, a afirmação de toda filosofia imanente". Ela seria transcendente se fosse "*além* do eu, isto é, se quisesse ao mesmo tempo determinar a existência do eu como objeto" (ibidem, p.205), porém o eu é dito independente de todo não eu e o seu ser está contido nele mesmo, sendo captado apenas por ele, na absoluta atividade de uma reflexividade primeira.

Jair Barboza

A noção de intuição intelectual não é invenção schellinguiana e, como ele mesmo indica em *Vom Ich*, o sentido em que se deve tomá-la remonta a Espinosa e seu *Tratado da reforma do intelecto*, no qual os graus inferiores de conhecimento se encontram na capacidade de mera imaginação cujo objeto são as coisas particulares, ao passo que os superiores se encontram na pura intuição intelectual dos atributos infinitos da substância absoluta, e do conhecimento adequado da essência das coisas que daí se origina. A imaginação confusa, por seu turno, é que seria fonte de erros. Por sua vez, a intuição intelectual de Deus é a fonte de toda verdade, e perfeição em sentido amplo (ibidem, p.185, nota). Mas será novamente em Fichte que encontraremos o elemento decisivo para compreender melhor o que Schelling intenta expressar com esse conceito. De fato, Fichte coloca no centro da reflexão do idealismo uma nova definição de intuição, ao anunciar, em 1792, na *Recensão de Enesidemo* (um texto para combater o ceticismo de Schulze em torno da filosofia kantiana e de um primeiro princípio da filosofia), a seguinte descoberta, que para ele salvaguardaria o empreendimento crítico e a exigência de se deduzir toda a filosofia de um primeiro princípio: "O sujeito absoluto, o eu, não é dado por intuição empírica, mas por intuição intelectual; quanto ao objeto absoluto, o não eu, é oposto a ele."[1] Precisando posteriormente o conceito em suas

---

1 Fichte, 1971h, FW I, p.10. Numa carta ao amigo Stephani, Fichte relata o impacto que o ceticismo do *Enesidemo* de Schulze causou nele e o consequente ensejo para procurar um princípio último e não dogmático da filosofia: "Você leu o *Enesidemo*? Ele me deixou por muito tempo desnorteado ... me tornou Kant suspeito e virou de ponta-cabeça todo o meu sistema ... Mas alegre-se comigo com a colheita: descobri um novo fundamento, do qual a filosofia inteira se desenvolve muito facilmente. Kant, de modo geral, possui a filosofia correta, porém apenas em seus resultados, não segundo os fundamentos. Esse pensador único me é cada vez mais maravilhoso; acredito que ele possui o gênio que lhe manifestou a verdade, sem lhe mostrar os fundamentos dela! Numa palavra, teremos em alguns anos uma filosofia que, acredito, se igualará em evidência à

exposições da doutrina-da-ciência, o autor observa que, se se pergunta como o eu é possível em e para si mesmo, isso não é demonstrável por conceitos prévios e transmitidos, muito menos o seu ser se desenvolve a partir deles, mas antes é requerida a ousadia da liberdade, a autonomia da reflexão, recomendando o filósofo, aos que querem ter acesso a esse intuir *sui generis*: "Pensa a ti mesmo, constrói o conceito do teu eu e observa como tu o fazes." Cada um que o fizer encontrará que "no pensamento daquele conceito, a sua atividade, como inteligência, retorna a si mesma, faz de si mesma o seu próprio objeto". Só por esse ato de retorno a si, por um "agir" sobre um agir é que o eu nasce originariamente para si (1971k, FW I, p.457-8). Semelhante consciência imediata se chama uma *intuição*, no sentido de que ela "é um *pôr-se como* se pondo..." (Fichte, 1971i, FW I, p.528). A intuição intelectual é um intuir impressivo "do eu do filósofo na efetuação do ato pelo qual o eu lhe nasce". Em oposição ao conceito, que se refere a algo, ela é uma percepção imediata, interna à mente, no movimento da inteligência ao voltar-se para si mesma. "Cada um tem de encontrá-la imediatamente em si, ou nunca a conhecerá" (ibidem, p.463). A intuição intelectual indica a unidade entre sujeito e objeto, pois nela "subjetivo e objetivo são absolutamente uma coisa só" – "sujeito-objeto", autoposição incondicionada, solo de toda representação. Toda consciência possível, "como objetivo de um subjetivo", pressupõe uma consciência imediata na qual o eu é dado por intuição intelectual, do contrário a consciência é pura e simplesmente inconcebível.

Essa consciência imediata é a descrita intuição intelectual do eu; nela o eu se põe a si mesmo necessariamente e é, por conse-

---

geometria" (Carta a Stephani, in Fichte, 1862, p.511-2). Essa evidência geométrica começa exatamente nessa nova forma de intuição, a intelectual, que ele acredita ter descoberto.

quência, subjetivo e objetivo em um. Toda outra consciência estará ligada a esta e será por ela intermediada [*vermittelt*]... (1971i, FW I, p.528-9)

Há um acento imanente no conceito fichtiano de intuição intelectual, visto que ela está "sempre conectada [*verknüpft*] a uma *sensível*" e, caso se negue a intuição intelectual, tem-se de negar a empírica. Esta, por seu turno, só o é "em ligação [*Verbindung*] com a intelectual" (1971k, FW I, p.463-4).

Dessa mera atividade do eu voltado para si *não* se deve concluir que ele se dá como algo fixo, um ser, um não eu, mas sim, diz Fichte, enquanto "agilidade, movimento interno" a fluir. Numa palavra, ele se dá enquanto vida:

... eu me serei dado a mim mesmo e por mim mesmo como algo que de certa maneira deve ser ativo [*tätig*]. Eu me serei dado a mim e por mim como ativo em geral. Tenho a vida em mim mesmo e a tomo a partir de mim mesmo. (ibidem, p.466)

Essa pura atividade egotista, "fonte de vida", também é destacada no *Comunicado claro como o Sol*:

Nosso *pensamento* filosófico não significa nada e não tem o menor conteúdo. Nada tem valor e significado incondicionados, a não ser a vida; todo o demais pensamento, invenção, saber, só tem valor na medida em que de algum modo se refere ao que é vivo, parte dele e visa refluir a ele. (apud Torres Filho, 1975, p.54)

Noutros termos, reforça-se a imanência da intuição intelectual mediante um vitalismo originário em face do qual o filósofo se coloca como espectador, pois é na realidade do eu-vida que as coisas adquirem sentido.

Mas, se de um lado a intuição intelectual é o "único ponto firme de toda filosofia", e quando de seu aparecimento para o filósofo se tem um fato, um "estado-de-coisa" (*Tatsache*), por outro lado, originariamente, ela refere o puro "estado-de-ação"

(*Tathandlung*). Com isso há limites cognitivos em relação à atividade originária vivente, porque, quando o filósofo tenta conhecê-la, ela já se furtou. Ele não consegue esgotar a realidade do absoluto. A *Doutrina-da-ciência* de 1801 falará, é certo, de um puro ser primeiro, fundamento do conhecimento. No entanto, esse fundamento não pode tornar-se por sua vez conhecimento, mas é algo diferente dele, um "não saber" (*Nichtwissen*) ou "não ser do saber" (*Nichtsein des Wissens*) (Fichte, 1971b, FW II, p.18, 63). O saber liga-se à reflexão, não é algo primário. Com isso, o saber não seria o absoluto, mas brotaria dele. Ora, se tal perspectiva for pensada ao lado da vitalista, seremos levados a dizer que, quando o saber toca a vida, esta é o não saber dele, é o seu limite.

Todavia, Fichte não funda uma *Lebensphilosophie*, filosofia-da-vida. O acento idealista do seu pensamento entra em cena no primeiro plano quando a lei moral é invocada para fazer a tradução desse olhar centrado no núcleo da egoidade, na raiz de nós mesmos como autônomos. É na moralidade, no imperativo categórico, que a intuição intelectual se deixa melhor entrever. Ele é a indicação mais confiável da espontaneidade do absoluto. A consciência moral é imediata, não é derivada de algo outro. Nela "fundamenta-se a intuição da autoatividade e da liberdade"; apenas pelo

medium da lei moral é que eu me avisto, e, se me avisto, avisto-me necessariamente como autoativo; daí nasce para mim todo o ingrediente heterogêneo da eficiência real [*reelen Wirksamkeit*] de meu si-mesmo [*meines Selbst*] numa consciência...

Com isso, o idealismo transcendental se mostra ao mesmo tempo como "o único modo de pensamento filosófico em conformidade com o dever [*pflichtmässige*], como aquele modo de pensar no qual a especulação e a lei moral unem-se intimamente". Eu *devo* em meu pensamento partir do eu puro e pensá-lo absolutamente autoativo, "não como determinado pelas coi-

Jair Barboza

sas, mas determinando as coisas" (1971k, FW I, p.466-7). Daí
a vida perder a sua primazia em favor do conhecimento, pois do
ponto de vista moral o que há de "primeiro e supremo, embora
não o mais nobre no homem, a matéria originária de toda a sua
vida espiritual, é o conhecimento" (1971a, FW IV, p.344), e por
este o homem será guiado nas suas ações. A própria natureza
tomada como possível realidade exterior não é independente.
Ela é mera resistência à atividade moral. A filosofia fichtiana
pode, assim, no limite, após ter negado o conceito de coisa, ser
caracterizada como acosmista e de orientação radicalmente ética.
O mundo e a coisa-em-si são sacrificados em favor do imperativo
categórico. A pretensa realidade exterior é nula, inexistente: "a
profissão de fé da filosofia, que eu, por exemplo, professo, e à
qual desejo elevar todos, e que não escondo, mas procuro declarar
tão sem rodeios quanto for possível", é, a rigor, "que o mundo
dado – quer seja tomado como um sistema de coisas, quer como
um sistema de determinações da consciência – absolutamente
não existe em nenhum sentido forte da palavra, e na sua base e
no seu fundamento não é nada" (Fichte, apud Torres Filho, 1975,
p.76). Torres Filho, ao comentar essa tese de Fichte, estranha
para o senso comum, diz que para o autor a natureza não passa de
uma espécie de "vinco ontológico, uma comissura que se delineia
no ponto de inflexão de duas positividades: a do suprassensível
e a da ação livre". Nesse sentido, para Fichte, toda concessão ao
mundo seria uma "passagem à não filosofia", tributária de uma
"fascinação do sensível", e que, no fundo, apenas conserva um resíduo dogmático do ser absoluto, hipostasiado em coisa-em-si. A
doutrina-da-ciência, ao contrário, ao se estabelecer, desvincula-se
dos "prestígios do mundo, da sensação e da percepção" (Torres
Filho, 1975, p.77-84).

Contudo, aos olhos de Horkheimer, essa negação da natureza
conduz a uma perigosa solidão filosófica, isto é, ao solipsismo
transcendental. Com isso, a realidade dos demais seres, fora a

28

do sujeito que reflete, fica em suspenso. O mundo poderia se tornar uma fantasmagoria, como de fato a natureza exterior já o é no pensamento de Fichte. Essa postura, no entanto, não deve nos impedir de reconhecer a bravura teórica do seu criador. Horkheimer diz:

> Ele teve a coragem de acentuar que a filosofia idealista em sua parte teórica não tem nenhum fundamento legítimo para a aceitação de um ser animado exterior a mim, e, dessa forma, ousou colocar que a filosofia idealista, enquanto permaneça teoria do conhecimento, tem de necessariamente ser solipsismo. (Horkheimer, 1900c, GS X, p.118)

Um outro leitor de Fichte, Schopenhauer, ao notar essa tese de que a natureza existe como mero obstáculo a ser superado pela tarefa infinita da moralidade, mera resistência para a consecução do imperativo categórico, e portanto é nela mesma irreal, prefere chamar a filosofia fichtiana de "sistema do fatalismo moral", e o seu imperativo categórico de "imperativo despótico" (Schopenhauer, 1966-1975f, HN V, p.53, 55).

Talvez justamente com o intuito de evitar o solipsismo transcendental, Schelling, embora seguindo os passos de Fichte, desvia-se dele em certa altura. Desde os seus primeiros escritos nota-se o seu esforço para livrar-se da espontaneidade egotista centrada no impulso moral. De fato, no primeiro Schelling delineia-se um interesse crescente pela natureza, o que o faz lançar o alerta de que a causalidade do eu infinito não é de modo algum representável como "moralidade, sabedoria etc., mas como poder absoluto, que preenche toda a infinitude"; portanto, "a lei moral, mesmo em sua sensibilização [*Versinnlichung*], adquire 'referência e significação' [*Sinn und Bedeutung*] apenas em relação a uma lei superior do *ser*. Esta, em oposição à lei moral, chama-se lei natural" (Schelling, 1856- -1861q, SW I, p.201). A lei moral é "impensável no absoluto". Schelling, por conseguinte, tem o intento de estender a doutrina-da-ciência à natureza exterior. Com isso, em pleno período de ocupação com a filosofia transcendental fichtiana, porém sob o influxo do *En kai pan* – que na verdade é o pensamento da substância absoluta de Espinosa –, nasce no primeiro Schelling aquilo que se pode considerar uma invenção sua no interior do idealismo: a *Naturphilosophie*, filosofia-da-natureza. Para esta, como veremos mais adiante, uma atividade livre e inconsciente opera tanto na mente quanto no mundo exterior. Ela na verdade coincide com a atividade do eu em nós, descoberto pela intuição intelectual da doutrina-da-ciência, ou seja, na objetividade encontra-se a mesma atividade absoluta que se autopõe em nossa consciência, porém lá ainda não alcançou a intelecção de si na sua totalidade, sendo personagem de uma odisseia espiritual até reencontrar-se na consciência humana, saindo da escuridão para a luz. A leitura schellinguiana da intuição intelectual será expandida para o eterno, isto é, para o "eu desnudado", livre dos limites da consciência finita. Desse modo, Schelling acentua em seu pensamento o lado objetivo da natureza, esquecido por Fichte, sem no entanto rejeitar o ponto de partida transcendental da unidade sujeito-objeto dada por intuição intelectual.

Contudo, em termos kantianos, qual o estatuto desse novo conceito trazido à ordem do dia e manuseado com desenvoltura pelos idealistas?

Na *Crítica da razão pura* o conhecimento permitido aos seres humanos se limita àquilo que lhes é dado pela sensibilidade ou receptividade do conhecimento, com suas formas *a priori* do espaço e do tempo, e depois pensado pelo entendimento, ou espontaneidade do conhecimento, com suas formas *a priori* chamadas categorias – daí a célebre frase da primeira crítica: "Pensamentos sem conteúdo são vazios, intuições sem conceitos são cegas" (Kant, 1990a, B, p.75). Portanto, uma intuição de origem sensível necessita do acréscimo das categorias, para daí ter-se conhecimento. A intuição humana *não é originária*, isto é, uma tal que através de si mesma dá a existência do objeto (e que, até onde inteligimos, cabe apenas ao ser-arquetípico), mas é dependente da existência do objeto, portanto só é possível na medida em que a capacidade de representação do sujeito é afetada pelo objeto. (ibidem, p.72)

Em outros termos, o entendimento só pode usar suas categorias, radicadas nele originariamente, em objetos previamente disponíveis na experiência, encontrando um limite da sua aplicação na receptividade espaçotemporal, além da qual não pode afirmar nem conhecer algo positivamente. O uso indevido dos conceitos, para além desse território, conduz a um jogo de palavras vazias, no qual se teriam enredado as filosofias dogmáticas e seus discursos acerca do incondicionado.[2] Segundo Kant, caso

---

2 Kant apresenta no prefácio à segunda edição da *Crítica da razão pura* a sua definição de dogmatismo: "o procedimento dogmático da razão pura, *sem crítica prévia de sua capacidade*". Porém, frise-se, a crítica kantiana não se coloca contra o "procedimento dogmático da razão em seu conhecimento puro enquanto ciência (pois esta sempre tem de ser dogmática, isto é, comprovando *a priori* e estritamente a partir de princípios certos), mas contra o *dogmatismo*, isto é, a pretensão de progredir com um puro conhecimento a partir de conceitos (filosóficos), segundo princípios, como se eles estivessem em uso há muito tempo pela razão, sem informação da maneira e do direito pelos quais ela chegou a isso" (Kant, 1990a, p.XXXV). Daí as ilusões transcendentais da metafísica, nascidas de conclusões tiradas da existência condicionada, série dos fenômenos (não eu na linguagem de Fichte e Schelling), sobre a existência incondicionada, princípio da totalidade da série. Entre tais ilusões se encontram as teses chamadas matemáticas de que: 1) o mundo tem um começo no tempo e está limitado no espaço; 2) toda substância no mundo é composta de partes simples, só o simples existe (o empirista afirma o contrário com igual pretensão à verdade); ou ainda as teses dinâmicas de que: 1) não há apenas causalidade no sentido estrito do termo, mas há a causalidade por liberdade; 2) há um ser absolutamente necessário do qual depende a existência (o empirista também afirma aqui o contrário com igual pretensão à verdade). Porém, defender tais teses sem examinar previamente a capacidade da razão para proferi-las é incorrer no dogmatismo que ignora a capacidade dos nossos poderes cognitivos. "Se aplicamos nossa razão não

Jair Barboza

pudéssemos empregar as categorias para além da sensibilidade, num objeto não fenomênico, "teríamos de colocar no fundamento dele uma outra intuição que não fosse a sensível". Teríamos, desse modo, um sentido positivo para o *númeno*, para a coisa-em-si. Mas tal intuição, alerta Kant, "está absolutamente fora da nossa capacidade de conhecimento" (ibidem, B, p.308). Por conseguinte, o ser humano intui apenas o que recebe na sensibilidade espaçotemporal. Uma intuição intelectual que dê acesso ao incondicionado e crie seus objetos é impensável para a finitude, porque, sem base empírica, o incondicionado pode ser dito apenas negativamente: as categorias do entendimento não o alcançam, pois não há um objeto sem condicionamento na sensibilidade. Afirmar positivamente a sua presença seria antes uma pretensão arbitrária registrável nos anais do dogmatismo, ou seja, um perder-se em ilusões transcendentais, refratárias à forma categorial (do entendimento). Do ponto de vista do criticismo, o incondicionado permanece sempre algo *negativo*, desconhecido, um mero pensamento. Kant, desse modo, coloca um limite para a especulação metafísica. Pronuncia uma espécie de sentença de morte para o misticismo da razão, a *Schwärmerei*, o fanatismo no qual a razão é arrogante, isto é, engana-se sobre os limites dos seus poderes cognitivos.

Em que pese a proibição kantiana, e plenamente conscientes de sua argumentação, Fichte e Schelling acreditam poder

---

meramente no uso de princípios do entendimento em objetos da experiência, mas nos aventuramos a estender o seu uso para além dos limites desta, então nascem teses *sutis* que nem desejam comprovação na experiência, nem temem refutação, sendo que cada uma não está apenas em si mesma sem contradição, mas até encontra as condições de sua necessidade na natureza da razão, só que, infelizmente, a proposição oposta é igualmente válida e possui fundamentos necessários de afirmação ao seu lado" (ibidem, A, p.421; B, p.448-9). Mas, adiante-se, Fichte e Schelling de modo algum pensam cair no dogmatismo. Eles acreditam examinar previamente a capacidade da razão e vão procurar no próprio Kant o sustentáculo teórico para a intuição intelectual.

32

descobrir exatamente na *Crítica da razão pura* o papel da intuição intelectual como via de acesso ao absoluto; intuição que, inclusive, sustentaria os momentos mais decisivos dessa obra, a todo momento pressuposta. Conforme Fichte, o "eu penso" que deve acompanhar todas as minhas representações, em Kant já dá sinais de si na dedução transcendental dos conceitos puros do entendimento, ou seja, precisamente a "apercepção pura", como intuição intelectual. É já o absoluto dado na consciência e do qual dependerá toda a mencionada dedução dos primeiros conceitos do conhecimento. Ao perguntar pelo sentido dessa apercepção, Fichte observa: "qual é a condição da unidade originária da apercepção? Segundo o § 16 que 'minhas representações podem ser acompanhadas do *eu* penso ...; isto é, *eu sou aquele que pensa* nesse pensamento". E que eu é aqui descrito? Não o individual. Esse "eu penso" não deve ser visto como pertencente à sensibilidade, mas é um único e mesmo em toda consciência que conhece; ele não pode ser acompanhado de nenhum outro, logo:

> Aqui a natureza da pura autoconsciência foi claramente descrita. Esta é a mesma em qualquer consciência, portanto indeterminável por qualquer consciência casual: o eu é nela determinado simplesmente por si mesmo, e é absolutamente determinado. Também Kant não entende com essa apercepção pura a consciência de nossa individualidade, nem confunde esta última com a primeira ...

Por conseguinte, em Kant mesmo se encontra o eu puro "exatamente como a doutrina-da-ciência o põe" (Fichte, 1971k, FW I, p.476). Noutros termos, um eu absoluto suprapessoal.

No *Vom Ich* (1856-1961q) Schelling trilha o mesmo caminho de Fichte para, ao fim, também encontrar em Kant a origem da intuição intelectual.

> Sei muito bem que Kant negou toda intuição intelectual, mas sei também onde ele o fez, numa investigação que *pressupõe* o eu

Jair Barboza

absoluto em toda parte, e, com base em princípios superiores pressupostos, determina o eu empírico-condicionado, e o não eu na síntese com o eu. Sei do mesmo modo que essa intuição intelectual, assim que se quer assemelhá-la à intuição sensível, tem de ser totalmente incompreensível, que, ademais, assim como liberdade absoluta, ela não pode encontrar-se na consciência, pois a consciência pressupõe objeto; a intuição intelectual, ao contrário, só é possível na medida em que não possui objeto algum. A tentativa de rechaçá-la da consciência tem de ser tão malograda quanto a tentativa de, através da consciência, conferir-lhe realidade objetiva, o que nada mais seria do que a suprimir totalmente. (Schelling, 1856-1861q, SW I, p.181-2)[3]

Schelling, ao retomar a argumentação fichtiana nos *Ensaios para explicitação do idealismo da doutrina-da-ciência*, de 1796-7, diz que em vão procurou em Kant e em seus sucessores uma explicitação da *consciência-de-si*. Contudo, o criticismo não se sustenta se não fornece o *medium* no qual o *espiritual* em nós (a razão pura) se dirige ao *sensível*: "Se o nosso conhecimento inteiro não deve ser dissolvido em conceitos vazios, ele tem de ascender a uma *intuição* que é *puramente intelectual* e mais elevada do que qualquer representação e abstração" (idem, 1856-1861a, SW I, p.421, nota) e que o próprio Kant já pressupunha como sustentáculo da sua primeira crítica inteira.

Portanto, para os idealistas, a via de acesso ao eu absoluto de modo algum é um ato gratuito e dogmático, infundado criti-

---

3 Num manuscrito de Erlangen, Schelling reconhece que foi Fichte, com essa descoberta, o criador do idealismo: "Já para Kant a unidade transcendental da apercepção, que nada mais é do que a egoidade transcendental mesma, era o único e último princípio ou produtor daquele conhecimento, que ele unicamente ainda admitia como real, a experiência. Fichte retirou esse eu do domínio ainda em parte obscuro, que era o de Kant, e o colocou francamente, como princípio único, no topo da filosofia, e se tornou assim o criador do idealismo transcendental" (Schelling, 1856--1861s, SW X, p.91-2, nota).

34

camente, surgido do nada, mas a intuição intelectual está na raiz mesma do criticismo, sendo possível pressupô-la precisamente na assim chamada "apercepção transcendental".

De fato, Kant indica que, com a apercepção transcendental, "tem de haver uma condição a preceder toda experiência, tornando-a possível"; ele também a nomeia "unidade da consciência" que antecede todos os dados intuitivos, e em cujas relações intercambiáveis há a possibilidade das representações dos objetos. Essa pura consciência imutável é a "consciência originária e necessária da identidade de si mesmo", ou a "unidade transcendental da apercepção," à qual está submetida a síntese dos dados empíricos, portanto dos fenômenos do mundo. No limite, a unidade transcendental é o "poder radical de todo o nosso conhecimento" (Kant, 1990a, A, p.108, 114). Ela é inalterável, é a subsistência do sujeito em meio à torrente das mudanças de suas representações, podendo também ser expressa pelo mencionado "eu penso" que deve acompanhar todas as representações, apreendido na sua espontaneidade, não como algo dado, condicionado, mas na atividade de relacionar-se a si mesmo, ou de estar no fundamento do representar; um ato puro, livre, pertencente não ao mero indivíduo, mas à universalidade incondicionada de todo e qualquer conhecimento, possibilitando-o. A unidade transcendental da apercepção, diz ainda Kant, é "o ponto supremo no qual tem de se prender [heften] todo o uso do entendimento, mesmo toda a lógica e, depois dela, a filosofia transcendental ..." (ibidem, B, p.132, 134).

De fato, é inegável que Kant forneceu elementos para que Fichte descobrisse um ponto a partir do qual a primeira crítica mesma devesse ser deduzida. Justificar-se-ia, por conseguinte, um passo que Kant não deu, mas decerto preparou, fornecendo todas as coordenadas. No entanto, Fichte nega a natureza e a coisa-em-si, por conseguinte desaparece o limite para o conhecimento do sujeito traçado por Kant. Schelling, por sua vez, mistifica a doutrina-da-ciência e fala de um ascender, de uma saída do tempo para a eternidade, por meio da intuição intelectual, aproximando-a da *unyo mistica*, ao direcioná-la para a imersão no *En kai pan*: "Tudo está apenas no eu e é para o eu." No eu a filosofia "encontrou o seu *En kai pan*", depois de até agora ter lutado com muito custo pela vitória (Schelling, 1856--1861q, SW I, p.193). O filósofo entende com esta expressão a substância absoluta espinosina, a envolver eu e não eu, natureza em mim e exterior a mim,[4] pois, no fundo, Espinosa colocou o incondicionado "não no não eu; ele transformou o próprio não eu em eu, na medida em que o elevou ao absoluto". Ao pensar o conceito de substância, Espinosa, segundo Schelling, reconheceu que, originariamente, a toda a existência subjaz um ser primeiro alheio ao nascer e perecer e que subsiste por si mesmo, mediante o qual tudo o que possui existência está aí. Mas, observa Schelling, "não se demonstrou a ele que essa forma primeira, perene e incondicionada de todo ser é pensável apenas no eu" (ibidem, p.185, 194). Ele iludiu-se ao

---

4 Numa carta a Hegel de 4 de fevereiro de 1795, Schelling esclarece a sua concepção da substância absoluta espinosiana em concordância com o eu absoluto fichtiano: "Tornei-me espinosista! Não te admires. Em breve saberás como. Para Espinosa o mundo (o objeto de modo absoluto em oposição ao sujeito) era *tudo*, para mim é o *eu* ... Não há nenhum mundo suprassensível para nós a não ser o do eu absoluto. – *Deus* não é nada outro *senão* o eu absoluto ... A personalidade se origina através da unidade da consciência. A consciência, entretanto, não é possível sem objeto; para Deus, no entanto, ou seja, para o eu absoluto, não há *nenhum* objeto, senão ele cessa de ser absoluto. – Portanto, não há nenhum Deus pessoal, e nosso maior empenho é a destruição de nossa personalidade, transição para a esfera absoluta do ser, que entretanto não é *possível* na eternidade; – por conseguinte apenas *praticamente* há uma aproximação do absoluto, e portanto – *imortalidade*" (Fuhrmans, 1973, p.65-6). Interessante é aqui observar como Schelling ainda acredita que só "praticamente" há uma aproximação do absoluto, o que ele perceberá depois não ser bem o caso, como nas *Philosophische Briefe*, em que haverá uma dissolução de quem intui no que é intuído e o absoluto se dá na sua pura absolutidade e eternidade, portanto elimina-se o hiato entre a finitude e uma pretensa tarefa moral infinita.

imaginar em toda parte um objeto absoluto, sem desconfiar que "não era ele quem estava na intuição do objeto absoluto", mas o contrário: "tudo o que se chama objetivo estava perdido na intuição de seu eu". Espinosa teria operado uma projeção, objetivando a intuição intelectual, ao tomar a "intuição do seu eu pela intuição de um objeto exterior a si, a intuição do mundo intelectual interior pela intuição de um mundo suprassensível exterior" (idem, 1856-1861k, SW I, p.319, 321). Cabe agora, entretanto, fichtianizar Espinosa, de maneira que a intuição intelectual não signifique apenas a descoberta da unidade transcendental, da consciência-de-si inalterável, captada na sua atividade vital de si e para si mesma, com exclusão da natureza – posição em que se deteve Fichte –, nem se limite a algo inalterável em oposição à fluidez fenomenal dos objetos, no fundamento da possibilidade deles – como salienta a apercepção transcendental kantiana –, mas seja o próprio alcançar da unidade eterna do mundo, da substância absoluta tornada eu e que se autoconhece na sua identidade, presente tanto na natureza exterior objetiva e inconsciente, com suas diferentes espécies, do inorgânico ao orgânico, como na consciência do filósofo transcendental. A intuição intelectual, abrangendo subjetividade e objetividade ao mesmo tempo, é a "eternidade em nós", a "experiência mais íntima e pessoal da qual depende tudo o que sabemos e acreditamos de um mundo suprassensível". A essa experiência podem ser aplicadas as definições de "retorno à divindade, fonte originária de toda existência, união com o absoluto, aniquilação de si mesmo" (ibidem, p.317). E, contrariamente ao conceito fichtiano de intuição intelectual, que esbarra na "fonte de vida", a intuição intelectual de Schelling, como definida nas *Philosophische Briefe*, é uma elevação vertiginosa que, se levada às últimas consequências, conduz ao fim mesmo da vida, à sua negação, ao seio abismal de Deus: o momento supremo do ser é uma "transição para o não ser, momento de aniquilação". Caso se prossiga com a intuição intelectual, en-

tão a vida cessa: "Eu sairia 'do tempo para a eternidade!'"
(ibidem, p.324-5).[5] Como se vê, Fichte e Schelling vão para além das pretensões kantianas e querem deduzir a própria primeira crítica a partir do eu absoluto nela pressuposto a todo momento, embora não assumido pelo filósofo de Königsberg.

A construção

Depois de ir além de Kant e Fichte, Schelling quer ainda convencer-nos de que evitou o dogmatismo transcendente, e modera o seu misticismo recorrendo a uma caracterização matemática, vale dizer, o conceito de *construção*.

O tema da construção já se encontrava na primeira crítica kantiana, todavia se tratava lá da demarcação de domínios de conhecimento, de um lado o "filosófico", o racional por conceitos, e de outro o "matemático" via construção de conceitos.

Construir um conceito significa expor *a priori* a intuição que lhe corresponda. Para a construção de um conceito será portanto

---

5 Na oitava carta filosófica, para ganhar maior compreensão do caráter abissal da união com o todo efetuada pela intuição intelectual, Schelling invoca certos estados anímicos narrados por Jacobi, em que a proximidade com a morte é descrita. Segundo Tilliette, Jacobi relatou algumas "manifestações bizarras de seu *Tiefsinn* infantil com a idade de oito anos, quando estava vestido com um 'robe polonês'. A representação intensa da eternidade *a parte ante*, e também da duração interminável, ocasionava na criança sensível estranhas síncopes. Entre dezessete e vinte e dois anos, ele renovou essas experiências vertiginosas, depois as interrompeu, porque, se as prolongasse, poderia 'ter morrido em poucos minutos'. Essas confidências sobre as 'coisas do outro mundo' impressionavam vivamente". Tilliette ainda menciona, na proximidade desse estado, a "experiência metafísica da morte" feita por Jean Paul, "a noite mais significativa de sua vida", em 15 de novembro de 1790 (Tilliete, 1970, I, p.100, nota).

exigida uma intuição *não empírica*, que por conseguinte, como intuição, é um objeto *particular*, [mas] não obstante tem de exprimir, como a construção de um conceito (uma representação geral), validade universal para todas as intuições possíveis que pertencem ao mesmo conceito. Assim, construo um triângulo quando exponho o objeto correspondente a esse conceito mediante a mera imaginação na intuição pura, ou na intuição empírica sobre o papel e segundo a mesma intuição pura; em ambos os casos, de modo totalmente *a priori*, sem ter recorrido a um modelo emprestado de alguma experiência. (Kant, 1990a, A, p.713; B, p.741)

A matemática constrói e permite a intuição dos seus conceitos: o *a priori* está aí inteiramente justificado, mesmo porque tal ciência trabalha diretamente com as formas puras do espaço e do tempo. Quanto ao conhecimento filosófico, pode ponderar sobre o que se encontra no espaço e no tempo, ao interrogar, por exemplo, pela sua causa e seu efeito, pela sua existência, seu substrato primeiro, sua realidade e sua necessidade. Tudo isso, no entanto, define um outro modo de conhecimento, diferente do matemático, o "racional a partir de conceitos, que se nomeia *filosófico*" (ibidem, A, p.724; B, p.752), para o qual a construção não tem lugar, pois ao conceito não pode ser apresentada imediatamente e *a priori* uma intuição que lhe corresponda. Kant, por conseguinte, separa nitidamente aquilo que Schelling, em favor da intuição intelectual, confundirá, para, paradoxalmente, não perder o solo crítico. Em Schelling, as delimitações conceituais do absoluto, a própria construção, são o esforço do filósofo a partir da intuição intelectual, esta que faz as vezes do mundo objetivo ao sustentar os "voos da especulação". Com isso, o autor converge novamente para Fichte, para quem a delimitação da intuição intelectual é possível no domínio moral, como é o caso das noções de direito e virtude. Caso se pense no direito e na virtude, nota-se que o seu sustento é a "ação em geral ou liberdade": ambos os conceitos são delimitações determinadas dessa ação em geral, como os conceitos sen-

Jair Barboza

síveis são delimitações determinadas do espaço (Fichte, 1971c,
FW I, p.468).

Schelling, por sua vez, diz que a construção é a
base da exposição sistemática que, em etapas, nos apresenta o
absoluto antes de este atingir, na consciência-de-si filosofante, a clareza da sua identidade total.[6] Se a geometria delimita
o espaço mediante formas como o triângulo, o quadrado, o
círculo etc., o filósofo transcendental delimita a intuição intelectual mediante conceitos eternos que valem modelarmente
para a experiência, embora a sua forma e a sua essência sejam
completamente independentes dela. Do mesmo modo que sem
intuição do espaço a geometria é impossível, na medida em que
suas construções são delimitações dessa intuição, sem intuição
intelectual "não há filosofia, porque todos os seus conceitos são
apenas delimitações diferentes do *produzir que tem a si mesmo por
objeto*, isto é, da intuição intelectual" (Schelling, 1856-1861o,
SW III, p.370). A construção significa, em última instância, a
colocação simultânea de universal e particular na intuição que,
como algo particular, expõe ao mesmo tempo o universal. Nesse
sentido, cada particularidade, ao expor o absoluto, é o absoluto mesmo, o qual, embora particularizado, não perde a sua
absolutidade.

Aqui é claro como em cada construção, caso ela seja verdadeira
e autêntica, o particular, enquanto particular, é anulado na sua
oposição ao universal. Aquele será exposto no absoluto apenas
na medida em que ele mesmo contenha *todo o absoluto* exprimido em si mesmo e se diferencie do absoluto enquanto universal
apenas de modo ideal, ou seja, como o oposto de um modelo [*als
Gegenteil vom Vorbild*], porém em si mesmo ou de modo real ele é
totalmente igual ao absoluto. (1856-1861g, SW IV, p.393-4)

---

6 Schelling é bastante aristocrático em relação à intuição intelectual. O
filosofar transcendental tem de ser sempre acompanhado por ela e os mal-
-entendidos acerca dela se devem à *falta do órgão* (*Mangel des Organs*) que
possibilita a sua instauração.

40

Infinitude subjetiva e estética

Contudo, seguindo um caminho diferente do fichtiano, para o qual a natureza é apenas resistência à atividade moral do eu e se refere apenas a essa ação imperativa interna da liberdade, a delimitação intelectiva operada pelo filósofo, segundo Schelling, é uma *Weltanschauung*, uma intuição cósmica pela qual tanto a natureza como o eu são concebidos na sua identidade sujeito-objeto, encontrada na planta, no animal ou no homem. Em cada um desses reinos o todo se presentifica integralmente e eles devem ser vistos como *universa*, e, neste caso, "se chamam Ideias".

A construção, portanto, se refere à atividade livre do eu, como em Fichte, mas, ao contrário do que este defende, ela é estendida à objetividade, a qual expressa inconscientemente a mesma atividade que se dá na autoposição egotista incondicionada. Por isso, Schelling poderá suspeitar posteriormente que o eu de Fichte permaneceu particular e que a doutrina-da--ciência jamais teria atingido o absoluto, senão teria concedido autonomia ao mundo natural, que é constitutivo de um todo com o espírito.

Fichte não concebe o eu como universal ou absoluto, mas apenas como eu *humano*. O eu como cada um o encontra em sua consciência é aquilo que existe única e verdadeiramente. Tudo é para cada um apenas em seu eu e posto em seu eu ... com esse ato da autoconsciência é posto para cada homem todo o universo, que justamente está *apenas* na consciência. Com esta autoposição: eu sou, começa para cada indivíduo o mundo, esse ato é em cada um o mesmo começo eterno, sem tempo, tanto de si mesmo como do mundo. (1856-1861s, SW X, p.90)[7]

Observe-se como Schelling insiste nas expressões "cada um" e sua variante "cada homem", e mesmo nos possessivos "sua" consciência, "seu" eu, para não deixar dúvida de que, retrospectivamente, vê em Fichte e na doutrina-da-ciência um tribu-

_____

7 "Münchener Vorlesungen" (1830-1850), publicadas postumamente.

41

to à finitude, que faz o mundo começar no "eu sou" de cada particularidade.

O método filosófico de construção, ao modo dos geômetras, sublinha Schelling, não conhece seres distintos e individuais, mas apenas um ser único, com o que a sua visão cósmica é reforçada. O filósofo "não constrói a planta, o animal, mas a forma absoluta, isto é, o universo na figura da planta, o universo na figura do animal ...". A construção é uma atividade criadora, contemplativa do "em si, ou seja, o que está no eterno mesmo" (1856-1861g, SW IV, p.394-6). Embora independente dos fenômenos, não se deve perder de vista que a exposição dessa atividade coincide nos seus resultados com a efetividade, já que os fenômenos são meras cópias das quais os conteúdos da construção são, platonicamente, o original, isto é, as Ideias. Do mesmo modo que o triângulo do geômetra não é efetivo, singular, mas absoluto e real (se não o triângulo efetivo que aparece não teria nenhuma essencialidade), assim também as construções do filósofo não são efetivas, no entanto a efetividade obtém a sua realidade a partir delas, são aparências de modelos prévios representados filosoficamente.

Apesar dessa comparação da construção com o método dos geômetras, é preciso reconhecer que o misticismo de Schelling é impositivo; ele nunca vai para o segundo plano, pelo contrário, a *unyo mistica* é reafirmada, impregnando toda a sua filosofia primeira. Assim, a forma eterna do absoluto é a visão da Ideia, é o "dia" no qual apreendemos "o milagre secreto" da noite ou a "luz" pela qual o "conhecemos nitidamente". É o "olho do cosmos que tudo vê e manisfesta", é a "fonte" da sabedoria e do conhecimento. As Ideias, conhecidas nesse caminho de iluminação, são vegetais divinos (*göttliche Gewächse*), seres beatíficos (*selige Wesen*) que vivem sob "o olhar direto de Deus" (ibidem, p.405, 409). Essa visão é o "momento supremo do ser" e significa, paradoxalmente, uma passagem para o "não ser", que no entanto é um estado de "si-mesmo melhor". O particular se anula em favor do universal, justamente o si-mesmo melhor.

Infinitude subjetiva e estética

Todos os filósofos, mesmo os da mais remota Antiguidade, parecem pelo menos ter *sentido* que tem de haver um estado absoluto em que, quando estamos presentes apenas em nós mesmos, sóbrios, sem necessidade de um mundo objetivo e justamente por isso livres das suas barreiras, vivemos uma *vida superior*. Esse estado do ser intelectual colocava a todos eles fora de si. Eles sentiam que um *si-mesmo melhor* [*besseres Selbst*] se empenhava sem cessar em favor daquele estado, sem entretanto alcançá-lo por completo. Eles o pensavam como o último fim, para o qual ansiava o que havia de melhor neles. (Schelling, 1856-1861k, SW I, p.321)

A oposição desse estado intelectivo, eterno, à efetividade temporal é ainda acentuada pelo fato de nele "todo conflito em nós", "toda luta" desaparecerem. Assim mais uma vez Schelling, em seus textos sobre a intuição intelectual, extrapola a mera imanência da autoconsciência do eu ao retornar a si mesmo, perceptivo da sua índole moral. Indica assim a eternidade e unidade mesma de toda a natureza em nós, cuja referência direta é o sentimento do *En kai pan*.[8]

---

8 Kuno Fischer opina que a intuição intelectual não tem nada de mística, oracular, e se apega fielmente à intenção schellinguiana de matematizá-la. "Sobre essa doutrina foi espalhada uma série de erros e desconhecimentos. Apresentou-se a intuição intelectual de Schelling e se a manejou como se ela fosse a trípode de sua filosofia. Ela não lhe é nem própria nem é misteriosa. Também Descartes a exigiu, Fichte primeiro a fez valer, e, se a intuição intelectual é vista como uma faculdade que falta a muitos e não é assunto de todo mundo, por aí ela é tão pouco feita oráculo quanto a matemática, cujo órgão também falta a muitos" (Fischer, 1902, p.496). Esse Schelling em que Fischer se baseia está na órbita de Fichte e tenta recorrer à matemática para evitar os perigos do *amor intellectualis*. Mas a oitava carta filosófica destaca de modo claro o aspecto místico--transcendental da intuição intelectual, o seu papel oracular, ao defini-la exatamente como poder "misterioso", eternidade "em nós". A esse respeito, Xavier Tilliette tem as palavras apropriadas: "Mas sua intuição nos parece marcada antes – neste momento da especulação – pelo anseio do infinito e do mais além, pela pureza de uma existência subtraída ao tem-

Atividade originária

Esse movimento pendular de aproximação e afastamento de Schelling em relação a Fichte, bem como sua leitura do kantismo, ainda esperaria por outro capítulo a ser escrito. Trata-se do papel da noção de atividade como marca registrada do eu quando ele se capta a si na consciência, o que implica ao mesmo tempo a recusa do não eu, do objeto, do ser como princípio da filosofia. Quando Schelling se convence de que atingiu o momento máximo ao qual conduz a intuição intelectual, segue de novo a doutrina-da-ciência e não acusa *nenhum ser* como continente do incondicionado. Servindo-se de uma análise semântica, observa que, se a intuição intelectual é o saber incondicionado do incondicionado, este não pode ser encontrado numa coisa, já que toda coisa é o produto de uma ação de condicionar, devido à qual a coisa se torna coisa. Esta está submetida a uma cadeia de causas e efeitos e é sempre condicionada, de modo que uma *coisa incondicionada* seria uma contradição nos termos. A conclusão a ser tirada daí é que o conceito de ser, como algo originário, deve ser "totalmente eliminado" tanto da filosofia transcendental como da futura filosofia-da-natureza.

A nossa involuntária palavra alemã *Bedingen* [condicionar], ao lado das derivadas, é uma palavra excelsa, da qual se pode dizer que possui quase todo o tesouro da verdade filosófica. *Bedingen* [condicionar] se chama a ação pela qual algo se torna

---

po, a clareza interior vinda 'de um outro mundo', numa palavra a ausência de mundo – antes que a *cognitio centralis* dos teólogos, visão da essência, conhecimento angélico ou *'matutino' (matutinale)* –, conhecimento do divino mais que conhecimento quase divino". E ainda: "A prontidão com que o jovem autor se mune da noção faz supor que ela era de emprego corrente para designar os fenômenos místicos ou aparentados e, de uma maneira geral, as *Erlebnisse* raras, de sonho e arrebatamento, nos quais o pré-romantismo e o romantismo foram tão pródigos" (Tilliette, 1970, p.97-8, nota).

Ding [coisa], *bedingt* [condicionado], aquilo que foi *feito* coisa. De onde, ao mesmo tempo, se torna claro que nada *através de si mesmo* pode ser posto *como* coisa, isto é, uma *unbedingtes Ding* [coisa incondicionada] é uma contradição nos termos. *Unbedingt* [incondicionado] é em verdade aquilo que não é feito coisa, que de modo algum pode vir a ser uma coisa. (Schelling, 1856-1861q, SW I, p. 166)[9]

Ora, na apresentação do eu como princípio supremo da filosofia, Fichte formula que, antes de encontrar tal princípio, a doutrina-da-ciência parte da proposição da identidade, cuja certeza cada um concede sem contestação e se escreve "A = A" ou "A é A" ("pois esse é o sentido da cópula lógica"). Tal proposição, sem possuir outro fundamento, é absolutamente certa em si mesma. Na medida em que se admite isso (seria um disparate negar que A = A ou A é A), admite-se ao mesmo tempo um poder de *colocar algo absolutamente*. "Se A é, então A é." Trata-se aqui não do conteúdo da proposição, mas de sua forma. Não há referência a algo *do qual* (*wovon*) se sabe, mas sim àquilo *que* (*was*) alguém sabe, não importando o objeto. Ora, na afirmação da certeza dessa proposição está embutida entre o "se" e o "então" uma "conexão necessária X" colocada absolutamente. Ela, no mínimo, se dá *no* eu e *pelo* eu, pois o eu é aquele que julga na proposição: *A* só pode ser posto e pensado pelo eu. *A* é absoluta e simplesmente por conta de seu ser-posto, isto é:

será posto que no eu – seja ele particularmente pondo, ou julgando, ou o que quer que ele seja – há algo que é sempre igual a si, sempre um e mesmo; o absolutamente posto X se deixa também assim exprimir: *eu = eu*; eu sou eu.

---

9 Em português o jogo de palavras entre *bedingen, Ding* e *Unbedingte* é melhor apreensível se as traduzimos por *coisificar, coisa* e *incoisificado*, de modo que é uma flagrante contradição nos termos falar de uma *coisa incoisificada*, ou seja, de uma *coisa não coisa*.

Assim alcança-se que o princípio lógico A = A só pode ser provado e determinado pela doutrina-da-ciência.

> *Provado*: A é A porque o eu que põe A é igual àquele no qual ele é posto; *determinado*: tudo o que é é apenas na medida em que é posto no eu e exterior ao eu não é nada. Nenhum possível A (nenhuma *coisa*) na proposição acima pode ser outra coisa a não ser se posto no eu. (Fichte, 1971e, FW I, p.94, 99)

Aqui não há índice de uma coisidade do eu ponente, mas de sua pura *atividade livre e incondicionada* no pôr-se a si mesmo. Neste sentido o eu é a fonte de toda realidade, antecedendo-a. Só por ele é dada a realidade, ele é autossuficiente: ele *"é porque se põe, e ele se põe porque é"*. Fichte, por conseguinte, depois de ter partido da intuição intelectual, fixa, por essa fórmula, a inferência (que Schelling posteriormente aceita no seu empenho de evitar o dogmatismo do ser como continente do incondicionado) de que para a doutrina-da-ciência a atividade do eu ponente e o ser são conceitos intercambiáveis: *"pôr-se e ser* são uma e mesma coisa"; mas, prossegue o autor, essa reciprocidade é atividade, "o conceito de *pôr-se* e *atividade* [*Tätigkeit*] em geral são, de novo, uma e mesma coisa", portanto toda "realidade é *ativa*, e tudo o que é *ativo* é realidade" (ibidem, p.134).

O primeiro princípio da doutrina-da-ciência está portanto definitivamente estabelecido:

1 "O eu põe-se *a si mesmo.*"

Neste mero pôr-se ele é uma atividade incondicionada. Porém, surge um problema. Quando o eu sabe de si, isso já significa a sua limitação, pois todo saber é uma tarefa de limitar, vale dizer, é a instauração da consciência de si mediante algo outro, o que só é possível mediante uma diferença, que o eu percebe como o não eu que ele mesmo opõe a si. Daí ser preciso uma segunda proposição fundamental para a doutrina--da-ciência, que reza:

2 "Ao eu está oposto um não eu."

Ora, *"pôr um não eu e limitar o eu"* são expressões intercambiáveis (ibidem, p.96, 104). Essa é a condição, como diz Horkheimer lendo Fichte, "para que algo nos seja dado e que o conheçamos como um objeto diferente de nós mesmos, ou seja, é mostrado o fundamento para um mundo cognoscível da experiência em oposição à doutrina da coisa-em-si" (Horkheimer, 1990c, GS X, p.103). Fichte formaliza assim, pelo conceito de não eu, a dedução da natureza, do objeto a partir do sujeito, eliminando qualquer resíduo de uma coisa exterior a ele. O mundo em toda a sua realidade se desenvolve internamente à atividade do eu. Ora, a limitação do eu efetuada por ele mesmo ao se pôr implica, de imediato, a perda, na exposição filosófica, da unidade originária do absoluto. Reforça-se, assim, a contradição, pois o eu poderia parecer a princípio o ponto supremo do saber, atingido por intuição intelectual na sua própria indivisibilidade; mas a exposição filosófica reconhece que ele "divide a sua totalidade do ser, posto em geral em eu e não eu; ele põe-se por conseguinte necessariamente como *finito*" (Fichte, 1971e, FW I, p.255). Daí a necessidade de um passo expositivo a mais, ou seja, faz-se mister uma terceira proposição da doutrina-da-ciência, que tentará resolver essa contradição e, ao mesmo tempo, salvaguardar a incondicionalidade originária do eu:

3 "Eu oponho, no eu, ao eu divisível, um não eu divisível."

Noutros termos, anteriormente ao saber e à divisibilidade, há o eu absoluto, e só no saber é que se dá um não eu divisível oposto ao eu divisível. O não eu é definitivamente deduzido do eu pelo saber. A doutrina-da-ciência, "como ciência transcendental, não pode ir além do eu" (ibidem, p.110, 147). Há, portanto, duas atividades internas ao eu, uma marcada pelo pôr-se a si, atividade que retorna a si mesma, "fundamento e perímetro [*Umfang*] de todo ser", e outra atividade dirigida ao não eu, que "não é mais atividade pura", mas objetiva. Daí a palavra *Gegenstand*, objeto, segundo Fichte, ser elucidativa, pois todo objeto de uma atividade, na medida em que ele está aí, é necessariamente algo que é oposto, *entgegengesetztes*, à atividade, algo contra, *wider, gegen*. É nesse jogo entre duas atividades opostas, eu e não eu, é nessa "dialética alucinada, que põe em risco a própria identidade do eu" (Torres Filho, 1975, p.190), que se move a reflexão fichtiana, que acredita encontrar uma solução no terceiro princípio, mas que, no fundo, é a narrativa do dilema do absoluto de escapar-se a si mesmo, portanto de sofrer a ameaça de perder a sua absolutidade, pelo próprio fato de a consciência, a limitação, a finitude se apresentarem como o lugar em que ele se percebe. O horizonte dessa filosofia, portanto, é marcado pela existência da contradição inerente à limitação da absolutidade do eu. Se não houvesse esse limite, o absoluto nem mesmo poderia perceber-se: a sua infinitude precisa de referência, do contraste com a finitude. Contudo, embora ele se limite, conserva indiretamente a sua infinitude, pois avança nela, para além dela, incessantemente, de modo que há um esforço infinito (moral) do eu que faz com que ele restabeleça na própria finitude a sua infinitude. De cada limitação ele avança para outra, vencendo-as num movimento contínuo. "O eu é finito porque deve ser delimitado; mas é, nessa finitude, infinito, porque o limite pode ser posto cada vez mais longe, ao infinito. Ele é, segundo sua finitude, infinito e, segundo sua infinitude, finito" (Fichte, apud Torres Filho, 1975, p.237).[10] Essa desigualdade no próprio eu é traduzida pela metáfora das direções diferentes de duas forças, a centrípeta e a centrífuga. Mas só as direções

---

10 Quando acompanhava as explanações de Fichte sobre o absoluto que só tem sentido em relação ao que é relativo, ou seja, uma infinitude que é segundo sua finitude, intermediada portanto por uma oposição, Schopenhauer estranhava esse raciocínio. "Se o absoluto se torna visível apenas em oposição ao fenômeno, e o fenômeno apenas em oposição ao absoluto, e ambos, como Fichte mesmo diz, são igualmente necessários, então pergunto: em que o absoluto se diferencia do fenômeno?" (Schopenhauer, 1966-1975b, HN II, p.115).

são diferentes, porque a atividade é, nela mesma, única. Diz-se, assim, que o eu absoluto possui uma atividade centrífuga infinita, que lhe permite, por uma atividade centrípeta, refletir sobre si como infinito. É somente pelo *Faktum* da reflexão, pelo qual a atividade centrífuga infinita é "travada em um ponto qualquer e repelida para dentro de si mesma", que aparecem as duas direções de sua atividade, uma propriamente centrífuga e outra centrípeta, refletida por um travo e contraposta à primeira (ibidem, p.239).

É nessa atividade incessante de uma infinitude que se perde a si e procura resgatar a sua identidade na própria finitude que se instaura uma progressão da atividade viva para a atividade não viva, a reflexão, ocasionando justamente a origem dos objetos, do não eu.

Tendo sido aluno de Fichte e acompanhado os seus cursos, Schopenhauer, no período em que se ocupa com a doutrina-da-ciência, encontra uma outra explicação para o dilema que envolve o fichtianismo. Na verdade, ele gira em torno de uma flagrante impossibilidade, característica do idealismo, vale dizer, a dedução do objeto a partir do sujeito e via princípio de razão.[11] A "dialética alucinada" a que se refere Torres Filho seria, no

---

11 O princípio de razão –"*Nihil est sine ratione cur potius sit, quam non sit*. Nada que é, sem uma razão pela qual é" – e que se aplica à totalidade dos fenômenos, possui, segundo Schopenhauer, quatro raízes. Daí o tema do seu doutorado, *Sobre a quádrupla raiz do princípio de razão suficiente*. As suas raízes e o tipo de representações que regem são: 1) "princípio de razão do devir": a ele estão submetidas as representações da realidade, isto é, da experiência possível; 2) "princípio de razão do conhecer": a ele estão submetidas as representações de representações, isto é, os conceitos; 3) "princípio de razão do ser": a ele está submetida a parte formal das representações, isto é, as intuições das formas do sentido externo e interno dadas *a priori*, o espaço e o tempo; 4) "princípio de razão do agir": a ele está submetido o sujeito do querer, isto é, o seu agir conforme a lei de motivação. Precisa-se de uma prova do princípio de razão? Não, responde Schopenhauer: "Quem exige uma prova para ele, ou seja, a apresentação

Jair Barboza

fundo, para Schopenhauer, a da procura desenfreada de consequências a partir de um fundamento, isto é, Fichte trabalha
com a concepção do objeto enquanto efeito do sujeito. Mas
entre sujeito e objeto, alerta Schopenhauer, "não há nenhuma
relação segundo o princípio de razão", já que um não pode ser
causa do outro, pois ambos só têm sentido na sua referência
alternada: onde termina o objeto começa o sujeito, e vice-versa.
No entanto, quando Fichte deduz o não eu do eu, ao centrar a
origem do objeto na consciência, curiosamente o faz para evitar
o dogmatismo, evitando uma coisa-em-si independente e exterior que seria um resto de transcendência não compatível com
o fato de toda coisa, sem exceção, precisar necessariamente de
uma consciência, aí ter a sua sede, e uma coisa, mesmo em-si,
independente dela, ser algo sem sentido. Uma inferência, como
vimos, aceita por Schelling. Já Schopenhauer vê exatamente
nesse raciocínio uma forma de dogmatismo, tal qual o entende,
ou seja, tal procedimento significaria um "erro elementar", o de
que haveria uma relação de fundamento e consequência operada
pelo princípio de razão entre a consciência do sujeito e o objeto,
isto é, o referido princípio teria uma "validade incondicionada e
a coisa-em-si, se antes era alocada no objeto, agora o é no sujeito
do conhecimento". Fichte apenas teria disfarçado a coisa-em-si
em não eu, e isso sim seria grave, pois atribuir-se-iam poderes
fantásticos à reflexão, à atividade do intelecto com sua intuição
criadora do não eu. Não haveria quaisquer limites empíricos, o
pensamento intuiria e criaria o seu objeto num só lance. A natureza e a coisa-em-si que a manifesta – separação efetuada com
apuro por Kant – são abolidas, abrindo espaço para o princípio
de razão transformar-se numa *veritas aeterna*, sendo "em Fichte

---

de um fundamento, justamente por aí já o pressupõe como verdadeiro
e apoia a sua exigência exatamente sobre essa pressuposição. Ele cai
portanto neste círculo, o de exigir uma prova do direito de exigir uma
prova" (1988e, § 14, p.36).

o fundamento do mundo ou do não eu, do objeto que é a sua consequência, a sua obra". Schopenhauer ironiza o sujeito criador fichtiano comparando a instituição de sua obra, o mundo, à tessitura de uma teia pela aranha (1988a, p.68).[12] Ora, ao nosso ver, essa crítica ao idealismo transcendental no seu nascedouro feita por Schopenhauer traduz um incômodo insuperável, observado pelo próprio Fichte, vale dizer, quando o eu é observado pelo filósofo, essa observação implica, no domínio do saber, a perda da infinitude do eu, ou seja, da vida mesma, quando o não eu é oposto ao eu. Ocorre então uma crescente desvalorização da vida. É preciso, todavia, ressaltar que a *Zweite Einleitung*, de 1797, insiste que a intuição intelectual não atinge um ser, mas uma atividade originária vivente; e outro texto do mesmo ano, a *Versuch*, traz a intuição intelectual enquanto unidade imediata entre sujeito e objeto, nela "subjetivo e objetivo estão imediatamente unidos" (Fichte, 1971i, FW I, p.527). Uma tese retomada na *Sittenlehre* de 1798: "Eu sou sujeito-objeto e na identidade e inseparabilidade [*Unzertrennlichkeit*] de ambos reside o meu verdadeiro ser" (1971f, FW I, p.130). Nesse momento, portanto, Fichte não fala da dedução do objeto do sujeito, mas defende uma identidade entre ambos na atividade egotista, de modo que a crítica schopenhaueriana, assim a podemos ler, focaliza mais a inconsistência fichtiana que pende seja para um vitalismo, porém logo abortado, seja para o abstracionismo solipsista, do eu-aranha construtor do mundo, isto é, quando procura uma passagem do segundo para o terceiro princípio da doutrina-da-ciência. Essa crítica, porém, ao nosso

---

12 Na verdade, a figura do princípio de razão que, segundo Schopenhauer, Fichte teria manejado, é a do ser no espaço: "pois somente relacionada a ela é que adquirem uma espécie de referência e significação aquelas deduções sofríveis do modo como o eu produz e fabrica a partir de si o não eu e que constituem o conteúdo do livro mais sem sentido e mais tedioso que jamais foi escrito" (1988a, p.69).

ver, não atinge a intuição intelectual tal como primeiramente esboçada por Fichte e lida por Schelling, que mantém a unidade sujeito-objeto, sem deduzir um do outro. Quanto à tentativa fichtiana de conferir uma primazia à vida (conceito depois caro a Schopenhauer), sem dúvida, para ele nada "tem valor e significado incondicionados, a não ser a vida; tudo o mais, pensamento, invenção, saber, só tem valor na medida em que de algum modo se refere ao que é vivo, parte dele e visa refluir para ele" (Fichte, apud Torres Filho, 1975, p.54). Ou ainda: "Explico aqui publicamente que o espírito mais íntimo e a alma da minha filosofia é que o homem não possui nada senão a experiência, e ele atinge tudo o que atinge apenas mediante a experiência, mediante a vida mesma" (Fichte 1971g, FW II, p.333). Trata-se nessas passagens de vitalismo, incontestavelmente. Os gérmens de uma filosofia-da-vida estão plantados. Mas só plantados, pois numa outra vertente a filosofia passa a se afastar cada vez mais da vida pelas chamadas potências da consciência, e no primeiro plano da exposição é salientada a investigação sobre o saber, sobre as determinações da consciência. Nós temos o poder de separarmo-nos de nosso si-mesmo mais enraizado na vida e prepararmo-nos para "uma série superior da vida e da efetividade" que avança para uma segunda potência, a do saber, na qual nós podemos nos pensar e conceber como *quem sabe* nessa vida, como aquele que reflete. Em seguida, numa terceira potência, podemos nos conceber como *quem pensa* nesse pensamento do saber, como aquele que intui sua própria vida no pôr-se dela, "e assim ao infinito" (ibidem, p.344). Quer dizer, apesar de a vida possuir em certo momento a primazia em Fichte, no fim ele favorece a especulação, desvaloriza a intuição em favor do conceito, em estágios cada vez mais elevados. *"Viver* é rigorosamente *não filosofar; filosofar* é rigorosamente *não viver*; e não conheço nenhuma determinação mais precisa que essa para esses dois conceitos" (Fichte apud Torres Filho, 1975, p.64). O investigador perde o horizonte da vida e a doutrina-da-ciência se enclausura na reflexão, sendo definida pelo seu criador como um *Wissen vom Wissen*, um saber do saber.[13]

Em que pese o solipsismo teórico, a argumentação schellinguiana em torno da proposição A = A que pressupõe a mais elementar eu = eu, por conseguinte em torno da autoposição do eu, fará com que ele mais uma vez se sirva de Fichte. No lugar da coisa entra a pura atividade livre do eu como continente do incondicionado. Para além dessa espontaneidade absoluta, segundo Schelling, não se pode ir. Aqui foi atingido o "o último" no *saber mesmo*, do qual depende todo outro saber. O investigador transcendental dirige-se para o saber puro, inteiramente condicionado pelo subjetivo, num condicionamento que não implica objetivação, coisificação, fixidez do produto. Schelling, para tra-

---

13 Hübscher observa a desilusão de Schopenhauer em relação a Fichte, por cujas ideias a princípio se sentiu atraído, levando-o a mudar de Göttingen, onde estudava, para Berlim, com o fito de acompanhar as preleções do então famoso filósofo, cujo nome era sem cerimônia colocado por muitos ao lado de Kant: "A esperança de Schopenhauer de encontrar em Fichte um filósofo e grande espírito é, entretanto, logo frustrada; as glosas que acompanham os seus escritos de aula exibem uma reserva crescente e, a partir da décima primeira preleção, uma recusa veemente. A décima primeira preleção de Fichte discorre sobre a natureza da reflexão e sobre a reflexão da reflexão. Ele conduz o ouvinte a estágios cada vez mais elevados da abstração, ele quer, em conformidade com o seu programa explanado no início, mostrar como o saber do eu, enredado em sua própria não liberdade da percepção, libera-se e progride para perceber a si mesmo como percepção. Esse processo Schopenhauer recusa por completo" (Hübscher, 1988, p.128). Para Schopenhauer a vida deve ser conservada na sua imediatez e o meio de não perdê-la para a reflexão é proceder artisticamente, em vez de cientificamente, ou seja, por intuição estética. A filosofia não é ciência nem doutrina-da-ciência, mas arte. No seu comentário de Friedrich Schlegel, Márcio Suzuki observa como o círculo romântico, apesar de na órbita de Fichte, já se preocupava (tanto quanto Schopenhauer) em aclimatar o transcendental à vida e à arte, naquilo que "se poderia chamar de 'programa' do romantismo: a *artificialidade* da construção filosófica deve ser 'devolvida' à vida, transformando-se em obra de arte. O homem tem de ser ao mesmo tempo filosofia e vida, 'vida ideal' e 'filosofia real' – 'teoria da vida'" (Suzuki, 1998, p.97).

duzir esse porto seguro da filosofia, invoca a mencionada proposição da identidade A = A, em que o primeiro A no lugar do sujeito é idêntico ao A no lugar do predicado. Pensar "A" nada significa além de pensar "A", sem condição prévia alguma. Com isso se exprime uma atividade livre e incondicionada, voltada para si mesma. Haveria nesse momento uma coincidência absoluta entre o sujeito e o objeto da reflexão. Fichte estaria correto e a identidade expressa na proposição da identidade pressupõe ela mesma uma identidade mais originária que a possibilita, pois, se se pensa A, seja na posição de sujeito ou de predicado, o eu ponente é requerido. A proposição suprema da filosofia deverá, portanto, escrever-se: eu = eu. Schelling repete Fichte.

Pois o princípio formal superior A = A é apenas possível pelo ato exprimido na proposição eu = eu: pelo ato de pensamento que devém a si mesmo objeto, consigo mesmo idêntico. Bem longe, pois, de a proposição eu = eu depender do princípio de identidade, antes este será condicionado por aquela. Pois se o eu não fosse = eu, então A não poderia ser = A, porque a igualdade posta naquela proposição exprime apenas uma igualdade entre o sujeito que julga e aquele no qual A é posto como *objeto*, isto é, uma igualdade entre o eu como sujeito e como objeto (Schelling, 1856-1861o, SW III, p.373).

A igualdade no princípio de identidade já é um enunciado de algo mais radical, da identidade eu = eu, fundamento da identidade A = A. Se A, então A, tal certeza só é possível porque se ancora na atividade do eu. A = A é um saber analítico, o predicado A nada acrescenta ao sujeito A, o segundo A não vai além do primeiro A. Na proposição eu = eu, entretanto, complementa Schelling, o sujeito se torna objeto para si, e se trata aqui de uma identidade entre aquilo que produz, primeiro eu, e aquilo que é produzido, segundo eu, de modo que se encontra "o ponto onde o saber idêntico origina-se imediatamente do sintético, e o sintético do idêntico". Ora, como está em cena o eu

Infinitude subjetiva e estética

não objetivo, não empírico, não individual, absoluto, incondicionado, e como todo outro saber depende dele, então cada individualidade, cada eu particular e concreto deverá ser deduzido do eu absoluto. A pura atividade livre autoponente alcançada na consciência será pois o *prius* de todo outro saber e as demais coisas dependerão dela, serão o seu *posterius*. A proposição A = A remete a um estado-de-ação, "o eu é originariamente *apenas* atividade" (ibidem, p.372, 380), e Schelling, seguindo Fichte fielmente, passo a passo, faz uso dos mesmos termos e do mesmo encadeamento argumentativo, emprega a mesma terminologia, as mesmas fórmulas, as mesmas inferências. Assim, o conceito de atividade deve ser "superior ao de coisa, pois as coisas mesmas são para se conceber apenas como modificações de uma atividade limitada de maneira diversa". Schelling abraça até a formulação radical do idealismo: "A pergunta: se o eu é uma coisa-em-si ou um fenômeno – tal pergunta é abstrusa. De maneira geral ele não é coisa alguma, nem coisa-em-si nem fenômeno" (ibidem, p.375). Mesmo porque há a impossibilidade semântica apontada por Schelling no fato de que "condicionar" é uma ação pela qual uma coisa devém, e "condicionado" é aquilo que foi feito coisa, ou seja, uma *coisa* em-si incondicionada é impensável. O ser mesmo das coisas, o seu íntimo, é apenas um grau determinado da atividade originária. Numa palavra, toda realidade é um produto do eu ativo, realidade que, ao ser apreendida como coisas, não eu, significa, em consonância com o fichtianismo, uma limitação que o eu coloca a si quando chega à consciência, quando nasce para si mesmo. "Mas o eu, *quando* intui a si mesmo, torna-se finito. Essa contradição só é para se resolver caso o eu, nessa finitude, *torne-se* infinito, ou seja, que ele se intua como *devir infinito*." Schelling invoca aquela "ampliação infinita dos limites" da doutrina-da-ciência, o "esforço infinito do eu" no movimento de passagem da infinitude pura para a infinitude imanente à finitude, isto é, o devir infinito das superações de limite. Schelling chega inclusive à mesma con-

55

clusão de que há duas atividades internas ao eu: a autoconsciência já é limitação; todavia, anteriormente a ela, algo foi limitado. Há, pois, uma atividade que limita e outra que é limitada.

O eu possui a tendência de produzir o infinito, direção essa que tem de ser pensada como indo para *fora* (como centrífuga), mas como tal ela não é passível de diferença sem uma atividade que retorna para *dentro*, para o eu como ponto central. (ibidem, p.391)

A atividade centrífuga é o objetivo no eu, a centrípeta o subjetivo. Atividades real e limitável, ideal e ilimitável: esta conduzindo ao mundo interno ou subjetividade, a outra ao mundo externo ou objetividade. Na síntese de ambas as atividades define-se a autoconsciência no sentido estrito do termo, só aí, então, havendo um eu para si. Esse terceiro termo entre a atividade que limita e a limitada, mediante o qual o eu se origina para si, "não é nada senão o *eu mesmo da autoconsciência*". O eu é portanto "*uma atividade composta, a autoconsciência mesma um ato sintético*" (ibidem), uma identidade na duplicidade. Quer dizer, Schelling repete Fichte à exaustão, e o objeto é deduzido do sujeito como uma travação à sua liberdade incondicionada, num movimento que prossegue indefinidamente até que toda a história do espírito humano tenha sido escrita, sendo a filosofia uma "história da autoconsciência que tem diversas épocas, mediante as quais a síntese absoluta única é sucessivamente composta" (ibidem, p.399). Mas, ressaltemos, já nessa obediência quase cega o aluno prepara a ruptura com o mestre, pois não esquece o seu forte veio místico, de modo que essa "história da autoconsciência" incluirá a filosofia-da-natureza, ancorada na intuição eterna da unidade cósmica, mediante a qual "a consciência *já consciente*" não pode, de modo algum, "produzir o mundo" (1856-1861s, SW X, p.93), que só pode ser produzido por uma razão absoluta, que admite uma inconsciência, isto é, um "passado transcendental" (*transcendentale Vergangenheit*).

Razão intuitiva

A intuição intelectual que dá acesso ao absoluto, para Schelling, é uma tarefa da razão. Na verdade, nós não temos essa razão, mas é ela, pelo contrário, enquanto universal e eterna, que nos tem. Há nesse autor uma ascensão no tempo do eu empírico para a eternidade. A faculdade racional é a que conhece de modo universal. O conceito de razão em Schelling ultrapassa a noção de uma mera faculdade de abstração do indivíduo, formadora de conceitos e destinada à especulação a partir da finitude, e torna-se uma potência universal, a tudo organizando, do menor ao maior. Para se pensar nela é preciso abstrair até mesmo o indivíduo que pensa. Schelling diz que, para aquele que é capaz de tal abstração, a razão "cessa imediatamente de ser algo subjetivo, como ela é representada pela maioria das pessoas". Pois o objetivo ou pensado o é sempre em relação a alguém que pensa; mas a razão, após a abstração do ser individual, torna-se "o verdadeiro em-si" situado num ponto de indiferença entre subjetivo e objetivo. No instante da intuição intelectual, sujeito e objeto, ideal e real, dão-se como forma-conteúdo de e para a inteligência absoluta, que adquire um espelho de si. A filosofia será levada à conclusão de que *"exteriormente à razão não há nada e nela está tudo"*. O ponto de vista da filosofia é o do conhecimento das coisas como elas são em si na razão. A filosofia só existe do "ponto-de-vista do absoluto" e "a razão *é* o absoluto" (Schelling, 1856-1861c, SW IV, p.115).

Se por um lado Fichte, esse onipresente fantasma nos textos schellinguianos, não envereda pelo misticismo, pois não admite uma natureza exterior ao sujeito e, consequentemente, descarta o reconhecimento – a união mística – da unidade entre mundo externo e interno, por outro ele também postula uma razão supraindividual que, em relação à individualidade, é "o único em-si", sendo a personalidade apenas meio para exprimi--la. Somente a razão é "eterna", ao passo que a individualidade tem de morrer aos poucos. O filósofo adverte: "Quem antes não encaixar sua vontade nessa ordem das coisas, também não obterá o verdadeiro entendimento da doutrina-da-ciência" (Fichte, 1971j, FW I, p.505-6). A razão universal intui a si na sua maneira de agir, ela é uma razão que se concebe como razão, "puro eu" no sentido supremo da palavra (idem, 1971g, FW II, p.374-5). Como vimos, a filosofia fichtiana chega até a ensaiar um vitalismo primário, fazendo o eu ancorar-se na vida. Esta, em certos momentos, resvala para a vontade, como na *Sittenlehre*, onde lemos que a intuição intelectual tem por resultado mostrar-nos uma natureza volitiva, ou seja, a "substância que é consciente" (*bewusstseiende Substanz*) é para mim "a mesma que quer". Em outros termos, eu me encontro, no limite, a mim mesmo, como um eu querente, "*apenas* como querendo me encontro". Nesse querer, penso algo que permanece, independentemente da minha consciência e que tem de ser algo querente. "Torno-me para mim *consciente* desse querer, tomo-o por verdadeiro"; "a exteriorização, única que atribuo a mim, é o querer: apenas sob a condição de que eu me torne consciente de um tal querer torno-me consciente de mim mesmo" (idem, 1971a, FW IV, p.19-21). Vida é querer. Observa-se, desse modo, um claro reforço do conceito de vontade, que aparentemente vem para o primeiro plano da exposição. Todavia, só aparentemente, porque esse querer perde as suas possíveis independência e autossuficiência quando é remetido à razão prática, vale dizer, quando é determinado por um imperativo categórico, de modo que a vida mesma, isto é, a vontade como sua substância, tem no seu íntimo o conhecimento como princípio que a comanda. O conhecimento é de fato "o primeiro e mais supremo", a "matéria originária" da vida, de modo que "novamente é afirmado, numa significação superior, o primado da razão, na medida em que ela é prática" (ibidem, p.92-3). Esse querer fichtiano, por conseguinte, não se transforma no irracional enquanto princípio da filosofia, em impulsos cegos para a ação, sem fins definidos, mas, pelo contrário, está sob o firme comando da tarefa infinita da razão prática. A faculdade racional não é destronada da regência da vida; ela, de fato, é o princípio da filosofia idealista: "O ser racional, *considerado como tal*, é absoluto, permanece por si mesmo, é absolutamente o fundamento de si mesmo" (ibidem, p.50).

Embora Schelling trabalhe com a intuição de uma eternidade que engloba a natureza, ele, tanto quanto Fichte, *não abdica* do primado do racional, do conhecimento, da inteligência como princípio explicativo do mundo. Quer dizer, o saber *não é* de modo algum secundário para ambos e, quando há momentos de irrupção do irracional vivente, é para logo em seguida ser subsumido num mero momento do racional.

Schelling, contudo, jamais renuncia à *unyo mistica*. A sua invocação de Empédocles é um testemunho marcante do esforço para não perder na exposição filosófica a imediatez da infinitude:

> É uma doutrina antiquíssima a de que o igual é reconhecido apenas pelo igual. O que conhece tem de ser como o que é conhecido e o que é conhecido como o que conhece: assim o olho é semelhante à luz segundo aquele antigo dito que Goethe acolhe no prefácio de sua *Doutrina-das-cores*:
>
> *Se o olho não fosse solar,*
> *como veríamos a luz?*
> *Não vivesse em nós a própria força divina,*
> *como poderia o divino nos arrebatar?* (Schelling, 1856-1861e, SW IX, p.221)

Quando o filósofo transcendental (re)constrói, ou seja, recorda o mundo por delimitação da intuição intelectual, é posto na verdade diante da própria unidade eterna, plenamente racional, que se vê a si mesma refletida nos seus objetos construídos, miniaturas especulares de si mesma, as Ideias. Mas, previamente a essa construção – antes de aparecer na consciência –, o absoluto é captado na sua integralidade. Antes de construir o mundo, o filósofo transcendental primeiro o intui na sua atemporalidade.

Schelling com isso é fiel a si mesmo, ou seja, ao acento místico e platônico da intuição intelectual da oitava carta filosófica sobre o dogmatismo e o criticismo, na qual o eu é, espinosianamente, uma substância cósmica que não se perde nos labirintos da consciência finita: o absoluto só pode ser dado mediante o absoluto; isso reforça a tendência para a admissão do saber total, da iluminação, ou, como dizem os místicos, do conhecimento pleno – o "êxtase".[14] A exposição da filosofia é uma *anamnese* da unidade absoluta *do mundo* por ela mesma. Com isso a despedida do acosmismo fichtiano se torna impositiva.

---

14 É como a intuição intelectual é definida nos *Erlangener Vorträge* (Schelling, 1856-1861e, SW IX, p.229).

2
Alma cósmica

Polaridade

Até o fichtianismo, segundo Schelling, estávamos diante de uma face do sistema total do saber, "mediante a qual meramente um lado da filosofia, ou seja, o subjetivo e ideal, devia ser exposto" (Schelling, 1856-1861g, SW IV, p.410). A esse lado, e à revelia do acosmismo da doutrina-da-ciência, porém para proveito do seu futuro leitor Schopenhauer, será acrescida a filosofia-da--natureza como equilíbrio para a filosofia transcendental. Isso significa dizer que, à *natura naturans* dada por intuição intelectual ao filósofo, deve agora ser apontada a sua contrapartida, a *natura naturata* considerada como sua visibilidade fenomênica.

Entre teoria e empiria não haveria divergência, mas plena convergência, pois em última instância inexiste diferença entre espírito e natureza, o que é sucintamente enunciado nos seguintes termos, em 1797, nas *Ideias para uma filosofia da natureza*: "A natureza deve [*soll*] ser o espírito visível, o espírito a natureza invisível" (idem, 1856-1861n, SW II, p.56). O *sollen*, dever, da sentença indica o equilíbrio ausente na doutrina-da-ciência – que se encerra no subjetivo, na imanência da consciência, a partir da qual o mundo é deduzido –; de maneira que se coloca aqui a tarefa de criar uma *Naturphilosophie* como complemento indispensável do idealismo transcendental.

> O todo do qual provém a filosofia-da-natureza é o idealismo *absoluto*. A filosofia-da-natureza não precede o idealismo nem lhe é de alguma maneira oposta, caso ele seja idealismo absoluto, mas só na medida em que ele é idealismo relativo e, em virtude disso, apreende apenas um lado do ato de conhecimento absoluto que, sem a outra, é impensável. (ibidem, p.68)[1]

Segue-se daí que o eu consciente de maneira alguma produz o mundo. Antes, a egoidade deve ser remetida a um momento originário no qual ainda não sabia de si, a uma região anterior à abertura do olho, antes de a atividade absoluta da liberdade adquirir gradativamente consciência. Essa atividade

---

1 A filosofia-da-natureza não é obviamente uma invenção de Schelling, já que ela pode ser remontada aos antigos, como Aristóteles e Lucrécio, mas o tratamento dado a ela a partir de uma tradição transcendental que passa por Fichte é sem dúvida um mérito de Schelling. Horkheimer nota: "A realização essencial de Schelling em relação ao avanço da filosofia pós- -kantiana alemã baseia-se em que a natureza não ganha apenas em geral, e como um todo, uma posição no sistema, mas também em particular, na sua estrutura concreta, em seu ser-assim, e não deve mais ser apreendida em seu simples existir por princípios filosóficos. Não apenas no primeiro período de Schelling, mas pelo tempo em que ele em geral interveio na orientação da história do idealismo alemão, deve-se ver a filosofia-da- -natureza como a sua realização mais própria ... Até Schelling a filosofia idealista era essencialmente filosofia transcendental: isso significa que a filosofia via como sua tarefa básica mostrar as condições da consciência sem as quais a construção de um mundo de objetos não seria pensável ... Que a natureza mesma possua um ser próprio, que seja possível ganhar uma intelecção desse ser, que também por essa intelecção o particular na natureza tem de poder ser apreendido, eis aí o pensamento fundamental da filosofia-da-natureza schellinguiana" (Horkheimer, 1990c, GS X, p.135-8).

nada é senão justamente o trabalho do "vir-a-si-mesmo", do "tornar-se consciente mesmo", e que finda com a consciência plena alcançada, na qual resultados, processos naturais concluídos, produtos são dados. Schelling, então, terá de introduzir a noção de *atividade inconsciente* no idealismo, com o objetivo primário de explicitar a existência da indubitável natureza exterior. Em outros termos, fará a exegese da maneira pela qual o não saber do saber, a que Fichte se refere, e no qual a reflexão encontra o seu limite, é mais bem compreendido caso seja tomado exatamente como pré-estágio da consciência de si absoluta. De fato, quando o olho se abre e percebe o mundo exterior, vê o mero resultado da atividade originária do universo pairando diante de si, como efetividade constituída, que, nela mesma, não é algo simplesmente deduzido a partir do eu, por conseguinte algo ilusório em sua autonomia, mas sim "existente ao mesmo tempo que ele", no entanto de modo inconsciente, ou seja, o seu lado estrangeiro e anterior à reflexão. A filosofia-da-natureza mostra que o eu possui um passado, ela narra uma história transcendental do absoluto que devém consciente de si, ou seja, relata como a natureza se constitui para, ao fim, aparecer como algo em aparência independente, mas que na verdade deve ser tomada como uma com o sujeito que a representa. Portanto, procura-se resolver concomitantemente, por meio da autonomia de uma natureza exterior, o problema do solipsismo da doutrina-da-ciência. Redescobre-se a natureza, tão livre em sua atividade quanto o sujeito filosofante em sua reflexão. A filosofia torna-se doravante genética e deixa a série das representações nascer e desfilar diante do espírito, da natureza invisível, notando que não há "nenhuma separação" entre experiência e especulação, mundo exterior e mundo intelectual, de modo que o "sistema da natureza é ao mesmo tempo o sistema de nosso espírito" (ibidem, p.39). Dessa perspectiva, diz Schelling, se se admite a sentença "eu sou" como ponto de partida certo da filosofia, nota-se que ela só tem sentido se há a pressuposição de um vir-a-si exterior, pois "só pode vir *a si* o que antes estava *exterior* a si". O primeiro estado do eu é um "estar-exterior-a-si", de modo que – e aqui o filósofo alerta mais uma vez sobre o erro do fichtianismo – o eu, "na medida em que é pensado para além da consciência, precisamente por isso ainda não é o eu individual", pois ele se determina como individual somente no vir-a-si. O eu da filosofia-da-natureza está para além da singularidade, é universal, independente dos indivíduos, embora em cada um destes presente integralmente, tornando--se eu de alguém, vindo-a-si; porém, no inconsciente mesmo de cada um, em sua pura natureza, encontra-se o inconsciente universal. A consciência é apenas "o fim do caminho", daí a "cegueira e necessidade" das representações do mundo exterior. "O eu individual encontra em sua consciência apenas como que o marco, o monumento desse caminho, não o caminho mesmo." É o filósofo quem, nas suas construções, exibe como o absoluto vem-a-si. A tarefa da filosofia é percorrer todo o caminho do eu, desde o princípio, do seu estar exterior a si, até a consciência absoluta, e tudo com consciência. A filosofia, portanto, é recordação, anamnese, coincidindo com a visão platônica. Com isso, a filosofia-da-natureza também tem em mira o platonismo, para, como veremos, auxiliar o idealismo a conciliar-se com a realidade, dissolvendo assim o seu solipsismo, até o ponto em que, levado às últimas consequências, o idealismo na verdade se confunde com o realismo (cf. Wittgenstein, 1984a).

Com esse norte em mente, o filósofo, partindo da identidade sujeito-objeto, pensa o absoluto como constituído de duas sé-ries, uma ideal, ou subjetividade, e outra real, ou objetividade. Há aqui uma complementaridade que traduz aquele jogo de espelhamento entre o "espírito visível" e a "natureza invisível". Transmitem-se características de um domínio para outro, de modo que o espírito, tido por invisível, é postulado como visível na natureza, e a natureza, tida por visível na sua independência exterior, é postulada como presença invisível (passível de construção) no espírito: o que se nomeia identidade total entre ideal e real, ou ponto de indiferença.

Em última instância, estamos diante do monismo do eu absoluto, e *dizer que a natureza deve ser o "espírito visível" equivale a identificar a sua presença transcendental na consciência; por seu turno, dizer que o espírito deve ser a "natureza invisível" equivale a identificar o seu passado transcendental na inconsciência do mundo.* Ora, como Schelling não quer perder a orientação da doutrina-da-ciência, mas indicar a sua parcialidade, ele mostra continuamente como o eu absoluto se dá no saber, na inteligência, no subjetivo, só que sem se diferenciar do que se dá na natureza inorgânica e orgânica, porém sem ainda refletir sobre si.

É nessa objetividade, ou série real do absoluto, que se desenvolve a chamada "odisseia da consciência". Odisseia porque, como Ulisses, que depois de muitos percalços retorna a Ítaca, para reencontrar Penélope, o eu, depois dos muitos percalços da inconsciência objetiva, descobre na consciência humana que a jornada pelos reinos inorgânico e orgânico inferior conduz ao encontro de si no espelho da mente, onde então recorda os obstáculos pelos quais passou. O saber absoluto na consciência é, na verdade, enquanto retorno a si, uma passagem da série real para a ideal. Cabe reconstruir essa aventura da inteligência mediante a exposição das etapas pelas quais o absoluto passa antes de reencontrar-se na consciência do filósofo, o que equivale a mostrar como cada objeto natural é um ensaio de inteligência.

Ora, se eliminar o conceito de ser como continente do incondicionado implica procurá-lo numa atividade, sob este aspecto também a filosofia-da-natureza segue os passos da doutrina-da-ciência, porém agora se serve da concepção de uma atividade no cosmos, de modo que a autoatividade livre absoluta é vista como atividade livre e real, o que, no *Primeiro esboço de um sistema de filosofia da natureza,* de 1799, enuncia-se lapidarmente nos seguintes termos: "À primeira pergunta – como se pode atribuir incondicionalidade à natureza –, respondemos mediante

Jair Barboza

a afirmação de que a natureza tem de ser vista como *absolutamente ativa*" (Schelling, 1856-1861f, SW III, p.14).

O filósofo da natureza trata o seu objeto como o filósofo transcendental trata o eu, portanto a natureza mesma como incondicionada na sua atividade. Esta, pensada nos moldes da chamada substância absoluta espinosiana, recebe justamente o nome de *natura naturans*, a qual, não se enclausurando em si, manifesta-se como *natura naturata*. Estamos diante do chamado "espinosismo da física". Nesse sentido, o empenho de Schelling será expor como é possível uma transposição da primeira para a segunda, para os fenômenos. Isso o conduzirá à constatação de que, ao se pensar pela filosofia transcendental o conceito de atividade, ou infinitude ideal, pensa-se pela filosofia-da-natureza a transição daquela para os seres, ou seja, a ativa idealidade produtiva infinita transpassa para uma dinâmica realidade empírica infinita, ou os produtos naturais são concebidos como uma série infinita do vir-a-ser que apresenta objetivamente a infinitude subjetiva. A produtividade absoluta transparece em natureza empírica e cada série infinita real é vista como a exposição de uma infinitude intelectual ou ideal. Se há uma limitação interna à consciência-de-si – "chegar à consciência e ser limitado é uma coisa só" –, isso implica que o homem "se faz objeto para si mesmo" e "não age mais o homem *inteiro*; ele suprimiu uma parte de sua atividade para poder refletir sobre a outra" (idem, 1856-1861n, SW II, p.13). Tal limitação é tida num primeiro instante como uma outra atividade originária e oposta ao eu, o não eu, mas na verdade é apenas o eu ainda não ciente de si. Semelhante discórdia pode ser expressa igualmente por duas forças, centrífuga e centrípeta, a primeira expandindo-se, porém deparando-se com a resistência de uma força contrativa. Isso se revela na efetividade como "pontos-de--travação" (*Hemmungspunkte*). A índole do eu, embora ele seja uno, reside num dar-se conta de si como "duplicidade originária" (*ursprüngliche Duplizität*). O autêntico filósofo da natureza, então, para onde olhar, encontrará a reprodução dessa duplicidade. O nascimento dos produtos que compõem a multidão dos objetos empíricos não passa do seu símbolo. Em qualquer lugar percebe-se conflito, e dessa contradição aparecem os seres empíricos, que são como resistências, redemoinhos de um rio que flui. "Essa travação da atividade universal da natureza, sem a qual ela nunca chegaria a produto aparente, deixa-se representar apenas como a obra de tendências opostas na natureza." Em cada um dos pontos-de-travação, porém, em cada redemoinho, concentra-se a protoatividade do absoluto. "A produtividade é originariamente infinita, portanto mesmo se ela chega a produto este produto é apenas produto aparente. Cada produto é um ponto-de-travação, mas em cada ponto-de-travação se encontra o infinito" (idem, 1856-1861f, SW III, p.16, nota).

Numa torrente que flui, enquanto não há resistências, ela percorre de modo reto o seu caminho; porém, quando surge um entrave, nasce aí um redemoinho. Tal redemoinho, para a filosofia-da-natureza, é, metaforicamente, "todo produto natural originário", "toda organização". Mas o redemoinho não é algo permanente, e sim submetido continuamente a mudança, a cada instante sendo novamente reproduzível. "Portanto nenhum produto na natureza está fixado, mas em cada instante ele é reproduzido pela força de toda a natureza." Provavelmente, diz o autor, havia um único ponto-de-travação primitivo, do qual se desenvolveu toda a natureza, mas agora se pode pensar infinitamente muitos pontos-de-travação e "em cada um desses pontos a torrente da atividade natural é como que interrompida, sua produtividade anulada"; contudo, a cada momento "como que advém um novo choque [*Stoß*], uma nova onda que preenche de novo essa esfera", impedindo o repouso.

Ora, aqui surge um problema. Se a natureza origina produtos, se há um passado transcendental, segue-se daí que a produtividade, de indeterminada, se torna determinada. Com isso, a produtividade *pura* é aparentemente suprimida na exterioridade.

Schelling diz: "caso o fundamento-de-determinação da produtividade se situasse exteriormente à natureza, então a natureza não seria, originariamente, produtividade absoluta". Mas o autor logo procura uma solução. Na verdade, se a natureza admite "determinação", isto é, "negatividade", então essa negatividade, ao ser vista de um ponto de vista superior, "tem de ser novamente positividade" (idem, 1856-1861d, SW I, p.287). Schelling, assim, reabsorve o negativo enquanto momento constitutivo do positivo, para assim a identidade absoluta se manter. O fundamento da travação reside na natureza mesma, pois ela é identidade ideal-real, quer dizer, ela contém em si a possibilidade da não identidade, de maneira que a solução final passa pela manutenção do conceito de duplicidade na identidade. Pensa-se a natureza, na sua identidade, sendo num só lance dúplice. O uno é essencialmente discordante consigo mesmo, e devém nessa discórdia realidade fenomênica. "A natureza tem de originariamente tornar-se objeto para si mesma. Essa transformação do *sujeito puro* em um *objeto mesmo* [*Selbst-Objekt*] é impensável sem uma discórdia originária na natureza" (ibidem, p.288).

Monta-se assim uma dialética baseada na duplicidade originária da identidade absoluta. Em toda parte encontram-se tendências opostas: uma positiva produtiva, e outra negativa que obsta a produção. Contudo, concomitantemente, há reabsorção da segunda na primeira, isto é, tem-se uma superação de resistências, que sempre se colocam novamente, para em seguida serem de novo suprimidas, e assim por diante. Como consequência, não há anulação das tendências em determinado ponto, o que significaria a inexistência dos produtos. Na efetividade se observa um contínuo devir produtivo. "O produto tem de ser pensado *como anulado em cada momento* e em *cada momento de novo reproduzido*. Não vemos a permanência do produto, mas o contínuo tornar-se-reproduzido" (ibidem, p.289). Cada objeto é oportunidade para outro de sua espécie. Incontáveis pontos-de-travação espalham-se pela efetividade e são superados dialeticamente.

Daí a multiplicidade e a diversidade dos seres que, embora lutem entre si, não se exterminam, sobrevivendo em equilíbrio, porque nunca um ponto zero é alcançado, ou seja, a dialética orgânica não encontra uma superação final. A origem de um produto significa uma nova oposição, e "mediante esta um produto diferente do primeiro, mas também este não suprime a oposição *absoluta*, e mais uma vez tem-se dualidade, e mediante esta nasce um produto, e assim ao infinito". O universo autoforma-se "do centro para a periferia", num processo de tese para antítese e desta para a síntese (ibidem, p.310, 312). Obstáculos colocam-se contra a atividade originária (o não eu é oposto ao eu), mas contra tais limites ela luta sem cessar, e, enquanto luta, "preenche novamente essa esfera com sua produtividade" (Schelling, 1856-1861f, SW III, p.18, nota).

Tem-se dessa maneira, quando a infinitude ideal passa para a real, uma série de *graus do devir*, ou evolução. Em cada ponto "espelha-se o todo" discordante. Em cada singularidade encontra-se ocasião para nova discórdia, a qual prossegue sem cessar. Todo produto apresenta "o impulso para um desenvolvimento infinito" (ibidem, p.17-9). Tanto em nós quanto no exterior, apresenta-se "o último" (*das Letzte*) do mundo, sem exceção, como uma identidade dúplice que aos poucos se autoconhece. A própria identidade sujeito-objeto já é uma discordância essencial, que, nos fenômenos, se ilustra exemplarmente nos polos negativo e positivo do magneto, os quais se relacionam em alternância, autodefinindo-se nessa reciprocidade. O polo positivo não é perceptível sem que se leve em conta o negativo, e vice-versa. A intuição de um apoia-se imediatamente na do outro, de modo que, apesar da oposição, é esta que define a identidade dos polos do magneto, sem suprimir a sua positividade ou a sua negatividade, postas num só lance.

Numa palavra: *Schelling considera o eu absoluto, tanto pela dicotomia interior à consciência entre eu e não eu quanto na natureza exterior conflitante que o manifesta, como polaridade.* Este conceito

Jair Barboza

desempenha papel nuclear em sua filosofia primeira, alçado à condição de princípio universal. Em *Da alma cósmica*, de 1798, é observado:

O primeiro princípio de uma doutrina-da-natureza filosófica é *procurar em toda a natureza por polaridade e dualismo* ... Onde há fenômenos, já há forças opostas. A *doutrina-da-natureza*, portanto, pressupõe como princípio imediato uma *duplicidade universal* e, para poder conceber a esta, uma *identidade universal* da matéria. (1856--1861q, SW II, p.310, 459)

A efetividade inteira "pressupõe uma discordância". Na matéria, já as forças de atração e repulsão exibem esse caráter do universo. A polaridade é hegemônica no cosmos, "ativa tanto em cada corpo subordinado de um específico sistema planetário como na terra, em nosso sistema planetário" (ibidem, p.489). Os dois polos do nosso planeta o comprovam, bem como a grande diferença entre os dois hemisférios. Em todo e qualquer mundo apresenta-se a índole do eu, o ser heterogeneidade unívoca, magnetismo, nem "nenhum corpo no mundo é absolutamente não magnético", até mesmo a menor partícula de pó (ibidem, p.485; cf. 1856-1861f, SW III, p.116).

Na verdade, Schelling retira de Goethe sua concepção fundamental. O poeta, por sua vez, indica em *Campanha na França*, de 1792, que foi no escrito de Kant sobre os *Princípios metafísicos da ciência da natureza* que encontrou estímulo para a sua teoria. De fato, Kant diz que a "força de atração e de repulsão pertencem à essência da matéria e nenhuma das duas pode ser separada do referido conceito". A matéria preenche o espaço não apenas mediante a sua mera existência, mas por uma "força motriz especial", e para pensá-la é-se levado sempre às "forças que se repelem" em "todas as suas partes". Em algum lugar "tem de atuar uma força originária da matéria na direção oposta da repulsiva, portanto tendendo para a aproximação, isto é, uma força de atração tem de ser admitida". Forças de atração e repulsão definem a matéria e "só estas duas forças" são nela pensáveis (Kant, 1902-1923, GS IV, p.497-8, 509). Desses postulados o poeta chegou à "polaridade originária" (*Urpolarität*) de todos os seres, a qual penetra e anima a multiplicidade infinda dos fenômenos (Goethe, 1640, XXVIII, p.155). Ainda em 1792, Goethe escreve numa carta:

> Parece-me no momento que tudo se deixa conectar, caso também nesta doutrina [das cores] haja a tentativa de tomar o conceito de polaridade como o fio condutor, expresso hipoteticamente, por enquanto, pela fórmula do *ativo* e *passivo*.

No prefácio a *Propylaen*, do mesmo ano, a hipótese é retomada: "Talvez confirme-se a suposição de que os efeitos coloridos naturais, bem como os magnéticos, elétricos e outros, baseiem-se numa relação recíproca, numa polaridade ..." (idem, 1926, p.84). Na *Doutrina-das-cores*, de 1808, o princípio é teoricamente assumido e aplicado a toda a observação da natureza. O poeta nos exorta a ser observadores fiéis e perceber que, na multiplicidade das concepções, deve-se chegar sempre à conclusão de que tudo o que aparece indica "seja uma desunião originária, capaz de união, seja uma unidade originária, que pode chegar a uma desunião", e dessa maneira tem de expor-se: desunir o unido, unir o desunido é a "vida da natureza", expressa também na "sístole e [na] diástole eternas", no "respirar e expirar do mundo no qual vivemos, laboramos e existimos" (idem, 1640, p.40, 83). Um dístico canta o fenômeno-chave em que a polaridade se corporifica, o magneto: *"Magnets Geheimnis, erkläre mir das!/ Kein größer Geheimnis als Lieb und Haß"*.[2]

Mesmo as emoções elementares do ser humano são vistas pelo viés do magneto, "fenômeno arquetípico", símbolo para tudo o que não temos como exprimir em palavra ou conceito, a

---

2 "Mistério do magneto, explica-me isso!/ Nenhum mistério maior que amor e ódio" (Goethe, 1640, SW IV, p.5).

permitir-nos descortinar os segredos íntimos das coisas, as quais, na sua interdependência, compõem todavia um todo em "unidade viva", com as características de separação e união, expansão e contração, diferença e especificidade, aparecer e desaparecer, solidificar-se e evaporar-se, fixar-se e fluir, e assim por diante. Tais efeitos contraditórios, contudo, complementam-se, sucedendo-se num mesmo momento, ou aparecendo de um só lance.

Engendrar e perecer, criar e aniquilar, nascimento e morte, alegria e sofrimento, tudo faz efeito através de tudo, no mesmo sentido e [na mesma] medida. Por isso também aquilo que de mais particular acontece apresenta-se como imagem e alegoria do universal.

Em cada ponto singular do cosmos, um universo discordante. Na natureza, para onde se olhe, "nasce o infinito" em forma de polaridade. *"Willst du dich am Ganzen erquicken,/ So mußt du das Ganze im Kleinsten erblicken."*[3]

Tanto no maior como no menor, a natureza é igual a si mediante polaridade, que a comanda numa "produtividade" que "preenche todo o espaço". Goethe emprega o verbo *polarisieren, polarizar*, para indicar a dinâmica do estado de tensão de um corpo elétrico em plena disposição para manifestar-se, diferenciar-se: "Tensão é o aparente estado indiferente de um corpo energético em plena disposição para manifestar-se, diferenciar-se, polarizar-se" (1982b, XII, p.367-9) e que podemos pensar como miniatura da respiração de uma "alma cósmica" em sua expansão e em sua contração contínuas. Tal conceito de alma cósmica está associado a uma concepção panteísta da divindade, nos rastros de Espinosa, a ponto de Goethe buscar no astrônomo Kepler uma corroboração para a teoria do infinito no finito.

---

3 "Queres te recrear no todo,/Então miras o todo no que há de menor" (ibidem, p.4).

Kepler teria dito: "Meu desejo supremo é o Deus, que encontro no exterior e em toda parte, também avistar internamente, como que descobri-lo dentro de mim". Ao que Goethe comenta: "O nobre homem sentia, sem estar consciente, que justamente nesse instante o divino estava nele em exata conexão com o divino do universo" (ibidem, p.365).

Como se vê, o conceito schellinguiano de polaridade encontra nos escritos de Goethe a sua raiz. De fato, entre 1798 e 1802, Schelling e Goethe encontravam-se frequentemente em Weimar, para onde o filósofo viajava a partir de Jena, em cuja universidade local lecionava, tendo sido convidado em 1798 sob o patrocínio do poeta. Caberá assim a ele desenvolver, na filosofia-da-natureza, detalhadamente, um conceito que em Goethe permaneceu rudimentar, embora este o considerasse a sua intuição fundamental, o que testemunham, sem dúvida, alguns de seus escritos.

Vida universal

Foi, no entanto, nas pesquisas biológicas de Kielmeyer, mais precisamente no *Discurso sobre as relações das forças orgânicas entre si*, que Schelling encontrou o conceito cimentador da sua filosofia-da-natureza, que o ajudará a conceber a transpassagem da *natura naturans* para a *naturata*.

No discurso de Kielmeyer, proferido em 11 de fevereiro de 1793 na Stuttgarter Karlsschule, os fenômenos animados, ou "organizações", são considerados os mais apropriados para nos arrebatar com o "sentimento da grandeza da natureza"; o mundo orgânico apresenta-se numa série de organizações e "parece" avançar numa "trajetória de desenvolvimento" (*Entwicklungsbahn*). Animando-o, identificam-se três forças biológicas básicas: (1) a sensibilidade, ou capacidade de reação à excitação recebida; (2) a irritabilidade, ou capacidade de se contrair dos músculos; e (3) a força reprodutiva.

As diversas relações dessas forças entre si elucidam a diversidade e a especificidade dos organismos. Nesse sentido, no homem, ser mais desenvolvido, a sensibilidade alcança maior envergadura em face das outras forças, diminuindo progressivamente até os limites do reino animal inferior e desaparecendo nas plantas. Quanto à irritabilidade, mostra um aumento à medida que a sensibilidade diminui, enquanto a força reprodutiva domina em meio ao primitivismo dos seres orgânicos (Kielmeyer, 1814, p.5, 11-2, 19).[4] Kielmeyer mostra assim, por esse esquema, que o inorgânico e o orgânico se definem como a combinatória de forças básicas inalteráveis distribuídas em determinadas medidas, com o predomínio ora de uma, ora de outra, embora sejam sempre as mesmas, constituindo no seu inter-relacionamento uma *dinâmica da natureza*.

Ora, é essa teoria, no seu esboço, que, acrescida à de Goethe, será absorvida no sistema de Schelling. Este, porém, tem em vista o vitalismo de uma única substância absoluta, da qual emanam os graus do devir, ou seja, as forças básicas são interpretadas como uma *força única produtiva originária, unidade viva dúplice na sua identidade, a desenvolver-se polarmente em diversos estádios*.

Contudo, o amálgama desse vitalismo ainda esperava pelo elemento crítico, vale dizer, o biologismo da terceira crítica de Kant.[5] E o que nos apresenta o criticismo? Resposta: o conceito de "ser organizado" como "fim natural". Segundo Kant, este

---

4 Cf. também a leitura de Hübscher, 1988, p.54-5.

5 Schelling estava sempre às voltas, para conseguir levar adiante a montagem do seu sistema, com um outro grande pensador. Ele é fichtiano ao ler Fichte, espinosiano ao ler Espinosa, kantiano ao ler Kant, e assim por diante. E. v. Hartmann observa: "*Schelling* é um daqueles pensadores sem aprumo próprio que, como uma planta trepadeira, apoia-se em outros e com eles prossegue o seu pensamento, não tanto mediante uma transformação crítica, mas por fecundação fantasiosa, remodelação e fusão". Schopenhauer, por sua vez, nomeia esse procedimento antes de "amálgama" filosófico de um "eclético" (1979, p.3), ou "filosofia de livros" (Schopenhauer, 1988f, p.31-440).

abre-nos a janela para o domínio de uma finalidade interna, de unidades fechadas em si mesmas cujo fundamento é uma Ideia que escapa à construção categorial do entendimento, como se exibisse a própria liberdade. Tal finalidade mostra-se no isolamento de objetos naturais, totalmente isentos pelo juízo de alguma relação com os outros, nos quais a "ideia de todo" determina a "forma e união de todas as partes, não como causa, senão seria um produto da arte, mas como fundamento-de--conhecimento da unidade sistemática da forma e união de todo o diverso que está contido na matéria dada para aquele que julga" (Kant, 1990b, A, p.287). Para uma coisa existir como "fim natural", organismo, ela é "causa e efeito de si mesma". Assim, uma árvore gera outra segundo uma lei natural conhecida; a árvore gerada, contudo, é da mesma espécie, de modo que a primeira árvore, na verdade, gerou a si: ela de um lado é causa, de outro é efeito de si mesma. Ademais, uma árvore, considerada isoladamente, também gera a si, já que nela é inerente um efeito que se denomina crescimento, mas que deve ser distinguido de leis meramente mecânicas, pois a matéria dessa forma de geração processa, anteriormente, o crescimento com o intuito de uma "qualidade própria e específica que o mecanismo natural exterior a ela não pode fornecer". Ela forma-se por intermédio de um estofo que, segundo sua mistura, é um produto próprio. Por fim, uma parte isolada desse organismo também gera a si, porém "a conservação de uma delas depende reciprocamente da conservação da outra": as folhas são produtos da árvore, mas ao mesmo tempo a conservam; prova disso é que o contínuo desfolhamento a mataria. O seu crescimento depende também do efeito das folhas sobre o tronco. Mesmo uma parte ferida e inútil é compensada pelas restantes, ou então uma parte mal nascida é novamente formada, quer dizer, há um dinamismo compensatório interno ao organismo inexplicável por qualquer tipo de causalidade conhecida (ibidem, p.283-4). Mesmo no organismo animal um membro só adquire seu pleno sentido na medida em que desempenha um papel no concerto do corpo, e só possui relevância em referência às outras partes. Deve-se acentuar, prossegue Kant, como especificidade do orgânico o fato de o efeito como que produzir a causa. Num fim natural é-se compelido, na sua consideração, a representar o efeito como condição da sua causa. Se se ainda admite que o olho vê, a partir daí determina-se a sua causa. "A representação do efeito é aqui fundamento-de-determinação de sua causa, precedendo-a" (ibidem, p.33). Em síntese, a índole dos fins naturais reside num tipo de causalidade que foge à explicação mecanicista. Não se pode esperar um Newton que, mediante leis naturais, explique a origem de um ramo de relva. O que nos leva a perceber que a própria primeira crítica é incapaz de dar conta da sistematicidade, da totalidade representada pelos corpos orgânicos, os quais como que exibem a liberdade no fenômeno, isto é, uma finalidade interna, independente de outros corpos, portanto uma autossuficiência que escapa à determinação categorial pura e simples no espaço e no tempo enquanto natureza fenomênica submetida a leis do entendimento. Isso porque num ser organizado *tudo é fim e meio alternadamente*", nada nele é inútil, sem-fim, para portanto ser reduzido ao mecanismo cego (ibidem, p.292). A vida aparece diante de nós na sua potência e na sua independência plenas. Num relógio uma parte é instrumento para o movimento da outra, mas não é a sua causa producente. Esta não reside nele, mas exteriormente. Um relógio não melhora o seu funcionamento, nem reproduz as suas partes, substituindo as defeituosas que provocam um atraso, muito menos engendra outro relógio. *Ele não se organiza.*

Parece uma obviedade o que Kant diz, mas, note-se, com isso ele quer realçar *a diferença espetacular entre um mecanismo e um ser organizado*, isto é, entre uma máquina e um fim natural que nele mesmo não possui só "força motriz", mas, ao contrário, possui vitalidade ou, como o filósofo prefere expressar-se, "força de formação que se propaga" (*sich fortpflanzende bildende Kraft*) e é comunicada aos seus materiais que não a têm. Força que "não pode ser explicada apenas pela faculdade motriz (o mecanismo)" (ibidem, p.288-9).

Diante do orgânico, é-se levado a procurar o fundamento da sua possibilidade, da sua finalidade interna como que numa causa "cujo poder de fazer efeito é determinado por conceitos" (ibidem, p.281), por conseguinte parecido com o entendimento humano. A razão é conduzida a "uma ordem inteiramente outra das coisas", a uma ideia que "deve estar no fundamento da possibilidade do produto natural", esta "unidade absoluta da representação", e não mero agregado, característica da série dos acontecimentos inorgânicos. Há ali a ideia de um "fundamento--de-determinação suprassensível", imprescindível para dar conta do todo autônomo, dessa inegável técnica da natureza (ibidem, p.293-4). Mas, tal princípio de julgamento, alerta o criticismo, não é constitutivo, mas sim regulativo para o mero julgamento dos fenômenos. Numa palavra, é o que quer dizer Kant, o suprassensível não se dá positivamente, o organismo é um conceito marcado pelo caráter teleológico-regulativo que nos faz perceber uma finalidade interna, extremamente útil para a investigação, mas de modo algum constitutiva de um conhecimento efetivo. É uma forma especial de avaliar as coisas pelo juízo reflexionante, empregada para suprir uma certa "limitação do nosso entendimento" (ibidem, p.382).

Ora, apesar do alerta, aqui estava um motivo, na noção de organismo da terceira crítica, para Schelling, com a ajuda de Goethe e Kielmeyer, ousar dar um passo a mais rumo à consolidação do seu conceito de absoluto cósmico, em complemento ao idealismo de Fichte. A vida de fato não admite uma explicação causal. Até aí há pleno acordo com Kant. No entanto, o comedimento deste não se justificaria, pois, se a vida não admite uma redução ao mecanismo morto, se ela não se origina na efetividade, e mesmo assim dá um sinal inegável de si em meio aos fenômenos meramente causais, por aquela "força de formação que se propaga", como então concebê-la a não ser pela vida mesma, uma vida não criada, que não veio-a-ser, que não é portanto condicionada, e sim originária, substrato suprassensível das coisas?

Na medida em que Schelling trabalha com a noção de intuição intelectual, esta, como pressuposto elementar do seu pensamento, é que dará acesso à vida infinita. A partir daí, positiva-se na natureza o que em Kant era meramente negativo ou princípio regulativo. É, pois, mediante a intuição intelectual que o enigma do orgânico deve ser decifrado. A intuição intelectual, que remove o limite da finitude colocado ao entendimento, permite o acesso ao eu absoluto, à substância cósmica, revelando que esta é uma *única força viva impulsora do todo*. Mas essa conclusão, pensa Schelling, não é mero castelo construído nas nuvens, já que ele faz uso das próprias premissas kantianas, somadas à nova biologia de Kielmeyer. Em outros termos, o filósofo da natureza, ao construir os seus conceitos, ao recortar a intuição intelectual, mostra que ela coincide nos seus resultados com a realidade, e nesta o orgânico é a prova visível do incondicionado vivente que se desenvolve. Schelling, portanto, radicaliza Kant, filia-se aos românticos e estabelece filosoficamente aquilo que Novalis traduz exemplarmente em seus fragmentos, vale dizer, se todo "começo da vida é antimecânico" (Novalis, 1942, p.330), como a terceira crítica mesmo o admite, *então a sua origem deve ser procurada no não mecânico absoluto*, isto é, numa "alma" cósmica vivente, numa "irrupção violenta" da própria vida: "Toda vida é torrente *contínua* – Vida provém apenas da vida ..." (ibidem). Só pela vida mesma, e seu renovar-se intermitente, é que se compreende a vida. Novalis, em consonância com a leitura de Kielmeyer efetuada por Schelling, acentua que há uma *"série da vida"*, e apenas por conta de uma ilusão se pensa a realidade da morte, porque a vida mesma só o é em virtude da morte, já que o seu próprio íntimo é "começo da morte", e toda pretensa morte é começo de vida; a vida, portanto, "atua em tudo" (idem,

Infinitude subjetiva e estética

1989, p.400). A apreensão desta verdade, porém, é acessível tão somente a uma índole de artista, por uma espécie de "poesia transcendental", na qual se "pode adivinhar o sentido da vida". Para isso é necessária justamente a intuição intelectual, nos moldes, pode-se dizer, de um êxtase místico-filosófico. Novalis, traduzindo Schelling e a tendência geral do pensamento romântico, arremata: "Na intuição intelectual se encontra a chave da vida" (idem, 1942, p.331).[6] Quer dizer, estamos diante de um claro tributo à filosofia-da-natureza. Esta também poetiza o discurso para lograr a exposição da tese do "organismo universal". Só o igual reconhece o igual, ou seja, só a vida reconhece a vida. Mas esse romantismo portava seus perigos. Como observa Schopenhauer, Schelling "teve também de entrar em cena com muitos ensaios dogmáticos independentes da consideração da natureza, para os quais não forneceu nenhum outro fundamento a não ser a intuição intelectual" com suas "fábulas" (Schopenhauer, 1966-1975a, HN I, p.362). Porém, para os românticos, sem intuição intelectual não se encontra aquilo que Novalis chama de

_____

6 Novalis encontra-se pela primeira vez com Schelling em 1º de dezembro de 1797, em Leipzig. Posteriormente, em 25 e 26 de agosto de 1798, ambos visitam, na companhia dos irmãos Schlegel, a já famosa galeria de arte de Dresden. A partir daí estava constituído o círculo romântico, que depois se reunirá em Jena, na companhia, entre outros, de Tieck. Novalis passa a ser como que o poeta oficial do grupo, enquanto Schelling será o filósofo. Em setembro ele estuda a _Von der Weltseele_. Curioso notar como ambos se espelham no manejamento de alguns conceitos, como os de intuição intelectual e vida universal. Apesar disso, Schelling não conseguiu perceber a proximidade e julga o poeta antes um frívolo em sua concepção, um tanto errante diante das coisas: "Não consigo suportar direito essa frivolidade em face dos objetos, circulando em torno de tudo, sem penetrar em nada" (apud Knittermeyer, 1929, p.105). Schelling aqui faz uma crítica à forma fragmento. Testemunhos relatam que a amizade entre os dois era problemática. É como se estas duas naturezas parecidas – Schelling, um filósofo de índole poética, Novalis, um poeta de índole filosófica – se repelissem nos elementos comuns, como dois polos iguais de um magneto.

79

Jair Barboza

"sítio" da alma, "onde mundo interior e exterior se tocam" e se "compenetram", estando o sítio em cada ponto da compenetração, para daí se dar o deciframento da realidade dos seres (Novalis, 1942, p.300). Sem dúvida, há um preço alto pela adesão a essa forma de pensamento, já que aqui se faz uso de elementos místicos, muitas vezes inefáveis, para complementar o criticismo. "Todo elemento místico é pessoal", diz Novalis, "portanto uma variação elementar do mundo todo" (idem, 1989, p.400). O solipsismo é aqui evitado precisamente porque no particular está o universal. Na subjetividade encontra-se o absoluto. Assim, não é necessário sair de si para descobrir os segredos da natureza; na encruzilhada entre interno e externo não é preciso sonhar com "viagens pelo espaço sideral", pois o espaço sideral está em nós. "Para dentro conduz o mais misterioso dos caminhos. Em nós ou em nenhuma parte está a eternidade com seus mundos, o passado e o futuro" (idem, 1942, p.299). Mais uma vez, observe-se, nesse universo da eternidade subjetiva, Novalis exprime a inspiração da filosofia-da-natureza, no sentido de anseio pelo infinito, de comunhão mística com o todo, como já as cartas filosóficas sobre o dogmatismo e o criticismo enunciavam. Mas com isso o romantismo, para Schopenhauer, dogmatiza o discurso filosófico, torna-o acrítico.

Schelling, no entanto, não aceitaria essa acusação. Ele se sente apenas como um leitor mais arguto da teoria do organismo de Kant. Assim, nas *Ideias para uma filosofia da natureza*, a sua argumentação se apoia na terceira crítica, procurando destacar que, ao penetrarmos no domínio do orgânico, "cessa toda conexão de causa e efeito". Retomando Kant, as *Ideen* rechaçam a explicação mecanicista da vida: "todo produto orgânico *permanece por si mesmo*", sua existência é independente de qualquer outra: cada organização produz e nasce por si mesma. Todo vegetal é produto de um indivíduo de seu tipo, reproduzindo ao infinito a sua espécie, não sendo neste sentido causa ou efeito de outra coisa, portanto não é nada que esteja na jurisdição do

80

mecanismo. Toda parte isolada só pode nascer no concerto do todo, e este, por sua vez, baseia-se apenas na ação recíproca das partes. Schelling repete Kant e diz que, nos outros corpos, as partes são arbitrárias, estão lá na medida em que se as parte; apenas no orgânico elas são reais, sem ser juntadas, numa relação objetiva inteiramente independente. Não só sua forma, mas sua existência é final: "apenas a partir da organização a organização se forma" (Schelling, 1856-1861h, SW II, p.40-1).

Mas Schelling, na realidade, pela intuição intelectual, dá um salto para além da biologia da terceira crítica, e o seu conceito de organização remonta a algo primário, quando espírito e natureza são para se pensar como uma coisa só, exatamente o organismo universal. Trata-se da vida do mundo a irromper em vida particular, indicando aí a união de liberdade e necessidade no fenômeno. Liberdade é a vida do organismo, necessidade é a materialidade fenomênica do corpo explicada por causa e efeito. Ora, na medida em que eu mesmo sou *idêntico* com a natureza, "entendo tão bem o que seja uma natureza viva como entendo o que seja minha vida mesma".

> Compreendo como essa vida universal da natureza manifesta-se em formas múltiplas, em desenvolvimentos por graus [*stufenmäßigen Entwicklungen*], numa aproximação constante da liberdade. Mas na medida em que me separo de mim, e comigo todo ideal da natureza, nada permanece a não ser um objeto morto e eu cesso de compreender como uma *vida exterior* a mim é possível. (ibidem, p.47-8)

Portanto, tem-se num só lance uma intelecção da liberdade (vida universal) e da necessidade (vida particular num corpo). Nos momentos mais simples da transpassagem da idealidade infinita para a realidade, a matéria se apresenta como o desenvolvimento da força vital única e produtiva. A tríade de Kielmeyer é por sua vez usada e vista nos processos materiais, como o químico, correspondente à sensibilidade; o elétrico, correspondente à irritabilidade; e o magnético, correspondente à força reprodutiva. O princípio vital é, então, aplicável ao inorgânico, que dessa forma é deduzido dele. Sistema vital e organizado não é só o organismo particular, mas o mundo. O que de mais particular acontece é, como diz Goethe, uma alegoria do universal. Em concordância com a alma polar goethiana, para Schelling a duplicidade presentifica-se no menor e no maior, "ao mesmo tempo na unidade e no conflito", conduzindo à "Ideia de um *princípio que organiza*, que forma o mundo em *sistema*", que os antigos "talvez" quisessem indicar com o nome "alma cósmica" (idem, 1856-1861r, SW II, p.381).

A filosofia-da-natureza e seu vitalismo logram, ao fim, aquilo que Fichte não levou a bom termo, uma filosofia da vida.

> A vida não é *qualidade* ou *produto* da matéria animal, mas, ao contrário, a *matéria é produto* da vida. O *organismo* não é *qualidade de coisas naturais isoladas*, mas, ao contrário, as *coisas naturais isoladas são do mesmo modo limitações múltiplas ou modos-de-intuição do organismo universal* ... As coisas, portanto, não são princípio do organismo, mas, ao contrário, *o organismo é o princípio das coisas.* (ibidem, p.50)

Aquilo que em Kant era mera totalidade da representação, juízo reflexionante teleológico que regulava a investigação sistemática da natureza, transforma-se em *princípio constitutivo do universo* e do que há de mais básico nele, a matéria. A filosofia passa a falar novamente sobre o essencial de todas as coisas. Mesmo o acidental é uma forma de vida: "também a *morte* na natureza não é morte em si, mas *vida que se esvai*" (ibidem, p.500, 503). Problemática para Schelling, em consequência, não é a vida, mas a não vida, o inorgânico, cuja possibilidade em face da vida exige sua dedução a partir dela. O inorgânico "tem de (primeiro) ser determinável mediante a oposição à natureza orgânica" (idem, 1856-1861f, SW III, p.93). A natureza inorgânica é uma agregação de corpos ou massas que, em relação à vida, são um *exterior* e, por conseguinte, não possuem vida *interior*.

A natureza orgânica, ao contrário, reproduziu-se, *veio-a-ser*, enquanto a natureza inorgânica originou-se por agregação e, como nota Horkheimer, leitor de Schelling, ela é "produto de decomposição", ou "produto de calcificação" do orgânico (Horkheimer, 1990c, GS X, p.146). A natureza inorgânica vem--a-ser sempre, sem nunca ser, sem reproduzir-se. Por trás dela, por trás da matéria, há sempre o orgânico, a vida querendo liberar-se, irromper, adquirir forma – a alma cósmica querendo tomar corpo. Por consequência, de maneira até certo ponto paradoxal e desconcertante para o senso comum, o inorgânico, do ponto de vista supremo da filosofia-da-natureza, é irreal, inessencial. *Real é a vida*. Esta se mostra por um processo dinâmico, interpretável via intuição intelectual como transpassagem do absoluto ao domínio do contingente, da finitude, dos indivíduos.

Schelling, desse modo, oscilando continuamente entre misticismo e criticismo, ou fazendo "poesia transcendental", para usar a expressão de Novalis, recorre ora à polaridade de Goethe, ora à biologia de Kielmeyer, e interpreta a força de formação que se propaga, enunciada por Kant na terceira crítica, como um processo vital elementar do mundo, um todo que consiste ele mesmo "apenas *na unidade do processo vital*". A vida é a essência intuível na finalidade interna de cada ser na natureza. Em cada organização "tem de" imperar "a *unidade* suprema do processo vital", "*um único e mesmo processo vital individualiza-se ao infinito em cada ser particular*" (Schelling, 1856-1861r, SW II, p.520).

Graus de desenvolvimento da natureza

Se, por um lado, a alma cósmica, ao aparecer na efetividade, reapresenta a sua duplicidade íntima, ao mover-se empiricamente numa forma dialético-orgânica, cuja consequência é a de que o

seu dualismo primário não leva a uma anulação nos pontos-
-de-travação, isto é, o positivo e o negativo da polaridade não
provocam aniquilação dos produtos (= 0), estes sendo dinamicamente superados no movimento do devir por sínteses que,
sem cessar, estabelecem diversos estádios evolutivos, por outro
lado o eu apreendido na sua unidade extratemporal como vida
tem agora de ser concebido na sua manifestação gradativa do
inorgânico ao orgânico, isto é, mostra-se *como* ele sai aos poucos
da inconsciência para a consciência. Ora, se ainda fosse reposto
o postulado de que o eu é uma identidade sujeito-objeto, seguir-
-se-ia que os produtos naturais, por sua vez, seriam diferentes
quantificações desses dois fatores, os quais, entretanto, ao rea-
presentar empiricamente a identidade originária, marcariam
uma "diferença quantitativa". Assim, considerando-se que A =
sujeito, ou subjetivo, e que B = objeto, ou objetivo, a fórmula
da diferença quantitativa válida para toda a finitude é: A = B.
O diferente contém em si alteridade, já dissolvida na igualdade.
Ademais, se se atribuísse o sinal + para o predomínio, +A =
B indicaria um máximo de subjetividade (+A) em um produto,
ao passo que A = B+ seria um mínimo de subjetividade (+B).
Já A = A seria o ponto de identidade absoluta ou indiferença.
Schelling, então, traça uma linha, uma fórmula, para o sistema
total do saber, a unir idealismo e filosofia-da-natureza.

$$. +A = B \qquad A = A \qquad A = B+ .$$

Na *Exposição do meu sistema de filosofia*, de 1801, observa o
autor:

> A fórmula do ser da identidade absoluta pode, por conse-
> guinte, ser em geral pensada sob a imagem de uma *linha*, na qual
> segundo cada direção é posto o mesmo idêntico, porém segundo
> direções opostas há o predomínio de A ou B ... em A = B+, B não
> é posto *em si*, mas apenas predominando. O mesmo vale para A
> em +A = B. (1856-1861c, SW IV, p.138)

Na direção +A = B pode-se identificar a série ideal do absoluto, e na direção A = B+ a real. Mas em qualquer ponto da linha é posta a mesma identidade, e "o que vale em toda a linha vale também para cada parte isolada, ao infinito".

Paradoxalmente, a *diferença* quantitativa é assinalada por um sinal de *igualdade* =. Isso porque a diferença é relativa, vale tão somente para a finitude, só que, em qualquer ponto desta, concentra-se o infinito. Logo, a finitude é, em seu íntimo, a própria identidade absoluta, indicada por =, pois "cada A = B, na medida em que indica um ser, é em relação a si mesmo A = A ..." (ibidem, p.139).

A linha traçada representa o princípio universal vivo discordante que se manifesta gradativamente na natureza. Caso o polo extremo A = B+ fosse lido como uma pedra, portanto máximo de objetividade, o outro polo extremo +A = B seria a própria consciência racional, máximo de subjetividade.[7] Entre os dois polos, a vida manifesta-se em organizações, *"graus diversos de desenvolvimento de uma única e mesma organização"* (1856-1861f, SW III, p.33). A "série da vida", no dizer de Novalis, revela-se gradativamente. Os produtos não passam de "potências" polarizadas, + ou −, subjetividade, em determinados pontos-de-travação da ativa identidade infinita que se expõe, se espelha dinamicamente na finitude. "Conhecemos a natureza primeiramente apenas como orgânica ou produtiva. Toda a natureza produtiva nada mais é, originariamente, do que uma metamorfose que vai ao infinito" (ibidem, p.44, nota). Os diversos graus do desenvolvimento são apenas "graus diversos de formação ou de *figuração*" do "produto absoluto" (ibidem, p.42-3).

Mas já em Goethe à polaridade conectava-se o conceito de *Steigerung*, desenvolvimento, ascensão. Numa carta a Müller, de 24 de maio de 1828, ele lança um olhar retrospectivo para as suas concepções da natureza e aponta

---

7 Aqui interpretamos a linha da direita para a esquerda.

duas grandes molas impulsoras ... os conceitos de *polaridade* e de *desenvolvimento*, o primeiro pertencente à matéria, na medida em que a pensamos como material, o segundo em oposição ela, na medida em que a pensamos como espiritual. O primeiro se encontra continuamente na atração e repulsão, o segundo na ascendência que sempre se renova. Visto entretanto que a matéria não existe nem pode fazer efeito sem o espírito, e este sem ela, então a matéria também logra ascender, bem como o espírito deixa-se atrair e repelir ... (Goethe, 1640, XXXIX, p.350)

Trata-se de uma visão também esboçada na *Campanha na França*, e mesmo na *Metamorfose das plantas*, esta que aponta a "versatilidade da natureza no reino das plantas", a sua ascensão para figuras diferentes e complexas, sem saltos bruscos, concebida pela primeira vez "*anno* 1787 na Sicília" (ibidem). Os estudos de 1790 sobre a metamorfose trazem o esboço da concepção da polaridade. "O mesmo órgão que no caule se dilatou como folha e adquiriu uma figura bem variada contrai-se em cálice, dilata-se em flor novamente, contrai-se em órgão de cópula, para, como fruto, pela última vez dilatar-se" (1926, p.85). Quer dizer, um par de opostos impulsiona a ascensão do organismo.

Os encontros entre Goethe e Schelling, em Weimar, devem ter fomentado a visão de ambos. O desenvolvimento sistemático de Schelling, sem dúvida, é anterior a esses encontros, mas não ao *Ensaio para elucidação da metamorfose das plantas*, de 1790, de modo que o poeta deve ser considerado novamente um dos grandes estímulos teóricos para a fundação da filosofia-da--natureza. Goethe será também o seu ulterior patrocinador, ao empenhar-se pela chamada do filósofo para a Universidade de Jena, onde ela ganha novo impulso a partir de 1799, no *Erster Entwurf*, na qual há menção às obras do poeta no que se refere aos conceitos de polaridade e ascensão. Schelling menciona que o último grau que a natureza alcança através da alternância entre contração e dilatação no fruto e na semente já se coloca no "fundamento de um *novo* indivíduo, no qual a natureza reproduz para frente a sua obra". Em seguida a obra goethiana é textualmente citada, com a indicação da hipótese de uma "continuidade da conexão entre crescimento e reprodução de todas as organizações" (Schelling, 1856-1861h, SW II, p.533; 1856-1861f, SW III, p.170).

Em síntese, Schelling usa Goethe – em que pese o comedimento kantiano deste, que nunca salta para a positividade da vida absoluta – e complementa o conceito de graus de desenvolvimento de Kielmeyer. Nesse sentido, concebe o filósofo uma *"metamorfose orgânica* do universo" inteiro (1856-1861f, SW III, p.124), uma ramificação objetiva da subjetividade infinita, de modo que a matéria mesma não é para ser pensada como sem--alma, sem-vida. Uma "animização" lhe é comunicada através do "primeiro ato" de "formação-em-um" (*Einbildung*) do infinito no finito, do qual ela é o "momento exterior". Tais atos de formação correspondem àquilo que a delimitação da intuição intelectual, a construção filosófica, revelara: o universal no particular, os vegetais divinos, as Ideias platônicas.[8] O absoluto, na sua unidade, é "sujeito-objetividade" (*Subjekt-Objektivität*), e a maneira como este nos aparece se dá por atos eternos de conhecimento (*ewige Akte, Erkenntnisakt*). Em outros termos – e Schelling recorre ao célebre conceito kantiano – há "coisas-em-si", as Ideias, formas arquetípicas que, ao entrar no tempo, na finitude, assu-

---

8 Segundo o *Grimmisches Wörterbuch* da língua alemã, *Einbilden* significa em primeira instância formar, figurar, e possui conotação místico-religiosa. Na acepção de *einrägen* – estampar, gravar, imprimir, apresentar diante dos olhos, deixar originar a imagem de uma coisa a partir de outra e a fixar – se encontra em Meister Ekhart. Os místicos devem ter introduzido modelos de expressão que depois foram usados, entre outros, por Lutero em sentenças como: *"das will er [Gott] uns einbilden"* (isso Deus nos quer imprimir); *"denn wenn seine Gnade in uns nicht eingebildet wird, so bleiben wir stets Fleisch und Blut"* (pois se sua graça não nos é apresentada, permanecemos sempre carne e sangue). *Einbildung*, a substantivação de *einbilden*, significa formação, figuração, daí *Einbildungskraft*, força, faculdade de formação, de figuração, numa palavra, imaginação.

mem a figura de coisas perecíveis, turvam-se, enquanto no absoluto são unas e fixas para sempre. As Ideias formam no eterno uma identidade, enquanto os seus fenômenos transitórios são, através do espelhamento delas, a "sujeito-objetivação" (*Subjekt-Objektivierung*) do absoluto, constituindo uma espécie de queda. Todavia:

> mesmo no fenômeno, onde a unidade absoluta se torna objetiva apenas mediante a forma particular, por exemplo mediante coisas particulares reais, toda diferenciação entre estas não é de modo algum essencial ou qualitativa, mas meramente quantitativa, residindo no grau de formação do infinito no finito. (1856-1861h, SW II, p.65)

As Ideias, numa palavra, são as espécies, as quais, ao aparecer, assumem o papel de objetivações do claro conhecimento arquetípico, tornam-se exposições dos atos primeiros do eu absoluto, que, dessa maneira, transpassa para a finitude em organismos singulares. Se no fundamento de todo A = B há um A = A, isso significa metaforicamente um sopro de alma cósmica; a cópula = (identidade absoluta) adquire um corpo, um manto, e apresenta-se como algo outro daquilo que é na sua absolutidade. Ao tomar a forma da finitude, das coisas, ela se torna, na verdade, "símbolo".

> A natureza, na medida em que aparece como *natureza*, isto é, como unidade *particular*, é por conseguinte como tal *exterior* ao absoluto, não é a natureza como ato de conhecimento absoluto mesmo (*natura naturans*), mas a natureza como mero corpo ou símbolo da mesma (*natura naturata*). (ibidem, p.67)

Aqui reside uma contradição entre infinito e finito, para ser creditada à própria dualidade interna do infinito.

A finitude, depois da queda, requer independência, pois todo símbolo "adquire uma vida independente daquilo que ele significa" (ibidem). Nesse sentido, a finitude pende para o real, deixando para trás "o outro lado" do absoluto, conservando apenas um, que tende no entanto a uma nova dissolução nele. A contradição entre infinito e finito só se resolveria quando, na série do tempo, o finito retornasse em definitivo ao infinito. Porém, o que se vê em toda parte é devir, dialética orgânica, de modo que na realidade efetiva a contradição é permanente, não há repouso ou conciliação.[9] Quer dizer, Schelling instala-se de vez no domínio da filosofia-da-natureza; a sua despedida do acosmismo fichtiano o conduz ao reconhecimento definitivo de uma realidade, de uma objetividade exterior independente do espírito, isto é, da *natureza como organismo universal*.

Potências

Os atos de conhecimento do absoluto são também nomeados *potências*. Ideias = potências. Mas Schelling às vezes superpõe ao sentido particular do termo um mais geral, a saber, o das potências supremas, as mais elevadas unidades de conhecimento, nas quais o absoluto

é apenas *o absoluto* sem nenhuma outra determinação. Nessa absolutidade e na ação eterna ele é absolutamente uno. No entanto, por meio dessa unidade ele é de novo imediatamente uma totalidade de três unidades, ou seja, aquela em que o ser é figurado absolutamente na forma, aquela em que a forma é figurada absolutamente no ser, e aquela em que essas duas absolutidades são de novo uma única absolutidade. (ibidem, p.64)

Complicado? Sim, porque aqui Schelling narra o processo intricado em que o absoluto produz a si mesmo em cada um desses três momentos, que são, por sua vez, na sua particulari-

---

9 Só depois, mediante a filosofia da arte, é que Schelling mostrará como uma conciliação é possível, tema que abordaremos nos dois capítulos finais.

dade, "todo o ato de conhecimento do absoluto", e como tais significam o ser ou a identidade mesma que, considerada do lado formal, se torna particular, sem que isso signifique a supressão de sua absolutidade. As três potências supremas lembram as potências da consciência de Fichte, expostas no *Comunicado claro como o Sol*, em que o saber avança cada vez mais, até a vida se perder do horizonte filosófico, num saber do saber. Mas Schelling acha insensata essa perda e almeja, sim, consolidar sistematicamente no interior da filosofia-da-natureza o conceito de vida universal, de modo que avança para uma argumentação menos abstrata, ao definir as potências privilegiadamente como Ideias: "O que designamos aqui como unidades é o mesmo que outros entenderam por *Ideias*..." Contudo, o filósofo não consegue ainda abandonar o domínio das três potências universais. As três unidades superiores, embora não sejam Ideias da natureza efetiva, são concebidas como uma primeira unidade suprema que se apresenta através da "construção geral do mundo", e, no particular, através da série dos corpos; como uma segunda unidade, a formação-de-retorno do particular no universal, exprimindo-se no "mecanismo universal" em que o universal é expelido como luz, o particular como corpos; por fim, como uma "formação-em-um" ou indiferenciação de ambas as unidades anteriores no real, exprimindo-se no organismo, "apenas não como síntese, mas considerado como algo primeiro" e que "é o *em-si* das duas outras unidades, a cópia perfeita do absoluto na natureza e para a natureza" (ibidem, p.64, 68).

Schopenhauer, ao ler essa argumentação, não se deixa impressionar pelo seu encaracolado e procura desmistificá-la, interpretando as três potências superiores como mero velamento de dogmas religiosos. Comentando-a, vê nessa complexa abstração de um absoluto uno que "(1) como infinito transpassa para o finito, e (2) ao mesmo tempo retorna do finito ao infinito, no entanto permanecendo (3) identidade eterna e unidade absoluta", um embuste dialético ao qual se aplicam os versos de Goethe:

Mein Freund, die Kunst ist alt und neue.
Es war die Art zu allen Zeiten,
Durch Drei und Eins und Eins und Drei
Irrtum statt Wahrheit zu verbreiten. [10]

"Eu aconselho", diz Schopenhauer, "designar n° 1: deus filho; n° 2: espírito santo; n° 3: deus pai" (Schopenhauer, 1966--1975b, HN II, p.318-9).

Os dois níveis do discurso acerca das potências convivem alternadamente e, ao fim, com o intuito de neutralização do acomismo fichtiano, o nível particular da noção, ou seja, a Ideia entendida como ato primeiro de conhecimento do absoluto, espécie biológica, e sua queda em indivíduos concretos, ocupa o primeiro plano da filosofia schellinguiana. Neste sentido, no capítulo intitulado "O universal do processo dinâmico", das *Ideias para uma filosofia da natureza*, é introduzido o conceito de "ramificação da identidade do corpo do mundo na série dos corpos particulares".

Primeiro internamente à unidade de cada corpo do mundo, isto é, de cada um como corpo individual que aparece no fenômeno, e é ao mesmo tempo Ideia, universo para si, reproduz-se o ato de formação mediante o qual a identidade absoluta entra na particularidade dos corpos do mundo, isto é, na ramificação da identidade do corpo do mundo na série dos corpos particulares que, aqui, podem aparecer não como *universa*, mas apenas como unidades individuais, já que estão submetidas à unidade regente. (Schelling, 1856-1861h, SW II, p.175)

O capítulo "Visão geral do sistema do mundo" desenvolve a teoria da ramificação da unidade regente. As Ideias, como atos eternos, primeiros e arquetípicos do absoluto, aparecem numa

---

10 "Meu amigo, a arte é velha e nova/Foi a arte de todos os tempos,/através de três e um, e um e três,/espalhar erro em vez de verdade."

coisa efetiva particular como o seu conteúdo e a realidade desempenha o papel de "objetivação", "corporeidade" das Ideias-espécie. De modo que o sistema dos corpos do mundo é "apenas o mundo das Ideias, visível e reconhecível na finitude". A realidade no seu todo é um animal absoluto.

> Nomeamos animal apenas o animal relativo, para o qual o estofo de sua conservação se encontra na matéria inorgânica. Os corpos do mundo entretanto são o animal absoluto que possui tudo aquilo de que precisa, portanto inclusive o que para o animal relativo se encontra exterior a si ainda como estofo inorgânico. (ibidem, p.189)

As organizações em geral devem ser vistas apenas como uma "única organização" travada em diversos graus de desenvolvimento, cada uma expressando uma "proporção determinada" da identidade originária.

> A produtividade da natureza é continuidade absoluta. Por isso estabeleceremos aquela sequência de graus das organizações não mecanicamente, mas dinamicamente, isto é, não como uma sequência de graus dos produtos, mas como uma sequência da produtividade. *Há apenas um produto que vive em todos os produtos.* (1856-1861f, SW III, p.53, 54, nota)

Quer dizer, *na emanação da vida universal, as Ideias platônicas são o complemento imprescindível da teoria do organismo kantiano.* Elas permitem compreender como o universal devém particular. Sob esse aspecto, a espécie desempenha o papel principal, ela é o fim da natureza, o indivíduo apenas meio, o que se comprova no fato de que "o individual perece e a espécie permanece", com o que a natureza nunca cessa a sua atividade infinita, a sua *"circularidade sem fim"* (ibidem, p.53).

A afirmação do absoluto na efetividade de maneira alguma se dá em paz. A sua duplicidade originária implica, em toda parte, ações opostas, luta generalizada. Cada organização, ou

Infinitude subjetiva e estética

potência, se esforça por defender a sua esfera, procura triunfar sobre as outras, afirma o seu círculo de vida para não ser superada, sintetizada, por uma outra no movimento dialético incessante do devir. Cada organização, para ser bem-sucedida, tem de necessariamente assimilar, senão será assimilada.

Nenhuma individualidade na natureza pode *como* tal afirmar-se sem que, exatamente como o organismo absoluto, tenda a assimilar tudo a si, a apreender tudo na esfera de sua atividade. Para que não *venha a ser* assimilada, ela tem de *assimilar*, para que não *venha a ser* organizada, ela tem de organizar. (ibidem, p.70)

Uma singularidade que já se situa num ponto superior da evolução teve de necessariamente passar por outros anteriores. A polaridade primeira perpassa os seres como luta pela assimilação e resistência ao vir-a-ser-assimilado. Semelhante dinamismo impera em toda parte, há um conflito generalizado no cosmos, sem exceção. Todavia, alerta Schelling, não devemos nos enganar com a falsa aparência da pluralidade, pois, se de um lado o conflito na natureza leva a interrupções da produtividade, de outro essa travação da atividade existe "apenas na consideração dos produtos para a reflexão, não na consideração da produtividade para a intuição". A produtividade da natureza é "continuidade absoluta" (ibidem, p.54, nota).

Vontade

A filosofia-da-natureza de Schelling, ao trabalhar com a noção de identidade absoluta, ou cópula vivente, "o infinito verdadeiro e real", chega aos poucos bem perto de um voluntarismo cósmico, o qual deve ser pensado num só lance com o conceito de vida. O absoluto é "afirmação absoluta de si mesmo em todas as formas", um "amor infinito de si mesmo", "prazer infinito em manifestar-se". A sua essência não é pensada como diferente desse prazer, ela é um "querer-a-si-mesmo" (*sich-selber--Wollen*), um "afirmar-se-a-si-mesmo" (*sich-selbst-Bejahren*). O absoluto não é o querer com propósito específico, mas "um querer ao infinito, portanto em todas as formas, graus e potências da realidade"; a "cópia desse querer a si mesmo é o mundo", um "desenvolvimento" contínuo, uma "expansão" da cópula.

O universo, isto é, a infinitude das formas, no qual a cópula [*Band*] eterna se afirma, só é universo, totalidade [*totalitas*] real mediante a cópula, isto é, mediante a unidade na pluralidade. A totalidade exige por conseguinte a unidade [*identitas*], e de modo algum pode ser pensada sem esta. (Schelling, 1856-1861r, SW II, p.361-2)

Se as formas pelas quais o "querer eterno" é pensado são plurais, a pluralidade nela mesma resume-se à "característica das coisas", sem aplicar-se ao querer enquanto cópula. Portanto, em última instância, na filosofia-da-natureza o sinal =, em A = A, significa a unidade-identidade incondicionada do *querer universal*, enquanto as coisas, expressas por A = B, são a sua multiplicação, que porém conservam nelas mesmas a infinitude =. A essência da cópula "é em si mesma eternidade" vivente. "É inegável que ao lado da vida exterior manifesta-se uma vida interior ... inegável portanto que a vida universal das coisas é ao mesmo tempo o específico do que é individual" (ibidem, p.370).

Onde a "cópula suprema" ou "cópula viva" se afirma, aí existem "microcosmos, organismo, exposição plena da vida universal da substância numa vida particular" (ibidem, p.374). A natureza organiza-se ao infinito, mas em cada uma dessas esferas "tem de possuir ela mesma uma infinitude" (1856-1861f, SW III, p.55). De modo que, pergunta-se Schelling: não se deveria pensar esse princípio exclusivamente nos moldes de Platão, como uma "sabedoria universal", "alma rainha do todo"? Isso sinaliza como ele, apesar de tender ao voluntarismo vitalista na natureza interior e exterior, não abandona para sempre o idealismo, vale dizer, não abandona o espírito como princípio organizador do mundo, de maneira que, apesar de a vontade e a vida serem colocadas em primeiro plano enquanto princípio filosófico, tendendo à independência total, o primado do conhecimento retoma posteriormente as rédeas. O princípio do mundo é "alma cósmica", "sapiência". O absoluto, apesar de vontade e vida, reduz-se ao saber. Mas esse primado do conhecimento é continuamente subvertido. A filosofia schellinguiana é muitas vezes impregnada por pontos de tensão entre luz e sombra, já presentes na noção de inconsciente da natureza, que em certos momentos escapa ao saber do saber e, muitas vezes, antes de o eu chegar à consciência, resvala para uma independência completa do conhecimento, em direção ao primado do querer, da espontaneidade viva não intermediada pela razão. Schelling, com isso, é muitas vezes ambíguo e oscila entre um princípio racional e um a-racional do mundo. Esta última postura se evidencia num de seus primeiros estudos dedicados a Fichte, as *Abhandlungen*, nas quais ele distingue a vontade empírica e moral, confundida com a razão prática kantiana – que obedece ao *a priori* do mandamento categórico –, da vontade elementar, anterior à própria lei moral.

Portanto a *razão prática* é uma e a mesma com a liberdade, isto é, com a *vontade* (segundo Kant). Da razão prática, *nesse* sentido, *originam-se* todas as leis morais e a autonomia originária da vontade é expressa na lei moral. A lei moral, entretanto, não é de modo algum uma sentença morta que *repousa a priori* em nós, nem uma sentença que pode nascer *teoreticamente*. Ela existe em nós apenas na medida em que *exprime* a vontade (empírica) em nós. Manifesta--se por *ato* e *ação* e só na medida em que *sabemos* deles. Sua *fonte*, todavia, é a vontade. Pois em nós se mostra um estado do qual não podemos ser conscientes a não ser pelo *ato do querer mesmo* ... (Schelling, 1856-1861a, SW I, p.432-3)

É certo que da razão prática em sentido kantiano origina-se a lei moral; mas o acento voluntarista-vitalista é logo colocado, pois tal lei não é uma sentença morta, nem repousa *a priori* em nós, mas exprime a vontade empírica: em seguida, mais decisivo, observa que a sua "fonte" é a vontade, porém agora considerada enquanto amoralidade, pois se trata aqui de um "ato do querer mesmo" anterior à razão. Pode-se, assim, antever nessa argumentação um instante de despotenciação do conhecimento da razão. Tem-se antes uma vontade suprema, em relação à qual a razão prática é secundária e cuja lei vale "apenas na medida em que é sancionada pela vontade absoluta" (ibidem, p.433). O elemento racional, portanto, torna-se periférico. A lei moral não possui "nenhuma autoridade e nenhum poder sobre nós" (ibidem). Ela não se dirige para a vontade, constrangendo-a, já que não possui esse poder; ao contrário, sai dela como algo secundário, sai da vontade suprema, absoluta, que é sua fonte.

Schelling opera assim um corte entre, de um lado, a vontade absoluta e, de outro, a razão prática ou vontade particular. Tal despotenciação do racional, com o consequente reconhecimento dos limites do conhecimento racional, culmina em passagens nas quais à vontade são atribuídos certos predicados que escapam por completo à mensuração racional.

> O que todavia ultrapassa nosso conhecimento é o poder da *liberdade transcendental* ou *querer* em nós. Pois enquanto *limite* de todo nosso saber e agir, ele é também, necessariamente, o único inconcebível e insolúvel. De acordo com sua natureza o mais-sem--fundamento, o mais indemonstrável, mas justamente por isso o mais imediato e evidente em nosso saber. (ibidem, p.400)

"Mais imediato e evidente" ainda ao saber, sim, contudo por meio de uma razão mística que se dissolve numa consciência da eternidade capaz de intuição intelectual de algo situado além da moralidade, da praticidade, da fenomenalidade, indicado pelo termo *querer*: "No *querer absoluto*, entretanto, o espírito torna-se imediatamente íntimo de si mesmo, ou ele tem uma *intuição intelectual de seu si-mesmo*" (ibidem, p.401).

Infinitude subjetiva e estética

Schelling esclarece ainda que essa percepção imediata da vontade se chama *intuição*, por se tratar de um conhecimento que "não admite intermediação", e *intelectual*, porque tem uma *atividade* por objeto, que vai além de todo domínio empírico e "nunca pode ser alcançado por *conceitos*", pois aquilo exposto em conceitos "repousa". Conceitos, só os há de objetos e daquilo que é limitado e intuído de modo sensível; a liberdade da vontade, todavia, só é conhecida pela liberdade mesma, a atividade só é conhecida pela atividade (ibidem). O conhecimento comum, o saber empírico, portanto, não atinge esse querer, que escapa ao conceito. Esse querer é o "mais sem fundamento". A filosofia-da-natureza é, assim, conduzida a um território obscuro, de ausência de luz, com o que o apego de Schelling à tradição fichtiana da reflexão sobre a reflexão, do saber sobre o saber é questionável. No entanto, apesar dessa tematização, o autor nunca assumiu o irracional como princípio do mundo e conceito operador da sua filosofia. A aproximação do abismo de modo algum agradou a Schelling. Era preciso urgentemente voltar para o regaço protetor da razão.[11]

---

11 No capítulo 3 retomaremos o tema do irracional e da vida universal, para marcar a diferença entre Schelling e Schopenhauer em relação ao conceito de Vontade, apesar da recepção do primeiro autor pelo segundo.

3
Vontade cósmica
Recepção e assimilação de Schelling em Schopenhauer: a natureza

Em favor da metafísica

Acompanhando o debate Fichte-Schelling acerca da realidade do mundo exterior, portanto acerca do nascimento da *Naturphiloso-phie*, já desconfiada do fundo abismal do cosmos não alcançável pela razão, a gênese do sistema de Schopenhauer, apesar de em seus primórdios muito devedora de Kant, sempre se preocupa ao mesmo tempo em exprimir o seu descontentamento com o negativismo da primeira crítica. Nesse sentido, o filósofo não renuncia a uma metafísica que mostre os sinais de um princípio último, infundado das coisas, sem no entanto cair no dogmatismo idealista que capta o incondicionado pelo entendimento e seu princípio de razão, ou no dogmatismo antigo das provas da existência de Deus, do incondicionado, desmontado pela crítica.

Kant também é censurado por ter se enganado na definição de metafísica. Ele mesmo teria ficado preso ao ponto de vista dogmático da filosofia clássica ao aceitar os pressupostos de que:

(1) "a metafísica é a ciência daquilo que se encontra para além da possibilidade de toda experiência"; (2) os objetos da metafísica não podem ser encontrados "segundo princípios eles mesmos hauridos da experiência (*Prolegomena*, § I)", somente aquilo que sabemos *antes* e independentemente dela pode servir como fonte da metafísica; (3) em nossa faculdade racional pode-se encontrar alguns princípios desse tipo que são apreendidos sob o nome de "conhecimentos a partir da razão pura".

Contudo, Kant separa-se dos seus predecessores, segundo Schopenhauer, porque enquanto eles consideram os conhecimentos da faculdade racional expressão da possibilidade absoluta das coisas, acima da ordem do mundo, "como o *fatum* estava acima dos deuses dos antigos", a crítica, ao contrário, prova que tais princípios são "meras formas do intelecto", leis que se aplicam não à existência das coisas em si mesmas, mas apenas às representações delas; valem, portanto, somente para a apreensão dos fenômenos, não podem ser aplicados para além da possibilidade da experiência. A apriloridade das formas cognitivas do intelecto nos separa da essência dos objetos, limitando-nos àquilo que aparece. Por isso a metafísica dogmática é impossível. Em seu lugar entra em cena a crítica da razão pura. Nesse sentido, pelo menos em face do antigo dogmatismo, diz Schopenhauer, Kant é de fato "o vencedor" (Schopenhauer, 1988a, p.545).

Mas se trata apenas de uma vitória parcial. Schopenhauer está convencido de que a metafísica é sim possível, em novos moldes, e intenta reconstruí-la, mesmo se à custa de alguns elementos dogmáticos, inseparáveis de qualquer filosofar, que não levam à invalidação da pergunta acerca do sentido do mundo, mesmo porque uma filosofia científica é impossível. Daí Schopenhauer falar do "meu" dogmatismo, em oposição ao antigo, já que procura orientar-se pela experiência, sem sobrevoos transcendentes.

O equívoco de Kant em relação à metafísica, segundo o autor, encontra-se na *petitio principii* identificável na formulação lapidar do § I dos *Prolegomena*: "A fonte da metafísica não pode de modo algum ser empírica. Seus princípios e conceitos fundamentais nunca podem ser retirados da experiência, nem da interna nem da externa". No entanto, como fundamento dessa afirmação cardeal, "nada é mencionado senão o argumento etimológico da palavra metafísica". O mundo estaria aí como enigma e aceita-se que a decifração dele não pode provir de sua compreensão apurada, "mas tem de ser procurada em algo totalmente diferente dele (esse é o significado do 'além da possibilidade de toda experiência')". Fecha-se a porta a todo "conhecimento imediato", declara-se de antemão "idênticos metafísica e conhecimento *a priori*". Contudo, objeta Schopenhauer, antes seria preciso demonstrar que a matéria da solução do enigma do mundo não pode ser encontrada nele mesmo, mas anteriormente à experiência em algo a ser atingido com a ajuda do fio condutor das formas *a priori* de conhecimento. Contudo, justamente isso Kant não demonstrou. De modo que permanece a possibilidade de se investigar um cruzamento possível entre experiência externa e interna como o autêntico caminho transcendental (ibidem, p.546-7) de uma metafísica dogmática sim, já que suas doxas pretendem a universalidade e a totalidade, a compreensão definitiva do mundo a partir da finitude, porém evitando uma sua "explicitação fechada" que suprimisse por completo todos os seus problemas.

Digo, por isso, que a solução do enigma do mundo tem de provir da compreensão do mundo mesmo; que, portanto, a tarefa da metafísica não é sobrevoar a experiência na qual o mundo existe, mas compreendê-lo a partir de seu fundamento, na medida em que a experiência, externa e interna, é certamente a fonte principal de todo conhecimento; que, em consequência, a solução do enigma do mundo só é possível mediante a conexão adequada, e executada no ponto certo, entre experiência externa e interna, e pela ligação, por aí efetuada, dessas duas fontes tão heterogêneas de conhecimento, embora apenas dentro de certos limites, inseparáveis de nossa natureza finita, por conseguinte, de tal forma que chegamos à correta compreensão do mundo mesmo, sem no entanto atingir uma explanação conclusiva de sua existência, que suprimiria todos os seus problemas ulteriores. (ibidem, p.547)

A metafísica schopenhaueriana, assim, situa-se "no meio" entre a "doutrina da sapiência total" do pensamento anterior a Kant e a "desesperança" da crítica. Isso significa um "dogmatismo imanente", cujas sentenças são de fato doxas, mas não procuram ultrapassar a intuição do mundo. O antigo dogmatismo, que vai além daquilo que é dado aos sentidos, ficaria reservado ao pré-kantismo e, modernamente, aos "cabeças de vento" Fichte e Schelling, bem como ao "charlatão" Hegel, em outros termos à filosofia universitária. Esses "sofistas" e senhores do absoluto perdem com a sua intuição intelectual o solo da experiência, travestindo o bom Deus em absoluto, seja mediante uma "construção livre e [uma] projeção do eu absoluto e sua emanação em não eu", seja concebendo o mundo como mera fabricação da "intuição intelectual da identidade absoluta, ou indiferença, e sua evolução na natureza" (1988c, § 34, p.132). Quer dizer, não ajuda que Kant

tenha provado, com o emprego da mais rara acuidade e penetração, que a razão teórica não pode jamais alcançar objetos que estão fora da possibilidade de toda experiência: esses senhores ... ensinam ... que a razão tem conhecimentos absolutos e imediatos, que é uma faculdade dotada, de nascença, para a metafísica, e que, acima de toda possibilidade da experiência, reconhece imediatamente e apreende com segurança o assim chamado suprassensível, o *absolutum*, o bom Deus e tudo o mais que daí decorre. (Schopenhauer, 1991, p.43)

Schopenhauer pensa que uma das diferenças básicas entre sua filosofia e a idealista reside justamente no fato de não se servir do princípio de razão para operar a dedução do não eu do eu. Contudo, Schelling, ao procurar um mundo anterior à abertura do olho, independente das formas cognitivas da consciência, já se distancia do idealismo de Fichte, que faz o mundo começar inteiramente com o saber, desconfiando inclusive de que o eu absoluto deste era meramente o eu individual. Cabe então perguntar se Schopenhauer não teria sido injusto ao incluir Schelling entre os sofistas da filosofia universitária, pois, como desconfiamos, em certos momentos ele inegavelmente trilha um caminho em parte seguido pelo seu pretenso adversário. Em outros termos, não teria Schopenhauer se servido da filosofia-da-natureza, no sentido de postular um *prius* inconsciente e volitivo do mundo independente do eu que reflete, das formas cognitivas da consciência, embora com dificuldade o admitisse, preferindo agradecer a inspiração de sua metafísica antes a Platão e Kant?

Um novo ponto de vista

Se Schopenhauer invoca a experiência externa e interna como ponto de partida do conhecimento metafísico, com um forte sotaque novalesiano em que mundo exterior e interior se tocam, compenetram-se, de certo modo essa postura já se aproxima da de Schelling, precisamente quando este sustenta que a subjetividade pode e deve conviver com a objetividade, em compenetração mútua, que deságua numa visão filosófica cosmista. De fato, a alma cósmica schellinguiana indica o cruzamento entre subjetividade e objetividade; a odisseia da consciência dessa alma cósmica é mera passagem gradual do inconsciente para a consciência do eu absoluto, da natureza primeira para o eu consciente de sua unidade com essa natureza. É certo Schopenhauer introduz modulações até então impensáveis no pós-kantismo, mediante um acento fortemente fisiológico de seu pensamento, ao descartar a intuição intelectual mística como ponto de partida da sua filosofia: agora, o *corpo* (*Leib*) aparece como a encru-

Jair Barboza

zilhada do conhecimento, que não brota incondicional e imediatamente do intelecto, ou seja, da reflexão da reflexão, já que esta é derivada, reflexo de algo diferente do conhecer conceitual. A metafísica se desfaz do primado do intelecto, do racional, e em seu lugar entram em cena os próprios nervos como coordenadas de acesso ao mais real do mundo. Os fenômenos são uma representação do sujeito, sim, a frase de abertura de *O mundo como vontade e como representação* soa: "o mundo é minha representação", uma verdade válida em relação a todo ser que vive e conhece, embora apenas o homem possa trazê-la a uma consciência abstrata – e, quando o faz, aparece a clareza de consciência filosófica. Torna-se então certo que não há um Sol nem uma terra, mas sempre apenas um olho que vê o sol, uma mão que toca a terra; o mundo existe como representação para um sujeito que o representa; nenhuma verdade é mais incontestável do que esta; tudo está aí para o conhecimento, portanto o mundo "é apenas objeto em relação ao sujeito, intuição de quem intui, numa palavra, representação" (Schopenhauer, 1988a, § 1, p.31). Trata-se sem dúvida de uma postura idealista, e Schopenhauer sublinha que ela de modo algum é nova, mas remonta às considerações céticas das quais partiu Descartes, bem como a Berkeley, que primeiro a enunciou de modo decisivo no "ser é ser percebido".

No entanto, a representação é "um processo *fisiológico* muito complicado no cérebro de um animal, cujo resultado é a consciência de uma imagem" (1988b, § 18, p.222). Portanto, a representação – ou imagem, intuição empírica, objeto – é um produto construído pelo cérebro, artesão que, com suas formas *a priori* inatas do espaço, do tempo e da causalidade, confecciona as imagens e as entrelaça, tecendo o complexo da realidade empírica, a experiência, que, nela mesma, enquanto compôsito o nunca revela o seu em-si, pois as formas do princípio de razão que a apreende são um "véu de Maia" que impede a visão cristalina, essencial das coisas. Com tais formas, limitamo-nos à transitoriedade dos fenômenos; por consequência, do ponto de vista de uma "necessidade metafísica" da humanidade, que anseia pelo último das coisas, o princípio de razão não nos leva além do fenômeno. Procurar a realidade dos objetos por meio dele é um erro originário no qual teria caído o idealismo da doutrina-da-ciência – e, na sua órbita, Schelling. Eles tentaram alcançar a linha do horizonte ou o lugar em que o arco-íris se forma. Mas, assim, é impossível chegar aonde se deseja, é-se remetido continuamente a algo mais adiante, numa jornada sem fim. O conteúdo íntimo das representações, sejam intuitivas ou abstratas, permanece estrangeiro. A investigação filosófica, todavia, não se dá por vencida diante disso.

> Queremos conhecer a significação daquela representação. Perguntamos se este mundo não é nada mais além de representação, em cujo caso ele teria de passar por nós como um sonho inessencial, ou uma imagem fantasmática, sem valor algum para nossa consideração. Ou, por outro lado, se ele é ainda algo outro, algo além, e o que então seria. (1988a, § 17, p.150)

Schopenhauer indaga sobre o sentido da representação, o último das coisas, e isso ele tinha em comum com os idealistas. Porém, não parte do eu absoluto da doutrina-da-ciência. Enquanto para os idealistas a questão principal é a procura pelo incondicionado no saber mesmo, Schopenhauer, ao fisiologizar o conhecimento, remete pelo corpo a algo não inscrito no domínio do saber. Este é mera "posse de juízos em poder do próprio espírito para reprodução arbitrária", formados a partir da combinação de diversas esferas conceituais, cujo fundamento-de-conhecimento suficiente reside fora dele (e assim é verdadeiro). Porém, todo saber tem de ser remetido às intuições empíricas, e estas passam pelo corpo. Todo saber define-se como representação de uma representação mais originária; é conhecimento abstrato, condicionado pela razão, a qual, só depois de ter recebido os materiais do entendimento, dá os seus conceitos gerais, de uma certa perspectiva pobres, pois apartados da experiência. *"Saber,* portanto, é consciência abstrata, o ter-fixado em conceitos da razão aquilo que foi conhecido de outra maneira." Mesmo o saber regido pela consciência empírica refere-se apenas a representações, como é o caso das ciências. Para atestá-lo estão aí os dois ramos básicos das ciências naturais, a morfologia, ocupada com a descrição das figuras, e a etiologia, ocupada com a explanação das mudanças fenomênicas. A primeira considera as formas permanentes, a última a matéria na sua variabilidade segundo a lei de transposição de uma forma a outra. A morfologia nos conduz a incontáveis figuras aparentadas, infinitamente diferentes e sob a semelhança de uma mesma família. No entanto, por aí ela permanece no círculo de meras representações estrangeiras para nós, "hieróglifos indecifráveis" (ibidem, p.147).

Já a etiologia nos ensina, segundo a lei de causa e efeito, que um determinado estado da matéria provoca outro, e com isso já faz a sua parte, ou seja, no fundo ela só aponta a ordem regular com que os estados aparecem no espaço e no tempo, ensinando que, para o conjunto total de certos casos, um certo fenômeno, num preciso tempo e num dado espaço, tem de aparecer.

Tudo isso nos instrui sobre as relações dos fenômenos entre si, todavia trata-se de uma horizontalidade infinda, sem repouso, de modo que a informação fundamental requerida não é dada, e tais disciplinas, desse ponto de vista, são insatisfatórias.

Quanto à matemática, ocupa-se com o espaço e o tempo, como formas puras *a priori* da sensibilidade, fornecendo-nos o quanto (*Wieviel*) e o quão-grande (*Wiegroß*) deles de maneira bem precisa. Só que por aí ela reduz o seu domínio àquilo que é relativo, à "comparação de uma representação com outra". Assim, as matemáticas também não nos dão a informação procurada sobre o sentido, o quê (*Was*) das representações.

Em suma, as ciências esbarram numa fronteira intransponível da representação, e sua linguagem não atinge o quê do mundo. Essa fronteira é designada pela expressão *força natural*. Em outros termos, a ciência tem por barreira a *qualitas occulta*, permanecendo presa ao saber, ao conhecimento regido pelo princípio de razão.

Porém, o que impele o filósofo agora à investigação é justamente o fato de não mais ser suficiente saber que possui representação. Isso exige, então, uma saída do domínio da consciência empírico-temporal. E é nesse exato momento que Schopenhauer, mesmo depois de Kant, discursa sobre a intuição filosófica de um em-si do mundo. Aí o sentimento (*Gefühl*), como aquilo propriamente oposto ao saber, desempenha papel decisivo. A princípio, o sentimento pode ser descrito negativamente, como algo na consciência que "*não é conceito, não é conhecimento abstrato da razão*" (ibidem, § 10, p.92). Porém, na tentativa de evitar a entrada no transcendente, o autor realça o papel do corpo como *manifestação direta e imediata* do em-si, concreção deste; corpo não mais considerado como representação racional, mas sim como independente do princípio de razão. O corpo revela todo um amplo espectro de atos volitivos e sentimentos presentes em todos nós, que não são representações, não são um conceito ou saber, mas devem ser compreendidos sob rubricas bem diferentes, como "dor", "prazer", "volúpia" etc. Logo, o que a princípio é negativo em relação ao conceito ganha positividade quando enfocado pelo sentimento mais interior do corpo. Schopenhauer, assim, desfaz a confusão às vezes feita entre, de um lado, as noções de puro sentimento de dor e prazer, e, de outro, a de representação enquanto sentimento sensório, trabalhado pelo entendimento para formar uma figura. "Trata-se de grande incorreção, caso se chame a dor e o prazer de representações. De modo algum o são, mas sim afecções imediatas da vontade em seu fenômeno, o corpo ..." (ibidem, § 18, p.152). E ainda:

> Meras representações sensitivas são apenas algumas impressões sobre o corpo que não estimulam a vontade, como as afecções do puro sentido objetivo, da visão, da audição e do tato, mas só

na medida em que estes órgãos são afetados no seu modo próprio, específico e natural, o que é um estímulo tão superficial e fraco da sensibilidade dessas partes ... que não afeta a vontade mas ... apenas fornece os dados ao entendimento, a partir dos quais se origina a intuição. (ibidem, p.152-3).

Toda outra afecção mais forte atinge imediatamente o núcleo do corpo. Ao dirigirmos a atenção para o seu interior, percebemos sua *identidade* com a vontade, que Schopenhauer indica pelo neologismo "objetidade" (*Objektität*). O corpo é uma objetidade da vontade. Ninguém é uma "cabeça de anjo alada". Todo ato da vontade é ação do corpo, ambos são um e o mesmo, apenas dados de duas maneiras completamente diferentes, uma vez imediatamente, e outra na intuição do entendimento. De modo que

> Todo ato verdadeiro, autêntico, imediato da vontade é num só lance ato do corpo que aparece. Por outro lado, e em conformidade com isso, toda ação sobre o corpo é num só lance e imediatamente também uma ação sobre a vontade. Enquanto tal se chama dor, caso a contrarie, e agrado, prazer, caso lhe seja conforme. (ibidem, p.151)

Quer dizer, Schopenhauer aponta no cruzamento entre experiência externa e experiência interna uma região do indivíduo diferente do conhecimento, do saber a partir do qual o idealismo emitiu as suas sentenças sobre o absoluto. Essa região nos abre um panorama inédito para a realidade, para algo mais radical em nossa subjetividade, ou seja, uma forma de conhecimento ímpar, baseada

> na relação que uma representação intuitiva, o corpo, tem com aquilo que de modo algum é representação, mas algo *toto genere* diferente desta: a vontade. Gostaria por isso de denominar essa verdade, para distingui-la de todas as demais, *verdade filosófica* kat exoken. (ibidem, p.154)

Infinitude subjetiva e estética

Nele mesmo, como figura, *não* sentimento, o objeto imediato que é o corpo não escapa à lei de causalidade, à série horizontal de fundamento e à consequência desenhada no espaço e no tempo. A diferença é que a causalidade humana é intermediada pelo conhecimento, isto é, trata-se da motivação ou princípio de razão suficiente do agir, numa palavra, lei de motivação. Ora, se toda ação possui um motivo e se cada motivo é também causalidade, bem como qualquer outro tipo de causalidade, então se abre uma perspectiva ímpar para o investigador: ele pode, a partir de si mesmo, observar o núcleo da causalidade, pois o corpo humano não é nada senão um corpo entre tantos outros, submetido à causalidade geral. Schopenhauer, a partir daí, serve-se de uma *conclusão analógica* para expandir a causalidade vista de dentro a todos os seres, e assim decifrar o enigma do mundo, vale dizer, prepara a sua resposta anti-idealista para o que seria o último das coisas.

Há dois momentos básicos na sua argumentação. Primeiro, a causalidade é considerada igual em todos os níveis; não há fenômeno menos ou mais causal do que outro; há simplesmente causalidade na torrente universal de fundamento a consequência: no entanto, o indivíduo pode decidir entre motivos, os quais lutam em sua consciência, até que um deles vença, surgindo daí uma decisão e uma conduta imediata, razão por que toda ação humana é tão necessária quanto a queda de uma pedra.

> Conhecemos, digo, primeiro a essência idêntica da causalidade em diversas figuras ... conhecemo-la como a única e a mesma, seja onde o corpo impelido perde tanto em movimento quanto o comunica, seja onde os pensamentos lutam contra pensamentos e o vencedor, como o mais forte, põe o homem em movimento. Movimento que se segue com não menos necessidade do que o de uma esfera impelida. (1988d, p.274-5)

A essa primeira identidade conecta-se esta outra. O "x" desconhecido das coisas, das representações diferentes do corpo

109

humano, não pode ser diferente deste, pois a primeira identidade estabeleceu a *igualdade da natureza da causalidade* em todos os níveis; e, se o sentimento mais íntimo refere uma subjetividade puramente volitiva a apresentar-se no mundo por via de motivos, ou causalidade animal, então o íntimo da causalidade em geral não é diferente da minha, pois a natureza da causalidade é uma só; logo, a conclusão a se tirar é: o íntimo dos outros fenômenos possui a mesma raiz que o meu íntimo, ou seja, o íntimo das outras coisas é pura vontade.

> Em vez de, onde nós mesmos somos o que é movimentado, e por conseguinte o interior da ocorrência nos é por completo conhecido, tornarmo-nos embaraçados e cegos por essa luz interior e assim nos distanciamos das demais conexões causais presentes em toda a natureza, vedando-nos para sempre a sua inteligibilidade; em vez disso, trazemos o novo conhecimento, alcançado a partir do interior, para o exterior como a sua chave, e reconhecemos a segunda identidade, a identidade de nossa vontade com aquele até então desconhecido "x" que permanece em toda explanação causal. Por consequência, dizemos que, também onde a causa mais palpável produz o efeito ... aquele pleno mistério, aquele "x", ou o interior propriamente dito da ocorrência, o verdadeiro agente, o em-si do fenômeno ... é essencialmente idêntico àquilo que, na ação do nosso corpo (também a ser-nos dado como intuição e representação), é conhecido íntima e imediatamente como *Vontade*. (N 274.5)

Por um lado o mundo é "minha representação", como diz a frase de abertura da obra magna de Schopenhauer, por outro é "minha vontade", Assim, se a morfologia encontra limites na descrição do como (*Wie*) das figuras múltiplas das espécies naturais, sem desvelar o seu mistério, se a etiologia não consegue ir além da força natural, permanecendo esta uma *qualitas occulta*, eis que vem o meta-físico e mediante o conceito de indivíduo, de corpo como "objetidade" da vontade, conduz-nos, em analogia com esse microcosmos, à compreensão do macrocosmos, que antes poderia ser nomeado macroantropo. Com isso Schopenhauer se aproxima de Novalis, quando este, num de seus fragmentos, enuncia: "Há apenas um templo no mundo, e este é o corpo humano. Nada é mais sagrado do que esta suprema figura" (Novalis, 1942, p.344). Essa tradição filosófica, na verdade, inscreve-se no romantismo do círculo de Jena e passa pela alma cósmica de Schelling. Novalis vê no corpo, enquanto um membro do mundo, a expressão de um tipo de independência que tem no conceito de universo em miniatura sua melhor expressão.

> Nosso corpo é parte do mundo – membro, melhor dizendo. Ele expressa já a independência, a analogia com o todo – numa palavra, o conceito de microcosmos. A este membro tem de corresponder o todo. Tantos sentidos, tantos modos do universo – o universo é um análogo completo do ser humano em corpo, alma e espírito. Este uma abreviatura, aquele uma elongatura da mesma substância. (ibidem, p.341-2)

O mundo como elongatura da mesma substância, como "macroantropo": há um espírito cósmico, uma alma cósmica, e nenhum organismo pode ser compreendido sem a pressuposição desta. São imagens que Schopenhauer usará para ilustrar não o espírito ou a alma, é verdade, mas ainda assim a mesma essência viva também postulada por Schelling com o seu organismo universal. Para Schopenhauer, na tradição dos românticos, a Vontade é a essência viva, presente indivisa em cada indivíduo, identificável "em união com a essência de todas as coisas, portanto do mundo" (1988g, § 21, p.26). O somatório da massa dos corpos não possui mais conteúdo do que uma parte; o interior é reflexo do exterior, e vice-versa. Há uma "identidade entre macro e microcosmos" (1998b, § 41, p.564). Estamos assim diante da sentença programática da *Naturphilosophie*, ou seja, de que a natureza deve ser o espírito visível, e o espírito a natureza invisível. Para Schopenhauer, em cada microcosmos reside todo o macrocosmos, e este não contém nada a mais do que aquele (ibidem, § 38, p.512). Trata-se de um jogo de espelhos entre exterior e interior, que o romantismo novalesiano expressa lapidarmente ao dizer que nós, como microcosmos, somos um "cosmômetro" (*Kosmometer*) (Novalis, 1942, p.333). Por outro lado, a conclusão analógica pretende ser indiretamente uma resposta ao idealismo radical de Fichte. Ela apresenta-se ao mesmo tempo como uma arma para combater o "egoísmo teórico" fichtiano, e tem, pois, de acompanhar Schelling em favor da existência da natureza exterior. O mundo não é apenas o eu e o não eu dele deduzido, mas o não eu possui tanta realidade quanto o eu. Novalis é o intérprete mais feliz dessa tendência, no seu fragmento que enuncia: "Eu = não eu: sentença suprema de toda ciência e da arte" (ibidem, p.406). O não eu é dado junto com o eu. O interior dos corpos alheios é igual ao meu interior: microcosmos = macrocosmos. A opção por essa conclusão traz simultaneamente para Schopenhauer uma devolução dos privilégios filosóficos à noção de em-si, desprezada inclusive por Schelling. Com isso, o limite entre coisa-em-si e representação é mantido, apesar da possibilidade de um certo tipo de conhecimento do em-si, o que Kant não admitia. Curiosamente, quando Schopenhauer reabilita o em-si exterior, uma coisa livre independente do sujeito, cai na definição de dogmatismo efetuada por Fichte, para quem a admissão de um ser, de uma substância, ou outro nome que agrade, além do qual não mais se investigue, independente da liberdade de quem representa, é no fundo um não pensamento, um contrassenso. Qualquer noção filosófica passa necessariamente pela atividade do intelecto. Entretanto, Schopenhauer, ao assumir sua posição, se alista na mesma frente de Schelling *em favor da conquista de uma natureza*, o que, para usar os termos de Torres Filho, é também o seu modo de "evitar e combater o dogmatismo", constituindo nesses moldes "uma forma de assimilar a lição de Kant", já que tomar o mundo da representação como absolutamente real, antes conduz "a construir uma ontologia onde só havia material para uma dianoiologia" (apud Cacciola, 1994, p.15-6).

De fato, para Schopenhauer, a diferenciação entre coisa-em- -si e fenômeno apresenta-se como o "grande mérito" de Kant, e serve de arma no combate ao idealismo dogmático. Kant mostrou de modo indubitável que, pelo fato de o intelecto estar entre nós e o em-si, as formas dele jamais podem atingi-lo, muito menos o mundo se resume à realidade do pensamento enclausurado em si mesmo. Semelhante postura já havia sido antes preparada por Locke em sua indicação de que as qualidades dos objetos, como o som, o cheiro, a cor, a dureza, estão fundadas na afecção dos sentidos, sem no entanto pertencerem ao corpo objetivo, à coisa em si, à qual ele antes atribuía qualidades primárias que pressupõem o espaço e a impenetrabilidade, portanto extensão, figura, solidez, número, mobilidade. Essa distinção lockiana, entretanto, permaneceu na superfície; foi, segundo Schopenhauer, apenas uma "uma brincadeira juvenil", que no entanto forneceu incentivos para o trabalho do criticismo, que explica tudo aquilo que Locke nomeou *qualitates primarias*, ou atributos da coisa-em-si, como ainda pertencentes ao fenômeno, à sua concepção pela faculdade de conhecimento e suas formas *a priori* do espaço, do tempo e da causalidade. Locke subtraiu da coisa-em-si aquilo que pertence aos sentidos, ao passo que Kant foi mais além, subtraiu dela aquilo que pertence à "função do cérebro (embora ele não empregasse este termo)". A diferença entre fenômeno e coisa-em-si, "portanto a doutrina da diversidade entre ideal e real", é a "pedra de toque" da filosofia kantiana (Schopenhauer, 1988a, p.535). A noção de em-si precisa ser resgatada contra Fichte e sua "afirmação de que atrás das representações nada mais se encontra", de que estas seriam "apenas produto do sujeito que conhece, o eu". Enquanto Fichte procurava superar Kant, apenas trouxe a lume "uma caricatura

Jair Barboza

de sua filosofia", embora suprimindo "por completo o real e nada conservando senão o ideal". Por outro lado, embora partilhe com Schelling uma realidade exterior irredutível à consciência, e a analogia entre micro e macrocosmos que certifica a identidade daquele com o real, Schopenhauer nega a identidade total entre ideal e real que dissolve a diferença entre ambos. Schelling, ao suprimir a diferença entre *a priori* e *a posteriori*, teria chegado à consequência de que "nossa intuição empírica leva simplesmente à coisa-em-si", e isso seria um retorno ao estágio tosco do pensamento pré-kantiano (idem, 1988f, p.31-3). Portanto, apesar de se aproximar do pensamento romântico contra o egoísmo teórico de Fichte, Schopenhauer quer evitar os perigos da intuição intelectual mística de Schelling. Mas teria ele obtido sucesso?

Vida universal

Schelling, na verdade, tinha mais a oferecer a Schopenhauer do que a identidade ideal-real, à qual ele tem de permanecer fiel, devido ao ponto de partida da sua filosofia, a intuição intelectual. Abandonar aquela identidade significa destruir o projeto de construir a filosofia-da-natureza, isto é, obter um acesso transcendental (o espírito deve ser a natureza invisível) e empírico (a natureza deve ser o espírito visível) ao organismo universal e à realidade das Ideias-espécie.

De fato, apesar de temer uma recaída dogmática, Schopenhauer, antes de publicar *O mundo como vontade e como representação* (embora tenha estudado com afinco as obras de Platão e Kant), encontra em Schelling o primeiro autor impactante para o seu pensamento,[1] a ponto de em 1814 definir com os seguintes termos o norte de sua filosofia:

---

1 Eis novamente as obras lidas por ele (conforme a edição *Der handschriftliche Nachlaβ*) antes da elaboração de *O mundo...: Vom Ich als Prinzip der Philosophie oder über das Unbedingte im menschlichen Wissen; Philosophische Briefe über*

114

A *infinitude objetiva* é o resultado da filosofia dos *eleatas*, de *Bruno* (cf. em especial a exposição de seu uno em Jacobi sobre Espinosa) e de *Espinosa*. Ela está para *a infinitude subjetiva* como o corpo iluminado para o sol. Esta última é exposta especialmente no *Upanixade*, em Kant, no eu absoluto de Schelling. Espero pela primeira vez expô-la de modo puro. (Schopenhauer, 1966-1975a, HN I, p.142)

Note-se: a "infinitude subjetiva" que Schopenhauer quer expor de "modo puro" é associada primacialmente aos nomes de Kant e Schelling.

Em verdade, até a conclusão analógica, centrada no corpo, Schopenhauer segue o seu próprio caminho investigativo, opondo o sentimento ao saber conceitual, o corpo como objetidade à razão como ponto de partida para o último das coisas. Ele procura ficar dentro dos limites da experiência, ou seja, começa criticamente a montagem de seu sistema, sem procurar o absoluto na representação, sem misturar portanto os domínios do ideal e do real nem fabricar o real a partir do ideal. Contudo, há algo de insatisfatório nessa jornada. Se é certo que a filosofia não se reduz a um ensaio para fisgar subitamente o incondicionado pelo saber do entendimento ou da razão, também é certo que ela está aí para tentar satisfazer a necessidade metafísica inata da humanidade, o que implica uma constante interrogação acerca do sentido último das representações. Se a razão é ineficiente para essa tarefa, por sua vez o mero exercício da críti-

---

Dogmatismus und Criticismus; Abhandlungen zur Erläuterung des Idealismus der Wissenschaftslehre; Über das Verhältnis der bildenden Künste zu der Natur; Philosophische Untersuchungen über das Wesen der menschlichen Freiheit und die damit zusammenhängenden Gegenstände; Bruno oder über das göttliche und natürliche Princip der Dinge, ein Gespräch; Von der Weltseele; Ideen zu einer Philosophie der Natur; Denkmal von Jakobis Schrift; Einleitung zu dem Entwurf eines Systems der Naturphilosphie; System des transzendentalen Idealismus; Über das Verhältnis des Realen und Idealen; Philosophie und Religion; Darlegung des wahren Verhältnisses der Naturphilosophie zu der verbesserten Fichteschen Lehre.

ca, o deter-se no domínio da consciência empírica, presa ao tempo, nos torna incapazes de divisar além da horizontalidade dos fenômenos, com o que o mundo não passa de uma cadeia de causa e efeito ininterruptos, concepção que faculta ao mecanicismo explicitar tudo, o que pode levar a um erro crasso, tão grave quanto o do idealismo que quer atingir de súbito o absoluto, ou seja, coloca-se agora a matéria no lugar do eu absoluto. Mesmo a conclusão analógica schopenhaueriana esbarra no problema de ser uma analogia pura e simples, sem a certeza de uma conexão direta e imediata com um dos termos da analogia, isto é, o mundo externo. Ela corre o risco de transformar-se num solipsismo mais refinado.

Devemos, pois, começar criticamente, negativamente, o exame da origem da representação, sem no entanto nos deter neste ponto. É por isso que Schopenhauer, para ir além da consciência empírica, postula uma outra região da mente, uma realidade que não se esgota nos sentidos, ou no corpo humano como núcleo analógico das coisas, e que se manifesta imediatamente em imagens estranhas à razão. Schopenhauer, por consequência, sustenta que ao lado da consciência empírica convive uma outra "melhor", eterna. Há uma duplicidade de consciência que os seguintes versos do *Fausto* de Goethe bem poderiam exprimir:

> *Zwei Seelen wohnen, ach! in meiner Brust*
> *Die eine Will sich von der andern trennen;*
> *Die eine hält, in derber Lieblust,*
> *Sich an die Welt mit klammernden Organen;*
> *Die andere hebt gewaltsam sich vom Dust*
> *Zu den Gefilden hoher Ahnen.* (Goethe, 1999, p.41, vv.1.112-7)[2]

---

2 "Duas almas, ah!, moram em meu peito/ Uma quer se separar da outra;/ Uma detém-se em árduo prazer,/Com órgãos que se agarram ao mundo/ Outra eleva-se violentamente dessa necessidade/Para os cimos dos pressentimentos superiores."

Há uma coisa-em-si essencial que se efetiva, cuja multiplicidade do mundo à nossa frente é o espelho, sem no entanto perder a unidade que lhe é inerente. Ao empirismo, à física, é acoplada uma 'meta-física' da Vontade, para a qual a conclusão analógica foi um pré-estágio. Vontade identificada em sua manifestação na pluralidade dos seres.

Isso acarreta dificuldades para Schopenhauer, pois a fidelidade, a imanência, o respeito aos limites críticos proíbem voos que afirmem positivamente o que se passa na eternidade ou no em-si. Quer dizer, se o dogmatismo schopenhaueriano imanente refere suas sentenças sempre à experiência possível, como postular uma efetividade enquanto manifestação de algo mais real, para além da consciência empírica?

Paradoxalmente, é nesse momento que Schelling, acusado de construir contos de fadas, fantasias metafísicas, *"conte bleu"* e "maravilhosas montruosidades" (Schopenhauer, 1988f, p.33-4), se torna "interessante" para a gênese do seu sistema. Em outros termos, na compreensão da passagem do corpo para o querer cósmico, do fenômeno para a coisa-em-si e no retorno desta, pela eternidade, ao mundo empírico, Schelling torna-se "útil", e a filosofia-da-natureza apresenta-se agora como um auxílio imprescindível para essa tarefa, apesar da constante desconfiança em relação às suas páginas: "O próprio da *filosofia-da-natureza*, pela primeira vez assentido por Schelling, é meramente uma procura por semelhanças e oposições na natureza." No entanto, essa consideração, embora não constitua uma doutrina autêntica, "é em si interessante e, aqui e ali, pode ser útil" (idem, 1966-1975a, HN I, p.362). Muitas vezes há *"delirium"*, porém, em que pesem a "confusão" especulativa e as diatribes físico-químicas, creditáveis a um espírito "eclético", em muitos casos se encontram em Schelling ferramentas conceituais que auxiliam, e delas se serve Schopenhauer para, *depois da conclusão analógica, fazer a transição da vontade individual, até então referida ao corpo e à consciência empírica, para a Vontade cósmica una e indivisível, seguida do retorno desta para a pluralidade.* Quer dizer, postula-se uma consciência melhor que faz a transição entre o eterno e a efetividade, e assim se prova a possibilidade da metafísica, não no sentido da definição kantiana, como a ciência dos conceitos puros *a priori,* o que é impossível, mas sim como uma encruzilhada entre mundo externo e interno, acessível em sua verdade à intuição.

Isso implica riscos, pois para atingir tal fim há um claro abandono do terreno voluntarista centrado na subjetividade, ao alcance imediato do investigador, e tem-se uma espécie de conclusão analógica elevada à segunda potência, ou seja: ocorre a passagem da consciência empírica, reservada à sensibilidade, no entendimento, e à razão, para a "consciência melhor" e a intuição do macrocosmos através do microcosmos. A primeira etapa da conclusão analógica, por referir-se ao corpo e seu íntimo, dado no tempo, ainda finca o homem na finitude, circunscrevendo-o a uma vontade individual, sem assegurar por inteiro o acesso imediato ao íntimo dos outros corpos – daí o perigo solipsista; por isso a consciência empírica precisa ser "totalmente aniquilada" pela *consciência melhor",* desaparecendo o mundo do indivíduo "como um leve sonho vespertino, uma ilusão de óptica". Desse modo, a pergunta pelo significado do mundo mesmo conduz às "Ideias platônicas, para cuja expressão todo tempo e todo espaço com seu conteúdo foram apenas a letra, a matéria tosca ..." (ibidem, p.136-7). Quer dizer, como em Schelling, Platão é invocado para a visão da eternidade, dos conteúdos eternos da natureza, agora pela consciência melhor. Ocorre uma saída do tempo rumo ao supraindividual, "além de sujeito e objeto" (ibidem, p.67). Concebe-se então a natureza na sua unidade, para além do corpo. As Ideias, por conseguinte, intermedeiam a aparição, a figuração do em-si. Só que, à diferença do idealismo de Fichte seguido em parte por Schelling, o último do mundo não é um imperativo categórico, um mero princípio racional, como ainda o será em Schelling, mas – e aqui de novo restabelece-se a afinidade com Schelling –

algo "vivente". Schopenhauer fala de uma "cópula plena de mistério", na qual a consciência eterna se conecta à empírica "na identidade de *um único* eu".

Ora, o que se tem nessa transpassagem da vontade para a Vontade, e desta para a efetividade, é um procedimento semelhante ao da intuição intelectual da filosofia-da-natureza, que leva à concepção das Ideias por trás das quais se encontra também o uno, só que definido como identidade sujeito-objeto, mas que, em momentos decisivos, é "cópula viva", "querer absoluto", numa palavra, "organismo universal". O próprio Schopenhauer, em certo momento da elaboração de seu sistema, usa os termos "eu" e "identidade" (ibidem, p.68), típicos de Schelling. E, se mantemos em mente sua admissão de que o "real-absoluto" só é "ideal-absoluto" numa dimensão atemporal da identidade primeira, fora da qual há "apenas realidade sensível e condicionada, mas nenhuma absoluta e incondicionada" (Schelling, 1856-1861h, SW II, p.58), então constatamos que, neste momento nevrálgico, os domínios eterno e temporal são nitidamente separados, de modo que a crítica schopenhaueriana à identidade ideal-real é problemática, pois tal intuição não é empírica, mas eterna, intelectual, da plena identidade ou da plena *indiferença* (ideal e real como que se anulam), da qual o mundo é mera manifestação temporal.[3]

---

3 Cacciola observa, pensando na filosofia schellinguiana da identidade entre ideal e real, que para Schopenhauer também "a filosofia da identidade entre sujeito e objeto, apesar de não cometer o engano de partir nem de um, nem de outro termo, não se classificando entre os dogmatismos precedentes, é objeto de crítica por parte de Schopenhauer, já que seu ponto de partida é o Absoluto. Assim, essa identidade seria inatingível, pois para captar o Absoluto seria preciso que a razão fosse intuitiva" (Cacciola, 1994, p.33). É certo que o ponto de partida expositivo schopenhaueriano é crítico, primeiro o limite do conhecimento fenomênico pelo princípio de razão é investigado, só depois, por conclusão analógica, é que o em-si é atingido. Todavia, quando Schopenhauer passa da consciência empírica para a eterna, e retorna desta para a efetividade, o que se tem é de fato

Jair Barboza

Schopenhauer, numa palavra, *ao efetuar a transpassagem da vontade individual para a cósmica, precisa trilhar o caminho de Schelling, cujo voluntarismo é retomado, para que a vontade passe a ser a "chave" do "conhecimento da essência íntima de toda a natureza"* (Schopenhauer, 1988a, § 21, p.163). Essência visível não apenas nos casos aparentados aos homens e nos corpos animais, pois a "reflexão contínua e apurada" leva à intelecção de que a força a atuar e vegetar na planta, que cristaliza, que gira o magneto para o polo norte, que une e separa nas afinidades eletivas, a própria gravidade esforçando-se poderosamente na matéria e que atrai a pedra para o centro da Terra e esta para o Sol são apenas manifestações de uma única e mesma essência viva e volitiva:

... tudo isso é diverso apenas no fenômeno, já que, segundo a sua essência, deve-se reconhecer como o mesmo que é conhecido de maneira imediata, intimamente e melhor do que qualquer outra coisa, e que, ao aparecer do modo mais claro, se chama Vontade. Esse emprego da reflexão é o único que não mais nos deixa no fenômeno, mas nos conduz à coisa-em-si. (ibidem, p.163)

Fenômeno se chama representação, e toda representação, não importa o seu tipo, é sempre objeto, fenômeno. No entanto, "só a Vontade é a coisa-em-si", e, como tal, é inteiramente independente da representação. A Vontade é

... o mais íntimo, o núcleo de cada particular bem como do todo. Ela aparece em cada força natural que atua cegamente. Ela também aparece na ação ponderada do homem; se ambas diferem,

---

um procedimento equivalente ao da intuição intelectual, ou seja, é-se remetido à "identidade" de uma única e mesma Vontade, às Ideias platônicas arquetípicas, atingidas por consciência melhor, vale dizer, o intuicionismo ocupa o lugar do princípio de razão (ademais, se o absoluto schellinguiano é pensado como vontade, o "mais sem fundamento", então a distância entre os dois pensadores reduz-se ainda mais).

120

isso concerne apenas ao grau do fenômeno, não à essência do que aparece. (ibidem, p.164)

Quer dizer, o autor de *O mundo*... fala não de uma vontade particular como íntimo de um determinado corpo, mas da Vontade como "essência" do todo. Entrementes, vai-se para a *totalidade dos seres e sua natureza íntima*. A essência da totalidade é conhecida por intuição eterna e, numa argumentação bastante engenhosa, o leitor, que teve acesso à vontade individual, é, num espaço de poucas linhas do § 21 do segundo livro de *O mundo como vontade e como representação*, o menor de toda a obra,[4] onde a teoria é apresentada – o que contrasta com a importância crucial do assunto –, remetido ao conceito de Vontade de vida, ao macroantropo que é o mundo.[5] Num jogo entre os conceitos de vontade e Vontade, experiência interna e externa, micro e macrocosmos, o autor tenta escapar do discurso dogmático--transcendente. O em-si, embora cósmico, é, do lado do indivíduo, algo "imediatamente conhecido e de fato tão conhecido que aquilo que é vontade, nós o sabemos e compreendemos muito melhor do que qualquer outra coisa, seja o que for" (ibidem, § 22, p.165). Porém, fica claro que esse procedimento extrapola o terreno da finitude, segue o caminho schellinguiano, entra em concordância com o conceito de "vontade superior", "vontade absoluta", o íntimo do organismo universal tal qual indicado pela filosofia-da-natureza. Não só isso: próximo ao idealismo de Fichte, para Schopenhauer o primeiro princípio do

---

4 Nem completa duas páginas na edição Haffmans de 1988.
5 Em alemão há uma dificuldade a mais para os leitores de Schopenhauer. É que o termo *Wille*, Vontade, grafa-se sempre com maiúscula, como aliás todo substantivo. Desse jeito, Schopenhauer faz a transpassagem da vontade para a Vontade sem precisar nos avisar, numa astúcia linguística e teórica permitida pela língua. Quando menos nos damos conta a vontade (*Wille*) já se tornou Vontade (*Wille*). Só depois dessa operação, que em português se teria de identificar claramente, é que às vezes Schopenhauer se referirá a uma vontade individual diferente da cósmica.

mundo não é algo fixo, mas antes deve ser pensado como uma *atividade (Tätigkeit des Willens)*. Esta nega o estatismo comumente associado à coisa. O querer é *ímpeto cego (blinder Drang)*. Em outra frente, é verdade, a Vontade é destituída de entendimento e razão, sendo pois claramente separada do ideal, do conhecimento, *atividade cega (blinder Tätigkeit)* e *sem-fundamento (grundlos)* que é.[6]

Schopenhauer, ao admitir que aqui se trata em última instância do conhecimento da essência ativa do mudo, que se pluraliza em fenômenos, aproxima-se de Schelling, que, como reconhece Schopenhauer, "refrescou" a teoria do *En kai pan*. De fato, o monismo da filosofia-da-natureza torna compreensível a apreensão do conteúdo extratemporal do mundo, e, daí, o retorno para o tempo, para a pluralidade. Neste momento, em que pese a crítica à unidade ideal-real da intuição intelectual, esta de fato remete em muitas passagens a uma anterioridade volitiva aos fenômenos, ou seja, a uma separação de duas dimensões do ser, intermediadas pelas Ideias. A função das Ideias na natureza tem de ser compreendida em conexão com o conceito de vida universal. Essa é, pode-se assim dizer, a "infinitude subjetiva" de Schelling a que Schopenhauer se refere, e que ele deseja expor nitidamente junto com a kantiana. A Vontade como *natura naturans*, pura atividade que se afirma na *natura naturata*,[7] é essencialmente *de vida (zum Leben)*. Vida não no sentido de que o querer anseie por um viver exterior a si, intentando alcançá-lo, mas no sentido de algo intrínseco e que se confunde

---

6 O registro das expressões "atividade da Vontade" e "atividade cega" para definir a coisa-em-si revela quase uma espécie de ato falho de Schopenhauer, denunciando uma tradição conceitual que o conecta diretamente a Fichte e a Schelling, para os quais a *Tätigkeit* é um conceito central de seu idealismo.

7 É assim que Schopenhauer nomeia de um lado a Vontade como coisa-em--si, de outro os seus fenômenos. Cf., entre outras passagens, 1988b, p.203, 377, 664.

com ele na sua atividade incessante. É impossível, pois, separar ambos os termos.

... o que a Vontade quer é sempre a vida, justamente porque esta nada mais é do que a exposição daquele querer para a representação. É indiferente e apenas um pleonasmo se, em vez de simplesmente dizermos "a Vontade", dizemos "a Vontade de vida" ... Onde se encontra a Vontade, lá existirá vida, mundo. Para a Vontade de vida, portanto, a vida é certa ... (Schopenhauer, 1988d, § 54, p.362)

O mundo é um espelho, autoconhecimento da Vontade na sua manifestação em objetidades. Como a alma cósmica dos românticos de Jena, a Vontade perfaz um trajeto ascendente da inconsciência à consciência, metamorfoseando-se em diversos reinos naturais, até atingir a consciência-de-si no homem. A diferença é que a princípio ela é cega, irracional, jamais se subordina ao conhecimento do princípio de razão. Contudo, é uma única e mesma essência que, na diversidade dos fenômenos, conserva a sua identidade una e indivisível, não enquanto *unitas post rem*, mas enquanto *unitas ante rem*, alheia à pluralidade. Não há uma parte menor dela na pedra, uma maior no homem. A relação da parte com o todo pertence exclusivamente ao espaço, perdendo para a Vontade o seu sentido, bem como o mais e o menos. A unidade e a identidade da Vontade manifestam-se tanto num carvalho quanto em um milhão deles, sem que a sua essência seja afetada. Ela se encontra "presente em cada coisa da natureza, em cada ser vivente, totalmente indivisível" (ibidem, § 25, p.186).

Schopenhauer reconhece indiretamente que esse monismo da substância não é, em tempos modernos, originalidade sua. O século XIX, "depois de *Bruno, Espinosa* e Schelling o terem ensinado, concebeu que *tudo é um*" (idem, 1966-1975d, HN I, p.80-1). Tal tendência cristaliza-se especialmente na exposição de Jacobi sobre a doutrina de Espinosa. De fato, notadamente na obra *Über die Lehre des Spinoza, in Briefen an Herrn Moses Mendelssohns,* no capítulo intitulado "Do Uno", é dito que o "universo é uno, infinito", sempre o mesmo. Ele não possui um ser e outro ser. Ora, como não possui um ser e outro ser, não é composto, mas é o todo em cada um, "tudo em um", é limite e nenhum limite, forma e nenhuma forma, matéria e nenhuma matéria. "No universo o corpo não é diferente do ponto, o centro da periferia, o finito do infinito, o grande do pequeno. Ele é ponto central em sentido estrito, ou seu ponto central situa-se em toda parte, seu perímetro não está em nenhum lugar". Por isso, diz Jacobi, não era um discurso vazio se os antigos falavam sobre "o pai dos deuses que preenche todas as coisas, que possui em toda parte do cosmos o seu assento, e é o ponto central de cada ser, uno em tudo e através do qual o uno é tudo". Aquilo que se caracteriza como pluralidade, diversidade, repousa na conexão, na figura e em outras modificações da substância única que *"em si permanece a mesma"*. O ser do mundo é unívoco em cada parte, a menor que seja: "o todo e cada parte, *conforme a substância*, são uma coisa só". A isso, diz Jacobi, denominou Parmênides com razão "o uno, o infinito, o imutável". A substância inalterável traduz-se em figuras exteriores, fenômenos mutáveis de seu ser eterno. Tudo o que pertence à diversidade de raças, espécies, atributos, tudo o que é marcado por nascimento, dissolução, mudança não possui ser verdadeiro, nem existência autêntica, "mas simplesmente pertence à natureza e ao estado do ser único, infinito, imóvel, sujeito, matéria, vida, alma; em geral o único verdadeiro e bom" (Jacobi, 1968, p.34-41). O princípio primeiro do mundo, a sua identidade consigo mesmo *"desenvolve sua unidade"* numa "pluralidade de seres". Entretanto, embora mediante incontáveis espécies e raças ele "produza uma infinitude de coisas particulares, para si mesmo não admite número, nem medida, nem relação, permanecendo uno e indivisível em todas as coisas". Nascer e perecer têm na substância única uma mesma fonte. No mais íntimo das coisas, "amor e ódio, amizade e disputa são uma coisa só". Jacobi conclui que, para chegar ao mistério da natureza, não devemos cansar de investigar as coisas na sua oposição e no seu conflito.[8] Quer dizer, a própria polaridade do Uno da *Naturphiloso-pohie* de Schelling já está ali anunciada. Assim, se remontamos à atmosfera intelectual em que se origina o sistema de Schopenhauer, notamos que ela também foi marcada não só pela filosofia-da-natureza, mas ainda pela teoria de Jacobi, nas cartas sobre Espinosa, sobre a unidade do mundo. Se a isso se acrescenta o biologismo de Kant – a ponto de ser inconcebível esperar um Newton para explicar um ramo de relva por meras leis naturais –, então se tem o solo em que se move, no diálogo crítico com seus contemporâneos, *O mundo como vontade e como representação*. Assim, para Schopenhauer, torna-se quixotesca a pretensão da etiologia de reduzir a vida orgânica aos processos químicos, ou à eletricidade, e daí referir todas as qualidades ao mecanismo. O "materialismo tosco", com a sua recusa de uma "força de vida", explica comicamente a vida a partir das forças químicas e físicas; estas, por sua vez, originar-se-iam desde o fazer efeito da matéria, da situação, da figura, do movimento de "átomos sonhados", e assim "pretende reconduzir todas as forças da natureza a choques e contrachoques, que seriam sua 'coisa--em-si'" (Schopenhauer, 1988a, § 24, p.179). A vida seria uma combinatória, um agregado de forças que "casualmente reunidas teriam instituído o organismo, como um jogo da natureza sem outra significação", "como as figuras dos homens e dos animais formadas pelas nuvens" (ibidem, § 27, p.202). Se tal materialismo fosse tomado ao pé da letra para a compreensão do universo, então permaneceríamos sob a regência do princípio de razão, da causalidade, de modo que o "conteúdo dos fenômenos desa-

---

8 Jacobi que, como vimos na citação do início da terceira parte deste capítulo, foi mencionado com sua exposição sobre o uno de Espinosa, ou seja, sobre a infinitude objetiva. Isso indica que Schopenhauer deve ter lido a mesma obra que marcou Schelling.

pareceria e apenas as formas permaneceriam; aquilo *que* (*Was*) aparece seria reconduzido ao *como* (*Wie*) aparece", de forma que não poderíamos mais perguntar pelo em-si. Ora, se semelhante passo teórico fosse de fato efetuado, "todo o mundo poderia ser deduzido do sujeito". Mas, diz Schopenhauer, em vez de tomar--se o próprio corpo como produto de movimentos a partir de causas por eletricidade, quimismo, mecanismo, tem-se de, ao contrário, compreender o movimento pelos motivos ou por forças da natureza, como idênticos à essência daquilo que faz o nosso corpo se mover, ou seja, como um querer, o qual se manifesta e difere lá e cá apenas segundo o grau (ibidem, p.182-3).

Graus de objetivação da Vontade

Essa mesma Vontade cósmica, vida una e indivisa, manifesta--se para a consideração da consciência empírica, em variadas espécies, múltiplos indivíduos. Pelo espetáculo da natureza efetiva, com tantas e tão ricas formas, o pensamento metafísico schopenhaueriano recorre à ajuda das Ideias platônicas, e é levado a postular, para a visibilidade da *natura naturans* em *natura naturata*, o conceito de *graus de objetivação da Vontade* (*Stufe der Objektivation des Willens*) (ibidem, § 25, p.187). O autor acredita assim poder dar conta, metafisicamente, do conteúdo daquilo que é físico.

... aqueles diversos graus de objetivação da Vontade que, expressos num sem-número de indivíduos, se dão como os modelos inalcançáveis deles ou formas eternas das coisas, porém eles mesmos sem aparecer no espaço e no tempo (*medium* dos indivíduos), mas sim fixa e permanentemente, não submetidos a mudança alguma, que sempre são, sem nunca terem vindo a ser ... tais *graus de objetivação da Vontade* são as Ideias de Platão. (ibidem, p.187)

As Ideias são graus específicos e eternos de objetivação da Vontade na natureza. Os graus mais baixos se encontram nas forças naturais, que aparecem sem exceção em qualquer parte da matéria como gravidade e impenetrabilidade, ou distribuem--se de modo predominante nesta ou naquela parte como rigidez, fluidez, elasticidade, eletricidade, magnetismo, qualidades químicas etc. Elas são "fenômenos imediatos da Vontade", tanto quanto o agir do homem, porém sem fundamento em seu íntimo, apesar de sua aparição em fenômenos particulares ser envolvida por fundamentos atribuídos pelo princípio de razão. O seu ser mesmo, no entanto, não pode ser reduzido à lei de causa e efeito, e deve ser remetido a algo mais originário, além da série de fundamento a consequência, residindo "fora do tempo", portanto exterior à jurisdição do *principium individuationis*. Os "graus mais nítidos" de objetivação da Vontade são os animais e os homens. Neles se vê a entrada em cena do caráter individual, particularmente no homem, no qual a grande diversidade de caracteres (personalidades) dá o tom e se expressa exemplarmente na fisionomia, enquanto nos animais há pouca fisionomia individual, pois eles expressam antes o caráter da espécie. As plantas, por sua vez, graus mais baixos de objetivação que os animais, quase não exibem traços do indivíduo, a não ser o fato de se as compreender melhor por estarem sob a influência favorável ou desfavorável de certo tipo de solo ou de clima. Quanto ao reino inorgânico, nele desaparece por completo a individualidade, apenas o cristal é para se ver como se fosse um indivíduo (ibidem, § 26, p.187-9).

Numa palavra, quando a Vontade única e indivisa se objetiva no mundo, avança gradativamente, tendo-se assim o fenômeno da individuação. Há um gradual "tornar-se visível" do querer em múltiplos pontos do espaço e do tempo, por meio de "causas ocasionais", compreendidas como causa no sentido estrito do termo e também como excitação, ou motivo. Em todos esses pontos é uma única e mesma Vontade que aparece: "diferencia-se bastante nos graus de sua manifestação, pluraliza-se nos fenômenos", em relação aos quais há submissão ao princípio de razão, "mas nela mesma é livre de tudo isso" (ibidem, p.197). Semelhante série, contudo, só tem sentido no mundo da representação submetida ao princípio de razão, pois nele mesmo o em-si é alheio à pluralidade. Empiricamente se fala de um grau maior de objetivação da Vontade na planta do que na pedra, no animal do que na planta, no homem do que no animal; porém, isso só é válido em relação ao seu aparecimento, à sua objetivação, que "possui tão infinitas gradações quanto as existentes entre a aurora mais tênue e a luz do sol mais brilhante, entre o som mais alto e a ressonância mais baixa" (ibidem, § 25, p.185). Porém, em cada fase da gradação, concentra-se a Vontade cósmica, seja num exemplar de uma espécie vegetal, seja em um milhão deles, cuja multiplicidade concerne somente aos indivíduos, não à sua essência indivisível.

Quer dizer, depois do caminho aberto por Schelling, que concebeu as Ideias como espécies da natureza, *Objektivation*, *Leiblichkeit*, objetivação, corporeidade do absoluto, Schopenhauer chega à conclusão de que a Vontade de vida, para objetivar-se, corporificar-se em mundo, o faz mediante os chamados *atos originários* (*ursprüngliche Willensakte*), as Ideias eternas (ibidem, § 28, p.219).

Se é verdade que aqui não há princípio espiritual do mundo, pois cada Ideia é indivisível "ato simples da Vontade", não se pode, no entanto, deixar de constatar que o caráter arquetípico das Ideias, instituído na eternidade por atos de algo mais originário, é mantido, com os indivíduos, por sua vez, como seus fenômenos (ibidem, p.218-9). Só assim é possível a transposição da unidade atemporal para a pluralidade, isto é, para a efetividade, caleidoscópio de singularidades múltiplas, cópias das Ideias.

Malgrado a crítica à intuição intelectual, a consciência melhor desempenha o mesmo papel no interior do segundo livro de *O mundo...*, isto é, a metafísica da natureza schopenhaueriana. A consciência melhor neutraliza o tempo, potencia a conclusão analógica e permite a consideração especular da essência do mundo. Por ela se pode atingir as manifestações originárias do querer e, tanto quanto na *Naturphilosophie*, faz-se uso do conceito de graus de desenvolvimento da natureza para se compreender a segunda manifestação do em-si, a sua visibilidade, tal qual a consciência empírica a apreende.

Ambos os autores utilizam a teoria das Ideias, interpretadas como atos originários de uma identidade primeira extratemporal, para fazer a intermediação entre a natura naturans e a natura naturata, o que requer a admissão de duas dimensões diferentes na consciência, uma delas referindo-se ao mundo exterior, a consciência empírica, outra referindo-se àquilo que é o seu sustentáculo eterno, apreensível na sua pureza por intuição intelectual, ou puro sujeito do conhecimento.[9]

Pode-se ainda notar que a discórdia, a duplicidade originária, a polaridade goethe-schellinguiana constituem a índole não só da consciência nela mesma, mas da Vontade em Schopenhauer. Para a filosofia-da-natureza, tenhamos em mente, o resultado da disputa, da discórdia originária interna ao eu, eram os produtos efetivos. "Na produtividade pura da natureza nada é absolutamente diferenciável para além da discórdia; *apenas a produtivi-*

---

9 Mollowitz mostra que a doutrina das Ideias platônicas foi usada por Agostinho, tornando-se um princípio da teologia da criação cristã. As Ideias são formas e arquétipos perfeitos do entendimento divino e, em conformidade com elas, é criado o mundo sensível como sua cópia, através da vontade de Deus. O autor faz paralelos entre o princípio divino e a Vontade schopenhaueriana, as Ideias que daí emanam, e o mundo como sua exposição no tempo. Com isso, em Schopenhauer, mediante Agostinho, encontra-se a recepção do célebre dogma do filósofo grego (Mollowitz, 1985, p.131-52). Ora, em que pesem a agudeza da apresentação e a concordância em muitos pontos de ambos os pensadores, o texto padece de um problema técnico: o fato de Schopenhauer ter lido Agostinho só em 1814 (cf. Schopenhauer, 1966-1975a, HN I, p.103). Trata-se, portanto, de aparecimento intelectual posterior a Schelling e o estudo de suas *Ideen* e *Von der Weltseele*, datado de 1810. Isso nos autoriza a pensar a recepção da doutrina das Ideias basicamente mediante as lentes de Schelling e sua teoria do organismo universal, e não pela teologia cristã de Agostinho.

dade em si mesma discordante dá o produto" (Schelling, 1856-1861f, SW III, p.365-6). E, ao pensarmos nas passagens das *Abhandlungen* sobre o querer absoluto ou nas da *Von der Weltseele* sobre o querer originário, ressurge nitidamente a tradição a que se filia Schopenhauer. Queremos dizer: para ele a observação da natureza indica um querer em disputa, em contradição, em desavença originária, em conflito consigo mesmo, em autodiscórdia. Há uma duplicidade na unidade, ou unidade dúplice, exteriorizando-se nos fenômenos como luta dos indivíduos pela matéria para expor a sua Ideia.

> Vemos em toda parte disputa, luta e mudança do vencedor, e justamente aí conheceremos nitidamente a discórdia essencial da Vontade consigo mesma. Cada grau de objetivação da Vontade luta com o outro pela matéria, pelo espaço e pelo tempo. (Schopenhauer, 1988a, § 27, p.208)

Isso leva à conclusão de que a "assimilação por dominação" atravessa todo o mundo. Cada Ideia mais elevada, ao entrar no mundo dos fenômenos, o faz mediante a dominação de Ideias mais baixas. Nenhuma vitória sem luta: a cobra precisa devorar outra cobra para se tornar dragão. Porém, a Ideia mais elevada conserva em si um "análogo" da que foi dominada (ibidem, p.205-6). No limite, esse processo corrobora a teoria da vida universal, pois no organismo "se pode demonstrar os vestígios dos modos-de-ação físico e químico, mas nunca se pode explicar aquele a partir destes"; em outros termos, o organismo não é de maneira alguma "um fenômeno produzido a partir do fazer efeito unido de tais forças", portanto não é casual nem causal, mas uma Ideia viva superior que assimilou a si as inferiores. As Ideias inorgânicas que foram submetidas, contudo, lutam continuamente para reaver a matéria, para assim exprimir o seu grau de objetidade. Do mesmo modo que o magneto trava uma luta constante contra a gravidade no ferro que conquistou, já que esta é uma força mais elementar e tem direito mais originário à matéria do ferro, assim também o homem trava uma luta contínua contra as Ideias inorgânicas de seu organismo, que têm um direito anterior à sua matéria. Assim, a digestão mostra uma vitória apenas parcial das forças inorgânicas, ao exigir a força de vida para a dominação das forças naturais; o fardo da vida física, a necessidade do sono e por fim a morte ainda dão provas da luta incessante da Vontade consigo mesma internamente a seus fenômenos. Nessa atividade, ela quer sempre a vida, tornando-se aos poucos consciente, isto é, ganhando visão cada vez mais nítida de si no espelho da representação. Para ilustrar a discórdia da Vontade consigo mesma, Schopenhauer cita o caso de uma formiga, a *bulldog-ant*, encontrada na Austrália. Quando se a corta entre a cabeça e a cauda começa uma luta de morte entre as duas partes. A primeira ataca a segunda com mordidas, enquanto esta se defende com ferrões. A luta dura cerca de meia hora, até que ambas as partes morrem, ou são carregadas por outras formigas (ibidem, p.209). Mesmo as forças de atração e repulsão, que definem a matéria segundo Kant, são um indício da autodiscórdia da Vontade. Todos esses casos encontram a sua equivalência, entre os homens, no *homo homini lupus* de Hobbes. Entretanto, se o indivíduo perece, a espécie prossegue. A assimilação por dominação é um processo dinâmico que apenas espelha a atividade, o anseio da Vontade sedenta de vida, e que, nesse percurso, até tornar-se consciente de si, faz e desfaz formas, alimenta-se de si mesma, pois é uma Vontade faminta e crava os dentes na própria carne.

Porém, em que pese a sentença do autor de *O mundo como vontade e como representação* de que foi ele quem "primeiro ensinou como o uno chega a se expor como algo plural" (1966-1975d, HN IV, 1, p.81), a sua metafísica, a nosso ver, recebe a filosofia-da-natureza schellinguiana justamente naquilo que ela pode ser útil para a clarificação do funcionamento do eixo do segundo livro de sua obra magna, dedicado à metafísica da natureza, isto é, a transpasssagem da Vontade para as vontades. O próprio

Jair Barboza

Schopenhauer dá as indicações para essa interpretação quando, em seu caderno de anotações, depois da leitura dos capítulos sobre a "Construção da eletricidade" e sobre "O universal do processo dinâmico" das *Ideias para uma filosofia da natureza*, tece os seguintes elogios a Schelling: "O capítulo sobre a construção da eletricidade na filosofia da natureza me parece ótimo [*toll*]". E ainda: "O capítulo sobre o universal no processo dinâmico é, sempre que possível, melhor ainda" (cf. Anexo 1).[10]

E por quê? Porque em tais capítulos se encontra o alicerce daquilo que no *Primeiro esboço de um sistema de filosofia da natureza*, de 1799, se consolida, via Kielmeyer, Kant e Goethe, como o conceito de graus de desenvolvimento da natureza. Ou seja, tanto para Schopenhauer quanto para Schelling, na realidade diante de nós se encontra a potenciação polar da *natura naturans* vivente, desde a pedra até a consciência racional, isto é, há mais baixos e mais elevados graus de desenvolvimento da Vontade. Se pensamos na fórmula da filosofia-da-natureza:

$$. +A = B \qquad A = A \qquad A = B+ .$$

notamos agora que ela, embora nunca usada por Schopenhauer, pode no entanto ser traduzida para o seu sistema. Se A = A é a identidade de uma única e mesma Vontade, então, em notação idealista, A = B+ significa o seu grau mais baixo de objetivação, como uma pedra e suas qualidades físicas, e +A = B o seu grau mais elevado, justamente a consciência racional. Mas em cada A = B se concentra a identidade de uma única e mesma Vontade A = A. Assim, de um polo a outro se desenvolve um processo dinâmico, polarizado, acompanhado pela assimilação por dominação, cujo resultado é a objetivação autodiscordante do querer, as Ideias de todos os reinos, em infinitas gradações. Schopenhauer cita o místico Angelus Silésius:

---

10 Cf. também Schopenhauer, 1966-1975b, HN II, p.319.

Infinitude subjetiva e estética

Ich weiß, daß ohne mich Gott nicht ein Nu kann leben:
Werd' ich zunicht; er muß von Noth den Geist aufgeben. (1988a, §
25, p.186)[11]

Esse dístico, note-se, indica uma unidade cósmica entre Deus
e criatura, entre infinito e finito, num enlaçamento tão cego,
que faria com que a divindade mergulhasse em tristeza caso
ocorresse o desaparecimento de uma única de suas crituras,
que é ela mesma em sua unitotalidade. Quando da gênese da
obra principal de Schopenhauer, em especial no ano de 1814
em Dresden, o autor usa o monismo da filosofia-da-natureza
e diz que "cada organização" da natureza deve ser vista como
"polaridade"; toda organização mostra um "análogo nítido" da
polaridade universal. Cada corpo é polarizado. O corpo terrestre
inteiro "exibe polaridade magnética e elétrica". Nesse sentido,
ele admite, há um "ponto de contato" entre seu pensamento e
a filosofia-da-natureza (1966-1975a, HN I, p.140-1). O segundo
livro de sua obra principal fala inclusive da unidade da Vontade
para ser conhecida "mediante o parentesco de todos os seus
fenômenos" (1988a, § 27, p.203), havendo aí claros elogios à
identidade na duplicidade da escola schellinguiana:

> Eles chamaram especialmente a atenção para o fato de que a
> *polaridade*, isto é, o desdobramento de uma força em duas ativi-
> dades qualitativamente diferentes, opostas e se esforçando pela
> reunificação, que na maioria das vezes também se manifesta es-
> pacialmente através da separação em duas direções opostas, é um
> tipo fundamental de quase todos os fenômenos da natureza, do
> magneto e do cristal ao homem. (ibidem, p.204)

Essas duas atividades "opostas e se esforçando pela reuni-
ficação" constituem a dialética orgânica da natureza, cujos pro-

---

11 "Sei que, sem mim, Deus não pode viver um átimo sequer:/ Se eu desa-
parecesse, seu espírito se tornaria vazio."

133

dutos são suas sínteses. Embora Schopenhauer seja um oponente do pensamento dialético – em seu sistema não há síntese ou superação final, as oposições permanecem –, ainda assim a autodiscórdia da Vontade em sua identidade *deve ser compreendida como polaridade*. Schopenhauer chega perto dessa admissão nas suas preleções da Universidade de Berlim.

> Portanto a polaridade testemunha primorosamente a analogia radical e o parentesco de todos os fenômenos da natureza ... Essa analogia repousa em última instância sobre o fato de todas as coisas serem a objetidade de uma única e mesma Vontade, idêntica segundo a sua essência. Ora, visto que esta se manifesta de maneira gradual, em cada imperfeito já tem de se mostrar o vestígio, o arranjo, a alusão do perfeito ainda por vir. (Deussen, 1913, II, p.132)

Aqui, numa mesma sentença, inter-relacionam-se os conceitos de polaridade, graus de objetivação da Vontade e sua manifestação nos fenômenos, ou seja, a Vontade *enquanto duplicidade na unidade* exibe-se em diferentes espécies e reinos. Pode-se assim remontar à polaridade goethe-schellinguiana, definida nas *Ideen* e na *Von der Weltseele*, como o mais essencial da alma cósmica, polaridade que Schopenhauer, nas mesmas preleções de Berlim, designa como

> o tipo fundamental de quase todos os fenômenos da natureza, do magnetismo ao homem. No cristal. Na árvore – copa e raiz, esforço para cima e para baixo, para a escuridão e a umidade, a luz e o calor. Na cabeça e nos genitais do animal. Também no homem e na mulher. Em toda parte há uma certa *Potioritas* e *Minoritas*, expressas por + e –.

Em 1815 a polaridade é denominada "análogo da Vontade" e, por curto período, de modo explícito ele assume a terminologia da *Naturphilosophie* ao empregar o termo "potência" para indicar os graus mais baixos da Vontade em sua contradição essencial (Schopenhauer, 1966-1975a, HN I, p.229); "toda *indivi-dualidade* verdadeira é *polaridade*" (ibidem, p.221). Há até mesmo "potências diversas da objetivação ou manifestação da Vontade", as Ideias (ibidem, p.424) – o filósofo usa assim a fórmula da *Naturphilosophie*: potências = Ideias.[12] Schopenhauer, no entanto, teme a proximidade com o adversário e publica uma desvalorização da teoria do seu antecessor pelo viés do questionável da sua novidade, buscando suas origens entre os chineses. "Na China, entretanto, esse conhecimento é corrente desde os mais antigos tempos, na doutrina da oposição entre *Yin* e *Yang*" (1988a, § 27, p.204).

Mas não a ponto de ulteriormente, quando Schelling entrou no ocaso e a metafísica da Vontade na ordem do dia, repreender o discípulo *Frauenstädt* por este ter sido demasiado áspero em suas críticas ao "mais inteligente" dos idealistas:

> mas vós não sois justo com ele, na medida em que silenciais acerca do que nele há de bom e que contribuiu para a glória dele. Apesar de todas as afetações e das maiores ainda de seus discípulos, ele melhorou e fomentou a concepção da natureza em geral, como, de resto, eu muitas vezes elogiei. (Gwinner, 1919, p.366)

Elogios enclausurados nos seus cadernos de estudo e exemplares de mão da obra schellinguiana, pois, nas próprias obras publicadas, Schopenhauer, talvez estrategicamente, para man-

---

12 Eduard May indica com acerto que a definição de autodiscórdia da Vontade passa pelo conceito de polaridade, aplicado à substância cósmica, colocando Schopenhauer na proximidade de Goethe e Schelling; e, para além destes, inserindo-o na tradição que remonta a Heráclito e seu *pólemos* como pai de todas as coisas (May, 1949-1950, p.1-9), sem no entanto desenvolver a recepção de Goethe em Schelling, muito menos o fascínio deste por Kielmeyer, ou esclarecer a relação que ambos tinham com a terceira crítica de Kant. Em todo caso, trata-se de um artigo esclarecedor para os estudos schelling-schopenhauerianos no que tange ao conceito de autodiscórdia da Vontade.

ter um combate com o fito de demarcar um lugar para a sua metafísica da natureza em face do idealismo, diferencia-a da schellinguiana, preferindo alojá-la no fichtianismo, com o que as críticas cáusticas ao mau uso do princípio de razão dão o tom. Mas o reconhecimento da polaridade como conceito básico para a compreensão da natureza fornece um motivo para investigarmos a genealogia de uma trama conceitual da qual o conceito de autodiscórdia da Vontade e sua manifestação é uma descendência; sem as noções de organismo universal, polar e graus de desenvolvimento na natureza, ele se isola e permanece inapreensível em sua raiz.

Arthur Hübscher, editor dos póstumos e de uma edição das obras completas de Schopenhauer, que se ocupou com os seus textos durante quase toda a vida, opina que o *Primeiro esboço de um sistema de filosofia da natureza*, no qual é detalhada a teoria polar dos graus de desenvolvimento da natureza, não foi conhecido por Schopenhauer, nem em 1810 em Göttingen, nem em 1811-1812 em Berlim. Essa obra não aparece "nem nos cadernos de estudo sobre Schelling", "nem nos exemplares de mão da obra schellinguiana". Nenhuma dúvida, conclui Hübscher: "Schopenhauer nunca conheceu a doutrina dos graus polares da natureza estabelecida no *Primeiro esboço*. Sua sequência de graus da objetivação da Vontade nasceu sem que soubesse da teoria dinâmica dos graus de Schelling" (Hübscher, 1998, p.57).

Mas não é o que vimos antes. Passa despercebido a Hübscher que já em 1812 há uma passagem no caderno de estudos schopenhauerianos sobre Kant em que a referida obra é citada. Primeiro há um comentário contestando a teoria dinâmica: "Contra a dinâmica parece particularmente objetável a lei natural de que uma força, totalmente comprometida com o fazer efeito numa coisa, não pode fazer efeito ao mesmo tempo sobre outra etc.". O que importa aqui é apenas destacar o acréscimo marginal de Schopenhauer ao comentário: "A mesma objeção faz

Schelling no *Primeiro esboço de um sistema de filosofia da natureza*, p.110, e o explica como insolúvel" (cf. Anexo 2).[13] Portanto, a conclusão é evidente. *Schopenhauer leu sim o Primeiro esboço* em 1812. Ademais, mesmo nas *Ideen* e em *Von der Weltseele* a teoria dos graus de desenvolvimento da natureza, bem como do organismo universal, já está esboçada, e se trata de livros que estão entre os primeiros a ser emprestados por Schopenhauer em seu tempo de estudo universitário em Göttingen, em 1810. Por conseguinte, antes da elaboração de sua principal obra, ele teve acesso ao pensamento schellinguiano acerca das metamorfoses da alma cósmica numa sequência evolutiva real, possibilitada pelo ideal, vale dizer, as Ideias ou espécies.

Até mesmo o problema para o qual Hübscher chama a atenção, de que os graus de desenvolvimento da natureza, as suas formas e figuras são um "contínuo decair para formas mais baixas", uma involução de +A = B para A = B+, ao passo que em Schopenhauer se tem uma "ascensão para o mais elevado", isto é, principia-se com A = B+ e se vai para +A = B, é na verdade um falso problema, pois, quando Schelling apresenta a sua fórmula, o faz indicando uma decaída, porém já na natureza esse decair é identificado necessariamente como evolução em graus ou espécies. Em outros termos, a linha traduz a concepção a partir da intuição intelectual, que, aplicada na efetividade, deve ser invertida, ou seja, lida da direita para a esquerda. Ademais, o próprio Schopenhauer, quando começa a usar a noção de manifestação da Vontade, o faz expondo uma decaída dos homens para os animais, destes para as plantas, e destas para o inorgânico (1988a, § 23, p.167, 172-3). Depois privilegia a exposição ascendente a que se refere Hübscher. Quer dizer, em ambos os pensadores se trata dos atos originários da vida universal, concebidos seja na sua dimensão eterna, seja na temporal, o que caracteriza uma perspectiva descendente ou ascendente da consideração.

---

13 Cf. também Schopenhauer, 1966-1975b, HN II, p.254.

Aparições

No entanto, sublinhemos mais uma vez, há diferenças sistemáticas marcantes. Schelling não consegue transformar o querer da natureza, por conta do apego de sua filosofia primeira a Fichte, em princípio irracional do mundo, embora faça tentativas para tanto, sobretudo no seu escrito sobre a liberdade, onde é dito:

> Não há em suprema e última instância nenhum outro ser senão o querer. O querer é ser-originário, e apenas a este cabem todos os seus predicados: ausência-de-fundamento, eternidade, independência do tempo, autoafirmação. Toda a filosofia se esforça apenas em encontrar a sua suprema expressão. (Schelling, 1856--1861m, SW VII, p.351)

Schelling chega a enfraquecer o racional como princípio do mundo, indicando que o absoluto, o próprio Deus possui algo nele "que não é *ele mesmo*", um "fundamento" (*Grund*) de sua existência que "não é Deus considerado absolutamente", mas a "*natureza* – em Deus". Trata-se de um "ser diferente", um "fundamento originário" (*Urgrund*), no entanto "infundado" (*Ungrund*) e anterior a toda oposição. Um "anelo" que o Uno sente para "dar à luz a si mesmo" e pelo qual quer dividir-se, dar à luz a divindade, ou seja, a "unidade infundada" (*unergründliche Einheit*). Esta é vontade, "vontade na qual não há fundamento", por conseguinte vontade que não é independente e perfeita, "na medida em que o entendimento é propriamente a vontade na vontade" (ibidem, 359-60). Esse infundado é algo obscuro, a vontade sem entendimento.[14]

---

14 Talvez por conta disso Feuerbach é da opinião de que o racionalismo schellinguiano "é apenas *aparência*, o irracionalismo *verdade*" (Frank & Kurz, 1975, p.406).

Infinitude subjetiva e estética

Mas Schelling retorna e tenta salvar a luz divina, o princípio racional do mundo. Apesar do infundado e da obscuridade que se pode pressentir em Deus, em sua "natureza que, embora lhe pertença, é diferente dele" (ibidem, p.375), ainda assim ele pode ser isento do mau, do irracional, que na verdade aparece na natureza efetiva, na finitude como uma queda que apenas é exteriormente possível e que anela por reencontrar a bondade, o entendimento, que é vontade na vontade. A luz divina é o princípio do mundo. Deus precisa de seu outro no homem decaído na finitude para poder perceber a si, ficando reservada à finitude a ilusão do predomínio do mal, da obscuridade, do irracional. Nesta ainda reside o fundamento infundado, "base inapreensível da realidade", algo "sem-regra, como se pudesse a qualquer momento irromper". No entanto, "sem essa obscuridade prévia não há nenhuma realidade da criatura; a sombra é sua herança necessária", mas Deus, "ele mesmo o existente, reside em pura luz, pois apenas ele é a partir de si mesmo" (ibidem, p.360-1). Se as criaturas provêm, nascem e são submetidas ao mal, Deus gera a si mesmo. No nascimento do humano e do mal, entretanto, é que Deus se realiza, ou seja, afirma a sua bondade e o seu amor, pois sem o mal a bondade divina não se revela, não se reconhece, como a luz não se revela sem o escuro que a diferencia. É assim que ocorre a "manifestação e mobilidade do amor", pois "cada ser só pode se revelar em seu contrário, amor apenas no ódio, unidade na contradição" (ibidem, p.373).

Se em Schelling o intelecto e a razão retomam as rédeas e permanecem a sede do princípio do mundo, submetendo a vontade e o princípo irracional das criaturas, a luz divina triunfando sobre o seu lado obscuro, que impera na finitude, em Schopenhauer, ao contrário, a Vontade, nela mesma, permanece o irracional puro, sem fundamento, cego e anterior ao intelecto. Este é mera "ferramenta", "meio de ajuda" para a sobrevivência do organismo. A razão é secundária, é um *posterius* que surge depois da objetivação do querer.

Jair Barboza

O conhecimento em geral, tanto racional como meramente intuitivo, provém originariamente da Vontade, pertence ao mais alto grau de sua objetivação como mera *mekané*, um meio para a conservação do indivíduo e de sua espécie, assim como qualquer outro órgão do corpo. (Schopenhauer, 1988a, § 27, p.215)

O conhecimento, pois, é "algo acidental e exterior: por consequência a obscuridade [da vida] não é uma mancha escura casual em meio à região da luz, ao contrário, o conhecimento é uma luz em meio à obscuridade originária e sem limites, na qual ele se perde" (1985, p.273). Como tal, de modo algum ele define a natureza. Mesmo porque à razão ainda associam-se muitos fatores negativos a revelar as suas falhas. Sem dúvida, pode--se mencionar momentos positivos, como a linguagem – um desdobramento da faculdade racional: seu "primeiro produto e ferramenta necessária"[15] –, da qual se originam algumas realizações decisivas, como a ação concordante de vários indivíduos, a civilização, o Estado, a concepção do que é comum num único conceito, a ciência, a bela literatura, a comunicação da verdade, entre outros. Todavia, do lado negativo ocorrem enormes perdas que não são restabelecidas. Um déficit permanente é acusado, como no caso da propagação milenar dos erros, dos dogmas e das superstições; do sofrimento ligado à visão da memória, que sonda o passado e o futuro, onde dores já vividas ressurgem, ou podem surgir, como o medo da morte que nos espera. Há ainda as opiniões extravagantes dos sistemas filosóficos, os padres com sua retórica gasta e assim por diante. A tudo isso vêm juntar-se a dúvida, a preocupação, o arrependimento. O fardo da vida aumenta pela reflexão. Desses males os animais estão livres, por não possuírem razão, vivendo apenas

---

15 Schopenhauer observa que a conexão necessária entre razão e linguagem é exemplarmente exibida pelas línguas grega e italiana, que "designam linguagem e razão com a mesma palavra: *lógos, il discorso*" (1988a, p.73).

no presente. A faculdade racional contribui para o déficit dos sofrimentos da vida e nela mesma é falha, só consegue fornecer os seus conhecimentos depois de ter recebido os materiais intuitivos. Seus conhecimentos são a decantação de muitos elementos empíricos e de modo algum podem definir a natureza mais íntima do homem.

Aqui, pois, reside a originalidade schopenhaueriana para além do que admitia a filosofia de Schelling. Esta, apesar de cruzar a fronteira do racional postulando o lado obscuro de Deus, uma natureza que o faz ser estranho a si, em momento algum deixa de privilegiar um princípio racional do mundo. O mau desse irracional divino é a condição mesma para o brilho do seu amor e da sua bondade, que triunfa ao fim.[16] Cabe a Schopenhauer assumir com todas as consequências a sua crítica à razão e, naquilo que na *natureza* de Deus é estrangeiro a ele mesmo, nos termos de Schelling, reconhecer o princípio irredutível do mundo.

Os grifos do seu exemplar de mão do *Freiheitsschrift* comprovam, entretanto, que, para extrair essa consequência, a argumentação do idealista foi acompanhada com cuidado. Notamos que foi grifada a passagem sobre o querer como "ser-originário" e os seus predicados: "ausência-de-fundamento, eternidade, independência do tempo, autoafirmação" (cf. Anexo 3, p.419). Alguns passos adiante há grifos sobre a distinção schellinguiana

---

16 Tilliette observa: "O irracional, o irregular, a desordem refratária à razão ... não tinham lugar na construção harmoniosa ... Schelling, mesmo tendo em vista o homem, sequestra o irracional e a contingência para as esferas inferiores, sensibilidade, imaginário, concupiscência ... ele não ousa elevá-los francamente à altura da liberdade. Não dizemos que ele não percebeu o abismo sem nome da liberdade, o mistério vertiginoso. Pelo contrário, ele os tematiza, e o *Urgrund* é *Ungrund*, fundamento infundado. Suas descrições valem mais que suas explicações! Mas ele não adentrou de verdade pelo fundo, não tornou beatífica a liberdade humana" (Tilliette, 1970, p.524, 531).

entre "muitas vontades individuais" e a "vontade única originária", distinção a que Schopenhauer se mantém fiel (cf. Anexo 4, p.422). Schopenhauer, contudo, observando a inconstância conceitual do autor, acusa as suas rápidas oscilações com o intuito de encontrar uma justificativa para a bondade e a racionalidade de Deus. Assim, quando Schelling indica o que em Deus não é ele mesmo, sem conseguir admitir a preponderância do seu lado irracional, Schopenhauer observa marginalmente: "courage", coragem (cf. Anexo 5, p.431). É como se ali estivesse expressa a possibilidade de o autor assumir em definitivo o princípio obscuro e mau das criaturas em sua filosofia, porém faltando-lhe a coragem suficiente.[17] Quando o mesmo princípio obscuro é nomeado vontade, que, na medida em que ainda não atingiu a "unidade perfeita com a luz (princípio do entendimento)", é dita "cega", essa postura, sem dúvida, caso pensemos nos predicados da Vontade schopenhaueriana, cega e sem fundamento, é a mesma de O mundo.... O próprio Schopenhauer faz a observação marginal: Vorspuck von mir, que se poderia traduzir por "pré-aparição de mim" (cf. Anexo 6, p.436).[18] Porém, novamente Schelling oscila, pois esse querer,

---

17 G. Lukàcs nota acertadamente: "... o ápice da nova filosofia de Schelling, que se perde em mística teológica, é irracionalismo puro, pura animosidade contra a razão; Schelling, porém, não se declarou aberta e decididamente pelo irracionalismo, mas, por caminho tortuoso, furta-se às últimas consequências" (1962, p.153).

18 Spuck significa o aparecimento de um espírito, fantasma, visão. Vorspuck por sua vez pode remeter, com o prefixo vor (pré), a uma anterioridade (como no termo Vorgeschichte, pré-história), que no presente contexto indica algo que, tendo ocorrido a alguém posteriormente, encontra-se todavia de modo aproximado, como pressentimento, em outra pessoa. O Grimmisches Wörterbuch cita o exemplo de Schopenhauer: ein bloßer Vorspuck meiner Lehre, um mero pressentimento de minha doutrina. Também se pode dizer: dann ist etwas geschehen, von dem das Erzählte gewissermaßen den Vorspuck war, então algo aconteceu, do que o narrado foi de certa maneira o pressentimento. Schopenhauer, ao empregar o termo, reconhece que Schelling divisa de modo ainda nebuloso o que ele posteriormente exporá

particularizado num ser individual, torna-se "uno com o querer originário ou entendimento". Ele une o que parecia separar.

A tarefa de Schopenhauer será, portanto, aproveitando o estímulo de Schelling, assumir o lado obscuro do mundo enquanto seu princípio irracional, sem nunca realocar nele o entendimento ou a razão. Schopenhauer identifica no irracional o princípio do mundo, separa-o nitidamente, em sua filosofia, do intelecto, jamais abandonando essa posição. Mas isso não anula a constatação de que ele, de modo consciente, marca uma posição filosófica em face de Schelling, separando o que neste ainda estava mesclado teoricamente com o racional, como ao admitir, em mais uma passagem sobre o irracional do escrito da liberdade, que Schelling, ao escrever "a cobiça [*Begierde*] constitui o fundo de cada criatura particular da natureza", dá ensejo a outra *Vorspuck* de si (cf. Anexo 7, p.455).

Schopenhauer, por conseguinte, recebe e assimila Schelling, sem fazê-lo de modo escolar, com subserviência. Sua herança não é passiva. Assimilar, para ele, significa tornar semelhante, igual a si, converter em substância própria, semelhantemente ao processo digestivo, no qual alimentos são ingeridos para, ao fim, ter-se um suco diferente, tornando-se depois difícil identificar o que antes foi de fato apropriado. Tem-se ao fim algo que não existia antes, essencial para o organismo. Desse processo surge a energia necessária para o seu funcionamento. *O mundo como vontade e como representação* traz uma definição do assimilar genial que cabe aqui. O gênio é comparado ao corpo orgânico que incorpora para poder produzir e viver. Se o gênio é instruído e formado por obras de seus predecessores, entretanto a sua independência não é afetada, já que o seu espírito é frutificado,

---

com clara consciência, vendo lá apenas um *Spuck*, fantasma de si mesmo. Por outro lado, visto que seus comentários às margens do exemplar de mão da obra schellinguiana se dá no período da gênese de seu sistema, falemos aqui antes de recepção e assimilação, não de mera aparição.

Jair Barboza

independentemente, pela impressão imediata da intuição do mundo e da vida, e a "elevada formação não prejudica a sua originalidade" (1988a, § 49, p.134). Esse tema é retomado por Schopenhauer em *Parerga e Paralipomena*, agora sob a denominação do pensador autônomo, o *Selbstdenker*, que, embora tenha necessidade de muito conhecimento, e "por isso tem de ler muito", tem um espírito forte o suficiente para dominar tudo, "assimilar", "incorporá-lo ao sistema de seu pensamento e assim subordiná-lo ao todo coerente e orgânico de sua intelecção grandiosa que sempre se alarga". Assim, o seu próprio pensamento, "como o tom baixo do órgão, domina a tudo e nunca é abafado por outros tons". O sistema de Schopenhauer, ao fazer uso de conceitos schellinguianos, por consequência, transforma-os de tal maneira que a sua obra produz uma rede conceitual que, a meu ver, se apresenta como diferente do que foi fornecido anteriormente. Mas esse resultado, repitamos, não nos deve impedir de identificar na gênese da metafísica da natureza de *O mundo*... um campo teórico no qual alguns de seus conceitos foram hauridos de Schelling, com o que se identifica ao mesmo tempo, historicamente, uma relação intelectual admitida naquele projeto enunciado em 1814 de expor claramente a infinitude subjetiva de Kant e Schelling (Schopenhauer, 1988g, § 261, p.438).[19] De resto, Goethe, uma figura comum a ambos os filósofos, já trabalhava com os conceitos de polaridade e desenvolvimento, ou ascensão orgânica da vida, em seus escritos sobre a natureza, e não é difícil imaginar que, mediante o influxo espiritual dele sobre ambos os pensadores, a teoria tenha sido incrementada filosoficamente. Mas, em todo caso, o modo como ela é formulada em Schelling é, basicamente, aquele assimilado por Schopenhauer.

---

19 Sobre o tema de Schopenhauer como pensador autônomo, cf. Zint, 1921, p.3-45; cf. também Mollowitz, 1985, p.131-4.

4
O belo

Sensível e suprassensível

Se a noção kantiana de organismo e a nova biologia de Kielmeyer constituem o estofo básico da filosofia-da-natureza de Schelling, é ainda o mesmo Kant, com a sua noção de belo na terceira crítica, a referência basilar de Schelling para a montagem da sua filosofia da arte. E a mesma tendência rumo ao suprassensível verificada na concepção da natureza será acentuada na filosofia da arte, pois esta também conta com a ajuda da tradição de pensamento neoplatônica com o fim de, mediante ferramentas fornecidas pelo próprio Kant, subverter a este.

Insistindo nos limites da faculdade de conhecimento, alerta-nos Kant na *Crítica da faculdade de juízo* que há um "abismo incomensurável" entre o domínio do conceito de natureza, como o sensível, e o de liberdade, como o suprassensível. Ambos não constituem uma unidade no mundo dos sentidos, pois o conceito de natureza torna representáveis os seus objetos (*Gegenstände*) na intuição não como coisa-em-si, mas só como fenômenos, ao passo que o conceito de liberdade, ao contrário, torna pensáveis os seus objetos (*Objekte*) como coisa-em-si, mas não na intuição.[1] De modo que nenhum dos dois conceitos aponta para um conhecimento teórico dos seus objetos como coisa-em-si, que justamente "seria o suprassensível", cuja ideia *tem de* ser posta no fundamento da possibilidade de todos os objetos da experiência, porém ela mesma "jamais pode ser elevada e ampliada a conhecimento" (Kant, 1990b, B, p.XVII, XIX).

Esse "campo" do suprassensível, ilimitado, inacessível, inconquistável de todas as nossas faculdades de conhecimento, paradoxalmente, apesar de campo, não possui um solo a partir do qual se possa haurir conhecimentos, seja para o entendimento, seja para a razão. Nem por isso se deve abandoná-lo no vazio, deixá-lo deserto; pelo contrário, "temos de ocupá-lo com ideias, as quais, contudo, em relação às leis derivadas do conceito de liberdade, não podem proporcionar nenhuma outra realidade senão prática", razão por que nem um mínimo de conhecimento teórico delas é adquirido (ibidem, p.XIX). No entanto, por mais que os domínios da necessidade e da liberdade se apresentem separados por esse abismo e aparentemente nenhuma transição entre eles seja possível, *deve*, afirma a filosofia crítica, haver uma influência do conceito de liberdade sobre o mundo sensível mediante suas leis que colocam fins. Tem de haver um "funda-

---

1 Ao usar dois termos para objeto, o germânico *Gegenstand* e o latino *Objekt*, Kant quer chamar a atenção para o fato de o primeiro ser objeto dos sentidos, colocado à nossa frente, *Gegen-stand*: ele está (*stand*) diante de nós (*gegen*). O *Gegenstand* para Kant é na verdade o resultado do somatório entre uma intuição sensível e um conceito do entendimento, logo objeto de uma experiência possível. Ele entra em cena contra nós, *entgegen*, *stellt sich entgegen*. Já no segundo sentido expresso pela palavra latina indica uma acepção geral, admitindo também pensamentos que não encontram uma referência na efetividade, como no caso da liberdade, que não é um *Gegenstand*, mas um *Objekt*.

mento da *unidade* do suprassensível (que está no fundamento da natureza) com aquilo que o conceito de liberdade possui praticamente". Apesar de não haver a partir daí determinação categorial alguma do entendimento, há contudo uma passagem da forma de pensamento teórica para a prática (ibidem, p.xx, XXI), o que alimenta um empreendimento filosófico promissor, pois aqui se investiga a possibilidade de união entre necessidade e liberdade, até então separadas pela investigação kantiana.

Com isso, o filósofo de Königsberg não elimina do seu horizonte metafísico a reflexão sobre um algo totalmente diferente do sensível, a estar no fundamento deste: justamente o *númeno*. Kant está longe de ser o demole-tudo da metafísica ocidental, como muitas vezes costuma ser apresentado em alguns manuais de filosofia e mesmo por um leitor como H. Heine, que o denomina o "grande destruidor no reino do pensamento", comparando-o inclusive, nas ciências espirituais, a Robespierre (Heine, s.d., II, p.47). Mas no próprio núcleo da *Crítica da faculdade de juízo* se encontra a orientação de uma tarefa filosófica sob a forma do "tem de" haver um fundamento da unidade entre liberdade e necessidade, de um "deve" haver uma influência daquela sobre esta, a deixar em aberto o caminho para a exploração do vasto território a ser pensado como o em-si em relação ao qual a natureza efetiva seria o fenômeno. A negatividade total da filosofia kantiana, esse "preconceito" amarrado a ela (Lebrun, 1993, p.91), cede na terceira crítica lugar a uma metafísica inteiramente nova. Assim, há o perigo de desconhecermos Kant, caso nos prendamos à leitura iconoclasta do seu pensamento que condenaria todos os anseios metafísicos. Ao se fazer isso, esquece-se o coroamento do seu sistema como um todo, exatamente a terceira crítica. Eis o que comenta Lebrun:

> Pois jamais se dirá suficientemente o quanto o sentido dessa obra foi deformado pelo apego dos leitores de Kant ao modo de pensar teórico. É esse preconceito ... que nos leva a ver no

Jair Barboza

kantismo o atestado de óbito de toda metafísica, como se Kant não tivesse anunciado o advento de uma "metafísica desconhecida até então". (ibidem)

Mas Kant toca à exaustão num ponto: a *Crítica da faculdade de juízo*, e nela a Analítica do Belo, dedicada à faculdade de juízo estético – que efetuaria a passagem da necessidade para a liberdade –, não pretende remover o "marco fronteiriço" do sensível com o suprassensível. Ela se detém nos limites do conhecimento, jamais adentrando em regiões que não estejam sob a jurisdição de uma crítica racional prévia. Só que Kant vai tão longe na investigação, atinge um ponto tão avançado da reflexão, que em certos momentos o avanço é feito de modo radical, o suprassensível se faz próximo demais e o recurso final do filósofo, para evitar a entrada no transcendente, é presentificar esse infinito como sentimento íntimo, ou seja, o suprassensível é interiorizado e quase tornado conhecimento. Porém, ao mesmo tempo, mantendo-se fiel ao seu veio empirista, para assim não cair no entusiasmo místico, esse sentimento indica, segundo Kant, apenas uma "exposição negativa" do infinito.

Ora, veremos, é ainda desse negativismo estético que Schelling, novamente, e depois Schopenhauer pretendem se desfazer e dar um passo a mais que o filósofo de Königsberg, em favor da metafísica e com a ajuda dele mesmo, ou seja, do conceito de suprassensível, procurando para ele uma positividade não dogmática. Nesse sentido, recorrerão ao conceito de gênio. Este será munido da Ideia platônica, identificada pela filosofia-da-natureza no mundo exterior como espécie, unidade viva. Isso significa que a noção de belo, pela qual Schopenhauer receberá mais uma vez Schelling, será estendida à Analítica do Sublime, onde o conceito kantiano de infinito aparece com todo o seu vigor, de modo que poderá ser *intuído esteticamente*, ou seja, o orgânico mesmo poderá ser plenamente decifrado a partir da beleza. A arte pode ser, sim, julgada como se fora natureza, a

148

natureza como se fora arte. O espírito deve ser a natureza invisível, a natureza o espírito visível.

Mas, para uma melhor compreensão dessa radicalização filosófico-transcendental, é preciso antes referirmos o lugar e a função do belo no interior da arquitetônica kantiana e, em seguida, a que tradição de pensamento Schelling pretende conectar Kant, para, assim, alicerçar uma filosofia da arte ainda com pretensões críticas, sem no entanto recusar a positividade imagética para o suprassensível. Schelling abrirá assim, conceitualmente, um caminho que depois será seguido por Schopenhauer.

Juízo estético

Explorando o vasto campo do suprassensível, ou seja, indo até a linha que separa o campo da necessidade do da liberdade, Kant define a faculdade de juízo como aquela que tem a tarefa de operar a passagem entre o entendimento (mundo sensível) e a razão (mundo inteligível). Ela pode produzir os chamados juízos estéticos, diferentes dos juízos lógicos, por não gerarem conhecimento determinado dos objetos. Porém, os juízos estéticos são de "natureza tão especial", que podem referir intuições empíricas a uma "ideia de natureza", cuja legalidade não pode ser entendida sem "uma relação delas a um substrato suprassensível" (Kant, 1990b, p.62). No caso específico do juízo-de-gosto, emitido sobre a beleza, o seu fundamento-de-determinação (ao contrário do lógico) é meramente subjetivo: "O juízo-de-gosto não é portanto nenhum juízo de conhecimento, por consequência não é lógico, mas estético, entendendo-se por isso aquele juízo cujo fundamento-de-determinação *não pode ser nenhum outro senão subjetivo*" (ibidem, p.3). No juízo-de-gosto importa a mera representação do objeto, sem nenhum interesse pela sua existência, o que implica que em momento algum haja aí o acompanhamento de um conceito. Aqui a consideração é totalmente *desinteressada*. Assim, dado um objeto, se a sua forma é adequada ao juízo, nasce daí um jogo entre a imaginação e o entendimento, que trabalham como se fossem produzir conhecimento, mas ficam só na encenação. O que daí advém é um mero *conhecimento ou reflexão em geral (Enkenntnis überhaupt, Reflexion überhaupt)*, sem nenhuma determinação específica de um objeto ou de uma classe deles. Quando esse jogo interno à mente é prazeroso e se tem plena satisfação, com consequente promoção vivaz das faculdades mentais, há, em decorrência, um juízo de beleza. Este, pois, baseia-se em um fundamento *a priori*, independente do mundo empírico. Decisivo para Kant não é o prazer sensível imediato, mas um outro prazer decorrente do que ocorre em nós a partir da ocasião favorável a um estado mental oferecida pela representação do objeto. Esse estado mental vivaz, ao ser promovido, procura manter-se a si mesmo, sem que o espectador se interrogue sobre a constituição ou a possível serventia do fenômeno. A representação percebida é relacionada meramente à reflexão em geral.

No belo trata-se de um sentimento diverso do ligado ao bom e ao agradável. Nestes se tem algo cuja existência nos interessa. No agradável, uma sensação que se mescla a um desejo da existência da coisa. Interessamo-nos pela continuidade do agradável. Há aí um impedimento para o juízo de isolar a forma do objeto, de modo que a satisfação se assenta na relação entre a materialidade, a existência objetal e o espectador com ela envolvido: "Por isso se diz do agradável que ele não apenas *agrada*, mas *diverte*" (ibidem, p.10). Dedicamos ao objeto não apenas aprovação, mas inclinação: a sua existência sempre conta. Quanto ao bom, ele é aquilo que "agrada por intermédio da razão e mediante o mero conceito". Esse agrado pode ocorrer tanto de maneira mediata, quando se diz por exemplo "bom para algo", ou imediatamente, caso em que se diz "bom em si" (ibidem). Em ambos os casos opera um conceito de fim, vale dizer, uma relação da razão com o querer, o que também significa um interesse pela existência da coisa ou por um certo agir.

Ora, em comparação com o agradável e o bom, a satisfação com o belo é inteiramente pura, a priori, a mera forma do objeto é isolada para o julgamento, isenta de qualquer relação, fruímo-la desinteressadamente, de modo que o juízo-de-gosto é "meramente contemplativo". Enquanto tal, diz Kant, "essa contemplação mesma não é direcionada a conceitos; o juízo-de-gosto não é nenhum juízo de conhecimento (nem teórico nem prático); por conseguinte, também não está baseado em conceitos, ou a eles tende (abgezweckt)" (ibidem, p.14). Caso contrário, ocorreria interferência danosa pela mistura de algum tipo de interesse. Ora, todo interesse "pressupõe uma necessidade, ou a produz e, como fundamento-de-determinação da aprovação, não mais permite que o juízo sobre o objeto seja livre" (ibidem, p.16). De modo que a definição lapidar do juízo-de-gosto será, em oposição ao agradável e ao bom, a de que ele é a faculdade de juízo de um objeto ou de um modo de representação "mediante uma satisfação, ou insatisfação, sem nenhum interesse". O objeto dessa satisfação se chama belo (ibidem, p.17).

A característica destacada do juízo-de-gosto é que ele, sem exceção, é individual, do tipo "esta rosa é bela". Do contrário entraria na esfera do juízo lógico, do tipo "todas as rosas são belas", o que requer uma comparação de muitos casos isolados. No entanto, apesar disso, o juízo-de-gosto exige validade universal, como se fora lógico e de conhecimento. Tal universalidade, no entanto, é de natureza ímpar: se de um lado o predicado da beleza não se liga ao conceito do objeto em toda a sua esfera, por outro não deixa de estender-se a toda a esfera de quem julga. Isso se baseia no fato de cada um poder efetuar, em condições semelhantes, o jogo entre imaginação e entendimento que conduziria a um juízo igual. Em outros termos, as mesmas condições de julgamento se encontram em qualquer um, há uma mesma constituição mental, um mesmo leque de faculdades em cada contemplador que autorizam a exigência de universalidade para cada juízo de beleza. É o chamado "senso comum" estético, que nada mais seria do

Jair Barboza

que a possibilidade de que entendimento e imaginação pudessem repetir um certo jogo em qualquer subjetividade, dando ensejo a um estado-da-mente impessoal, de modo que, em face de um objeto favorável, a mesma harmonia sentida por João também poderia, em princípio, ser sentida por José e Maria. Trata-se assim da consolidação da universalidade do belo, que se prende exclusivamente à apreensão da "finalidade sem fim" de uma forma, cuja determinação não pode ser atingida, caso em que se teria um juízo lógico e o concomitante desaparecimento da pureza contemplativa. Uma tulipa é bela devido à sua finalidade que, entretanto, não se relaciona a um fim, a um conceito do que ela deveria ser, como ocorre no caso do botânico que dispõe de conceitos por conta de suas pesquisas: logo, de conhecimentos determinados. Nele, o conceito de fim associado à tulipa obsta a emissão de um juízo-de-gosto, coisa que não ocorre com o espectador, ingênuo, que julga sem levar em conta a finalidade do objeto.

> Esse mero julgamento subjetivo (estético) do objeto, ou da representação *pela qual* ele é dado, precede o seu prazer, e é o fundamento do prazer na harmonia das faculdades de conhecimento. Apenas sobre essa universalidade das condições de julgamento dos objetos se baseia a validade subjetiva universal da satisfação que ligamos à representação do objeto denominado belo. (ibidem, p.29)

Entretanto, o gosto não deixa de, fundamentalmente, ser um juízo, com o que, segundo Nietzsche, Kant acreditava prestar reverências ao belo e à arte, atribuindo-lhes os predicados "que fazem a honra do conhecimento: impessoalidade e universalidade" (Nietzche, 1983, II, § 6). É o lado passivo da estética kantiana.

Ideia kantiana

Todavia, é preciso acentuar, há um Kant que procura penetrar no lado produtivo do acontecimento estético. Isso se dá justamente na abordagem seja do conceito de gênio, seja do de

152

Ideia estética. São dois conceitos cruciais na reflexão sobre a bela-arte, à qual é dada a definição de ser necessariamente arte do gênio, concebido como o princípio vivificador do produto artístico, o seu espírito propriamente dito. Ao gosto abordado no lado passivo da estética de Kant junta-se agora a sua perspectiva ativa, a produção dos objetos de arte. O gênio, segundo a terceira crítica, para atribuir forma à sua criação, não deve se perder na força da originalidade desenfreada, pensando que desfila melhor num cavalo selvagem do que num domado. Se no julgamento da bela natureza o gosto basta, já na arte o gosto e o gênio são imprescindíveis. E o gosto se apresenta justamente ali onde há algo de mecânico, isto é, de acadêmico na formação do gênio. Este precisa da academia, das regras pensadas e aprendidas para que os seus produtos subsistam ao julgamento; do contrário há o perigo da insensatez original. O gosto, pois, é a "disciplina (ou cultivo) do gênio, que corta bastante as suas asas", mas torna o seu produto final para a mente, traz ordem e clareza à multidão dos seus pensamentos e dá um sustento às suas ideias, ao seu "espírito", à sua "faculdade de exposição de *ideias estéticas*" (Kant, 1990b, A, p.201). Porém, a ideia estética kantiana ainda não é conhecimento, pois por ela se deve entender

> aquela representação da imaginação que dá muito o que pensar, sem que lhe possa ser adequado algum pensamento determinado, isto é, um *conceito*, que por conseguinte nenhuma linguagem pode alcançar plenamente e tornar compreensível. (ibidem, p.190)

A fórmula da primeira crítica, de intuições que se somam a conceitos para produzir conhecimento, não se aplica aqui. A teoria do gênio em Kant leva ao resultado de que, tanto quanto no juízo--de-gosto, também na produção estética a imaginação não logra conhecimento, sendo incapaz de alcançar um conceito. O artista, assim, tem de se contentar com a criação "como que de uma outra natureza", servindo-se do material que a experiência lhe fornece, mas sem atingir a verdade desta. Bela-arte, por conseguinte,

Jair Barboza

é imitação da natureza, parece ser natureza, mas no fundo não passa de "bela representação de uma coisa", não a coisa mesma apreendida na sua essência, ou nas redes do conhecimento objetivo acerca da natureza. A negatividade do juízo-de-gosto, portanto, imigra para a exposição da ideia genial. Não se trata em nenhum dos dois casos de um juízo teórico determinante. A imaginação é impotente sob esse aspecto, e a definição de ideia estética traz a proibição explícita de uma exposição positiva do em-si.

Kant, ao efetuar a interpretação da Ideia de Platão na *Crítica da razão pura*, já eliminara qualquer resto de conteúdo ontológico que o conceito pudesse ter. O ganho dessa operação é transferido para a esfera da reflexão sobre a arte. Esta será marcada pela negatividade da reinterpretação da noção de ideia, cuja compreensão mais profunda Kant reclamava para si:

> Platão se serve da expressão *Ideia* de um modo tal, que se vê que com ela entende algo que não somente jamais foi tomado de empréstimo aos sentidos, mas também que ultrapassa, de longe, mesmo os conceitos do entendimento dos quais se ocupou Aristóteles, pois jamais se encontra algo congruente com ela na experiência. Nele, as Ideias são imagens arquetípicas das coisas mesmas, e não meramente chaves para experiências possíveis, como as categorias. Segundo sua opinião, provêm da razão suprema, de onde foram dadas à razão, a qual, no entanto, já não se encontra em seu estado original, mas precisa evocar com esforço, mediante a recordação (que se chama filosofia), as antigas Ideias agora bastante obscurecidas ... Observo apenas que não é nada de absolutamente incomum, nem em conversa corriqueira, nem em escritos, entender um autor até melhor do que ele próprio se entendeu, mediante a comparação dos pensamentos que externou sobre seu assunto, quando não tenha determinado suficientemente seu conceito e, com isso, falado ou mesmo pensado por vezes contra sua própria intenção. (Apud Suzuki, 1998, p.30)[2]

---

2 Alteração pequena da tradução: no lugar de "protótipos", traduzimos "imagens arquetípicas" (*Urbilder*) (Kant, 1990a, A, p.313; B, p.370), para pos-

Infinitude subjetiva e estética

O filósofo grego teria, é verdade, observado muito bem que a razão sente uma necessidade de erguer-se a conhecimentos que vão além da experiência dos objetos e que, não obstante, têm a sua realidade. Mas Kant retira a positividade ontológica da Ideia. Sua realidade não se dá à experiência como conhecimento. A ideia é meramente cogitada, *não intuída*. Para Kant, as ideias *não são conteúdos* ou verdades universais, *não são* constitutivas da natureza dos seres, deixando de ser arquétipos eternos, espécies da natureza aos quais as coisas efetivas singulares se referem, e conservando apenas o sentido de um excesso racional não cabível na intuição, ou de um excesso da imaginação não cabível no conceito. Schopenhauer, já tendo assimilado a leitura das Ideias na sua metafísica da natureza, dirá que com isso Kant subverteu de tal maneira o sentido do termo, que doravante se tem de dizer "Ideia platônica" (schellinguiana) ou "ideia kantiana".

Contudo, na realidade Kant quer alertar para o fato de que tentar fornecer a totalidade das condições dos fenômenos pelas Ideias, como se se fizesse ciência, é um exercício dogmático. Por residirem na natureza da razão (que não pode se desfazer delas), há sempre o perigo de se tomá-las pelo ser verdadeiro dos objetos, mas com isso se escreve um discurso meramente transcendente, livre do solo da experiência, que a amplia, a ultrapassa, e assim perde o seu sustento, por conseguinte sua validade objetiva, caindo num "mero mal-entendido no julgamento da determinação propriamente dita de nossa razão e seus princípios". Esta se enreda numa dialética que perturba o seu uso na experiência e cai em discórdia consigo mesma (Kant, 1957, § 56, p.115). Daí a comparação de Platão e o seu mundo ideacional com uma pomba iludida com a possibilidade de realizar melhor

---

teriormente realçarmos a diferença com a leitura neoplatônica das estéticas de Schelling e Schopenhauer, que também trabalham com o termo, só que em sentido de figuras eternas.

o seu voo no vácuo do que no ar resistente, quando na verdade é este que dá sustento às suas asas.

À leve pomba, na medida em que corta em voo livre o espaço, cuja resistência ela sente, poderia ocorrer a representação de que obteria melhor êxito no espaço vazio. Do mesmo modo Platão abandonou o mundo sensível, porque este *coloca* tantas e *variadas resistências* ao entendimento, e arriscou-se para além dele nas asas das Ideias, no espaço vazio do entendimento puro. (Kant, 1990a, A, p.5; B, p.7)

É preciso, no entanto, ressaltar que essa negatividade das ideias racionais kantianas de modo algum é estéril, pois o seu papel regulativo é bastante eficiente, "primoroso" mesmo e "indispensável". Se é certo que elas não se dão *in concreto*, no entanto são "a todo momento frutíferas no mais alto grau" (ibidem, A, p.328; B, p.385), pois apontam fins, uma "linha diretriz" para o entendimento no vasto e emaranhado complexo da experiência, sem a qual ele se confunde na atribuição de consistência à natureza a partir do fragmentário dos conhecimentos empíricos. As ideias da razão são um *focus imaginarius* que comanda a construção da forma sistemática da ciência, impedindo que a teoria se reduza a uma rapsódia, a um agregado de dados ou leis singulares, restritas a um específico domínio investigativo, sem conexão entre si e com os demais domínios. Na condição de ser racional que conhece e tem ideias, o homem está apto a trazer ordem e unidade ao complexo do saber, e assim se aproxima de um máximo de completude que define a ideia racional (ibidem, A, p.645; B, p.673). Neste sentido, as ideias, em sua eficiência epistemológica, podem ser classificadas em três ramos diretores: (1) a ideia da totalidade das determinações psíquicas, isto é, de uma alma imortal; (2) a ideia da unidade absoluta da série das condições empíricas, isto é, há um mundo físico; (3) a ideia de uma unidade absoluta da condição de todos os objetos em geral do pensamento, o continente de toda realidade possível, isto é, Deus. A essas ideias correspondem três tarefas investigativas, de maneira que *devemos* dar continuidade ao conhecimento dos fatos psíquicos isolados na direção do conhecimento completo de uma alma única (psicologia racional); *devemos* proceder na pesquisa das leis naturais como se nunca houvesse um limite das condições e o mundo mesmo encerrasse todas as suas condições e, por conseguinte, fosse ele mesmo livre e não apenas fenômeno (cosmologia racional); por fim, *devemos*, na ciência, proceder como se pudéssemos adquirir o conhecimento de toda a realidade e o fundamento último dos fenômenos, do qual tudo depende (teologia transcendental) (ibidem, A, p.333-5; B, p.390-2; cf. também Horkheimer, 1990c, GS X , p.46).

Como se vê, Kant está longe de conceber a ideia como vazia, supérflua, uma quimera, embora sublinhe que ela não é cognoscível enquanto conteúdo ontológico do objeto, como queria Platão. Ela tão somente ajuda na constituição dos seus diversos ramos do saber num todo sistemático e coerente.

Ora, na definição de ideia estética da *Crítica da faculdade de juízo*, Kant mantém-se fiel à sua interpretação da ideia na primeira crítica. Logo, cético em relação a Platão. As ideias estéticas, embora próximas do suprassensível, não indicam o conteúdo do objeto.

> Uma *ideia estética* não pode tornar-se conhecimento, porque ela é uma intuição (da imaginação) para a qual nunca um conceito adequado pode ser encontrado ...
>
> Vê-se facilmente que ela é a contrapartida (*pendant*) de uma *ideia racional*, que, ao contrário, é um conceito ao qual nenhuma intuição (representação da imaginação) pode ser adequada. (Kant, 1990b, A, p.237, 190)

A ideia estética é *inexponível*. Trata-se, como se vê, de um *"pendant"* da ideia racional, que é *indemonstrável*. Numa direção ou na outra, nunca o ansiado é atingido: da parte da imaginação o conceito, da parte da razão a intuição sensível. Isso marca um descompasso que impede o acesso ao suprassensível. Este se insinua na ideia do belo objeto produzido pelo gênio ou avaliado pelo espectador com seu juízo-de-gosto, porém, apesar de o seu fundamento explicativo ser procurado no ponto de unificação suprassensível das faculdades da mente, o *númeno* permanece invisível, sem revelar a sua índole. Todavia, é preciso chamar a atenção, Kant avança aos poucos, bem mais do que o seu negativismo ideacional e a sua caricatura de demole-tudo da metafísica ocidental poderiam à primeira vista sugerir. A ideia estética e o gênio apontam uma região na qual ocorre uma aproximação rápida do *númeno*, pois essas ideias indicam na fruição estética do objeto um empenho por algo que se situa "além do limite da experiência". Com elas se procura chegar à "exposição de conceitos racionais (de ideias intelectuais)". O objeto instituído pelo gênio pertence ao mundo sensível, sim, porém é um fenômeno tão *sui generis* que, embora sua beleza não seja passível de determinação, como ocorre nos objetos da ciência pelo juízo determinante de conhecimento, ainda assim se refere ao em-si. Daí Kant trabalhar com uma antinomia do gosto, cuja tese defende a espontaneidade do julgamento. Este não se baseia em conceitos, do contrário se poderia disputar (*disputieren*) sobre ele e decidir por provas. No entanto, a antítese defende a necessidade fenomênica da coisidade da obra de arte: ela enuncia que o gosto se baseia em conceitos, do contrário não se poderia discutir (*streiten*) sobre ele e exigir concordância universal. Ora, para a resolução dessa antinomia, o autor, sintomaticamente, tem de *recorrer à noção de suprassensível*. Com isso, a sua estética tem de fazer apelo ao vasto campo da liberdade, vale dizer, a uma ideia da razão cuja referência é exatamente o conceito de *númeno*. É como se o conceito de suprassensível fosse aplicado à ideia e, na base do juízo-de-gosto, tivéssemos exatamente o suprassensível como seu fundamento-de-determinação. A unidade entre liberdade e necessidade é assim pensável a partir do "ponto de unificação de todas as nossas faculdades no suprassensível" (ibidem, p.236). Dessa forma, mais luz é lançada sobre a noção de gênio, que pode ser concebido como a faculdade das ideias estéticas pela qual a natureza dá regra à arte e, quando produz o belo para subsistir ao juízo, na verdade é tão somente a "mera natureza" nele, o "substrato suprassensível de todas as suas faculdades" que está no fundamento da finalidade das belas formas (ibidem, p.239). *Sem o conceito de suprassensível, tanto a produção genial como o juízo sobre ela são impensáveis na estética kantiana.*

O problemático desse discurso remonta ao fato de Kant, antes, ter justamente denunciado a ilusão transcendental de quem afirma a possibilidade de uma consideração do em-si de modo direto enquanto conhecimento objetivo, caso da intuição da Ideia platônica, pois isso significaria a ultrapassagem da fronteira do conhecimento e a consequente entrada no terreno transcendente. Logo, se o suprassensível anuncia-se para o gênio e o contemplador estético, o criticismo de imediato tem de lançar o alerta: o incondicionado, a liberdade pode sim ser pensada na base do juízo-de-gosto, mas só de modo indeterminado e indeterminável. Ele não pode ser aplicado determinantemente a intuições, não admite demonstração, por conseguinte o juízo-de-gosto permanece fora da esfera do conhecimento teórico, é mera reflexão em geral, *Reflexion überhaupt*. Daí a constante tensão entre, de um lado, a ideia genial, que dá "muito o que pensar" mediante a sua exposição e a sua contemplação na arte, e de outro o fato de ela *não* permitir uma visão, não permitir uma intuição da natureza numenal. Vemos e não vemos ao mesmo tempo.

Embora não admita a intuição da coisa-em-si, Kant, todavia, nunca deixa de levar a reflexão à sua carga máxima, conduzindo-a a um marco fronteiriço, insistindo que o conceito racional do suprassensível está "no fundamento do objeto enquanto objeto do sentido (e também do sujeito que julga), logo no fundamento dele como fenômeno" (ibidem, p.233-4). Neste sentido, a antinomia do gosto se desfaz caso se pense que o juízo-de-gosto se baseia num conceito a partir do qual nada pode ser conhecido e demonstrado em relação ao objeto, mas justamente por intermédio desse conceito se exige a aprovação de todos para o juízo de beleza, pois o seu fundamento-de-determinação "talvez", *vielleicht*, seja aquilo que deve ser visto como o "substrato suprassensível" da humanidade. Trata-se aqui, pois, como diz Lebrun, de um

> kantismo para o qual o suprassensível é uma linha de horizonte de traçado cheio (e não mais a sombra, ainda muito abstrata, de nossa finitude) – um além impenetrável, sem dúvida, mas somente para quem teima em viver na nostalgia da *theôria* e recusa-se a compreender que o conhecimento está longe de medir nosso poder de pensar. (Lebrun, 1993, p.90-1)

Nessa tensão contínua entre o ver e o não ver, a crítica se aproxima e se afasta continuamente do suprassensível, de modo que, em vez de falarmos de uma linha de horizonte de traçado cheio – que, embora nítida, é sempre inatingível –, talvez seja preferível falarmos antes justamente de um marco fronteiriço, que pode ser ultrapassado, sem, no entanto, muitas vezes percebermos se avançamos mesmo os seus limites.

Reinterpretando a ideia

Retorno à tradição neoplatônica

Diferentemente de Kant, Platão afirma no Livro X da *República*, via Sócrates e Glauco, que há Ideias eternas das coisas. Assim, haveria uma Ideia única de cadeira ou mesa, à qual se referem todos os outros exemplares desses objetos. Quando o artista pinta, apenas imita a cadeira do artífice, o qual, por sua vez, imita a cadeira divina. O artista, portanto, é definido como o imitador de uma imitação.

> Segue-se portanto, diz Sócrates, que há as três seguintes cadeiras: uma que está na natureza e da qual nós, segundo a minha opinião, podemos muito bem dizer que foi feita por Deus ... Outra que foi feita pelo carpinteiro ... E outra que foi feita pelo pintor. (Platão, 1950, p.481; cf. também 1987, II, p.427)

Essa subavaliação do ofício do pintor estende-se ao do poeta (este a situar-se também na "terceira posição" a partir do rei e da verdade) bem como a todos os imitadores artistas, que lidam somente com as coisas tais quais se dão em sua imagem aparente, não como são para sempre. A arte "está portanto bem distante da verdade" e, em suas produções, nos "ilude", especialmente às crianças e pessoas insensatas, ao apresentar objetos que provocam a impressão de que são reais. No caso específico da poesia, como as de Homero, temos "cópias das excelências humanas e das outras coisas de que falam, porém sem tocarem a verdade". O poeta age como o pintor e narra coisas que ele mesmo não entende, discursando para pessoas também leigas. Suas obras são meramente a apresentação de um produto de técnica apurada. Tais obras são impostas ao leitor como belas devido à "grande magia natural" que exerce a linguagem. Porém, caso se dispa a sua roupagem, afirma Sócrates, nota-se que se "assemelham às faces de adolescentes, jovens mas não belos, quando o sangue da juventude os abandona" (Platão, 1950, p.487-8, 600c-601ac; 1987, p.443).

Pintor e poeta criam algo de menor valor em relação à realidade e, no exemplo de uma cadeira ou mesa, algo de menor valor em relação ao artesão, comerciando com o lado inferior da alma. Os imitadores de toda espécie apresentam uma simples "brincadeira, não algo sério" (Platão, 1950, p.490, 602ac; 1987, p.447). Sócrates diz que há motivos sólidos para que o poeta "não seja admitido num Estado que tenha boas leis", pois "estimula e alimenta justamente esse lado [inferior] da alma, fortificando-o e tendendo a destruir o racional" (Platão, 1950, p.495, 604e-605c; 1987, p.457-9). A poesia faz de regente aquilo que deveria ser regido e fomenta o que "tinha de extinguir-se, para que, ao fim, nos tornássemos melhores e mais felizes, em vez de piores e mais miseráveis". A sentença de Sócrates é inclemente: "Deixe-nos, portanto, concluir o nosso retorno ao tópico da poesia e à nossa apologia e afirmar que temos bons motivos para desterrá-la de nosso Estado, em virtude do seu caráter" (Platão, 1950, p.498, 606d-607c; 1987, p.465).

Nota-se, portanto, que Platão despreza por completo seja o valor cognitivo, seja o de experiência vital das artes, três vezes mais distantes do rei e da verdade. Das Ideias, elas não passam de imitação e, mais grave, comerciam com o lado ruim da alma, excitando-o, razão por que o poeta não pode ser cidadão da boa república. Numa palavra, Platão, apesar de a sua doutrina das Ideias operar aquele voo da pomba de que fala Kant, não funda uma teoria das artes enquanto lugar estético da verdade e de uma profunda experiência acerca do conteúdo da vida e da existência.

É filiando-se à doutrina de Platão e ao mesmo tempo postando-se contra a sua avaliação depreciativa das artes e do artista que Ideia e arte apresentam-se como termos indissociáveis em Schelling, que, todavia, também contra o papel meramente regulativo atribuído por Kant à Ideia platônica, se filia a uma tradição de pensamento rebelde, a neoplatônica, que pode ser remontada, em primeira linha, a Cícero e depois a Plotino. Semelhante tradição se encarregará de repatriar o poeta para a república. Cícero é um dos primeiros a carregar a "arma contra a concepção platônica da arte" (Panofsky, 1982, p.4).

Segundo a minha afirmação, não há em nenhuma espécie algo de tão belo cujo original a partir do qual foi copiado não seja mais belo ainda, como no caso da cópia de um rosto. Todavia, esse original, não podemos apreender com a visão, nem com a audição, nem com qualquer outro sentido, mas o reconhecemos apenas em espírito e pensamento. Daí podermos também, para além das esculturas de Fídias, que em seu gênero são as mais perfeitas que se pode ver, e para além das pinturas que já citei, imaginar outras mais belas ainda. Quando esse artista criava Zeus e Atena não considerava nenhum homem real que teria podido imitar, mas em seu próprio espírito residia uma representação sublime da beleza, que ele olhava, nela imergia e, segundo esse modelo, conduzia sua arte e ocupação ... Platão, professor e mestre não apenas do pensamento mas também da exposição retórica, nomeia tais formas das coisas *Ideias*, negando a sua perecibilidade, ao afirmar que elas possuem uma existência eterna e estão contidas apenas na razão e no pensamento. O restante das coisas nasce e perece, flui e desaparece e não se conserva muito tempo num único e mesmo estado. (ibidem, p.5-6)

Cícero menciona o conceito platônico de Ideia, mas fora de contexto, pois ali ele serve para contradizer a própria concepção platônica das artes. O artista em Cícero, note-se pela citação acima, não é mais o criador de simulacros. Ao contrário, em seu espírito reside um arquétipo esplêndido da beleza para o qual ele dirige o seu olhar interior. Embora essa perfeição não emigre para a coisidade da obra, esta, todavia, é bem mais do que uma simples imitação da imitação. Ela revela uma beleza modelar, alheia ao fluxo do nascer e perecer. Disso fica claro, segundo Panofsky, que há uma inversão do pensamento platônico, pela primeira vez completada por Cícero, o que só foi possível "mediante duas pressuposições: tanto a noção da essência da arte quanto a da essência da Ideia tiveram de transmutar-se num sentido não platônico, até mesmo antiplatônico" (ibidem, p.6). A arte torna-se um *modo específico de conhecimento* e Filóstrato dirá: "Quem não ama a pintura, esse comete uma injustiça contra a verdade e a sabedoria" (ibidem, p.6-7). A identificação que Cícero faz entre Ideia e representação artística encontra-se depois formulada do modo mais contundente no ataque de Plotino ao mestre, que pode ser tomado como um ponto de fuga programático-interpretativo das estéticas neoplatônicas e idealistas:

Se alguém desdenha as artes porque elas são ativas como imitadoras da natureza, deve-se dizer de uma vez por todas que também as coisas da natureza imitam outra coisa. Tem-se de saber que as artes não reproduzem simplesmente o visível, mas remontam a princípios (*lógoi*) nos quais a própria natureza tem a sua origem. Ademais, elas acrescentam e complementam justamente lá onde falta para algo atingir a perfeição, pois elas possuem a beleza. Fídias criou o seu Zeus sem recorrer a nada visível. Ele o fez de maneira tal qual Zeus mesmo apareceria, caso quisesse revelar-se aos nossos olhos. (ibidem, p.11-2)

Doravante, a Ideia platônica passa a desempenhar na reflexão estética sobre a arte um papel novo, embora concebido com a ajuda da doutrina das Ideias. A arte é de agora em diante visão modelar, com plena validade metafísica. Para Plotino, a imagem de Zeus que o artista Fídias porta em seu interior não seria meramente a sua representação, mas a essência mesmo dele. O espírito artístico torna-se um companheiro de essência e destino do *Nous* criador, que de sua parte é a forma atualizada do uno absoluto. Estamos diante, em última instância, de uma reviravolta que repatria o poeta para a república e assim nos autoriza a traçar uma linha interpretativa que segue desde a Antiguidade até o idealismo alemão, quando a ela se acrescentam Schelling e o seu idealismo transcendental, mais precisamente quando no *System des transzendentalen Idealismus* a intuição intelectual se torna estética e o gênio lhe atribui corpo, expondo modelos prestigiosos e eternos numa obra de arte, dando assim um passo a mais rumo à positividade do suprassensível, a partir de Kant mesmo, lido contudo de uma perspectiva neoplatônica.[3]

---

3 Para Tilliette, Schelling não teria lido Plotino antes de 1804, portanto depois da publicação do *System* (1800) e de *Bruno* (1802) (Tilliette, 1970, p.306). Outro comentador de Schelling, e também especialista em Plotino, Werner Beierwaltes (s.d., p.242), diz que Schelling se ocupa diretamente com Plotino só a partir de 1805. No entanto, Tilliette e Beierwaltes são

Gênio e intuição intelectual

Schelling reinterpreta o criticismo com o auxílio dessa tradição estética que desce com suas raízes mais fundas em Cícero e Plotino. Como vimos, a natureza em seus graus de desenvolvimento é a história do eu, desde a inconsciência até a consciência, dois domínios que se apresentavam separados para a reflexão, na jornada da alma cósmica rumo à consciência de si. Em 1800, porém, o *Sistema de idealismo transcendental* confere à arte, na sua sexta e última parte, a tarefa de, em seus produtos, unir liberdade e necessidade, de modo que numa só obra ideal e real, subjetivo e objetivo, consciente e inconsciente, eu e não eu, espírito e natureza seriam unificados numa exposição mesma do infinito, o que a natureza efetiva só alcança se tomada como um todo. Cada organização natural é um "monograma" da identidade originária e absoluta, mas é pela "intuição artística" que o eu adquire um reflexo perfeito de si, reconhecendo-se num espelho. "O produto dessa intuição fará fronteira de um lado com o produto natural, de outro com o produto da liberdade, e tem de unir em si o caráter de ambos" (Schelling, 1856-1861o, SW III, p.611-2). O produto artístico tem em comum com a liberdade o fato de ser produzido com consciência, e com a natureza o elemento inconsciente quando abandonado a si mesmo. O eu na arte começa com consciência subjetiva a sua produção, e termina com inconsciência objetiva. A execução de um produto estético é, dessa forma, a resolução da contradição infinda da natureza nos seus inúmeros graus de desenvolvimento, ou seja,

---

unânimes ao afirmar o convívio de Schelling com uma atmosfera plotiniana tanto em escritos de terceiros – como na tradução de Jacobi de G. Bruno, para o qual alguns "filosofemas determinados de Plotino ... são constitutivos para o conceito bruniano de princípio e mundo" (ibidem) – quanto no círculo literário que frequentava, pois Plotino, "com G. Bruno e J. Böhme, era um dos modelos do círculo romântico" (Tilliette, 1970, p.306).

da duplicidade do absoluto, da polaridade originária que se torna fenômeno. Na atividade estética, essa dialética orgânica encontra a sua síntese final e num único produto o eu efetua um amálgama da identidade total entre consciência e sem-consciência. O caráter conflituoso do produto efetivo desaparece. Há agora uma identidade harmoniosa do eu em e para si mesmo, de modo que a luta, a contradição contínua que atravessa a efetividade e a produção de suas organizações, dissolve-se na coincidência das atividades opostas da egoidade na produção estética. A discórdia universal é neutralizada e daí surge alegria, "satisfação infinita", pois "todo impulso para produzir cessa com o acabamento do produto, todas as contradições são superadas, todo enigma é resolvido". A liberdade com a qual a produção fora iniciada some na instituição do produto, e este é julgado como se fora o "favor de uma natureza superior que tornou possível o impossível" (ibidem, p.615).

No entanto, esse desconhecido, que torna possível a identidade entre consciente e inconsciente, liberdade e necessidade, é justamente o absoluto, o "eu originário", que *no produto artístico* aparece como algo superior para a inteligência e até mesmo como algo que, contrário à liberdade, porém iniciado com consciência e intenção, traz à luz algo para ser tomado como *sem*-intenção e confundido com o produto orgânico.

Ora, a personagem que Schelling invoca agora para desempenhar o papel principal da sua filosofia da arte é em primeira instância o gênio; um conceito, é certo, que não se inscreve na tradição platônica ou neoplatônica, mas remete a Kant. O gênio será encarregado da missão transcendental de fundar a estética do absoluto mediante as Ideias, não kantianas, mas como os neoplatônicos as interpretaram, ou seja, no sentido de modelos eternos, antes expostas nos graus de desenvolvimento da natureza, agora exponíveis na arte. Com isso se pode alcançar especularmente imagens artísticas da identidade cósmica. O papel do gênio será executar a união daquilo que se apresenta separado na efetividade, a vida universal manifesta na diversidade efetiva.

O gênio será entendido como um "destino", um "poder desconhecido" semelhante ao poder natural (o qual, mediante o nosso agir livre e sem o nosso saber, até contra a nossa vontade, "realiza fins *não representados*"). O gênio coloca diante de nós, como se fosse contra a liberdade, uma cristalização objetiva do inconsciente do mundo, exatamente o produto artístico, sinônimo de "produto genial", pois o gênio só é possível na arte (ibidem, p.616). O caráter do gênio exibe uma contradição. Aparentemente ele é liberdade criativa, mas, como esta irrompe sob o signo de um chamado impositivo para a instituição do produto, ele tem de ser concebido como necessidade (destino). Essa formulação nos reenvia à concepção da terceira crítica que via no gênio alguém à mercê da natureza. Nietzsche sublinha o lado passivo da estética kantiana, definindo-a como uma estética de "espectador":

> Kant, como todos os filósofos, em vez visar o problema estético a partir das experiências do artista (do criador), pensou a arte e o belo apenas do ponto de vista do "espectador" e com isso desapercebidamente imiscuiu o "espectador" mesmo no conceito de "belo". (Nietzsche, 1983, II, § 6)

Porém, Nietzsche não foi inteiramente justo com Kant, pois este, penso, penetrou sim no momento primeiro da produção artística com o seu conceito de gênio, ao defini-lo como "o talento (dom natural) que dá regra à arte". Ora, se ele, como talento, faculdade inata produtiva do artista, "pertence ele mesmo à natureza, então se pode também expressar desse modo: gênio é a disposição mental (*ingenium*) através da qual a natureza dá à arte regra" (Kant, 1990b, A, p.179-80). Do ponto de vista da produção, portanto, bela-arte é necessariamente arte do gênio na originalidade de sua criação. Este é oposto por inteiro ao espírito de imitação, com que Kant estabelece uma diferença entre o gênio e o "cabeça" (*Kopf*). O cabeça atua nas ciências e pode, depois de suas descobertas, transmitir aos outros os passos que efetuou até atingi-las, os quais podem ser refeitos pelo aprendiz. Tais descobertas se situam no caminho da pesquisa e do pensamento segundo regras, não podendo ser diferenciadas especificamente do que foi adquirido por imitação. O que Newton relatou em sua obra imortal sobre os princípios da filosofia da natureza pode muito bem ser *estudado*, passo a passo. Já o ficcionar não se aprende de modo espiritualmente rico; um Homero não pode mostrar como as suas ideias ricas em fantasia e pensamento foram se encontrar em sua cabeça, porque ele "não sabe" como isso ocorreu; consequentemente, não pode ensinar aos outros o seu poetar. "Na ciência, pois, tanto o imitador mais esforçado como o aprendiz são diferentes do grande descobridor apenas segundo o grau, já de *quem* a natureza dotou para a bela arte, eles são diferentes de modo específico" (ibidem, p.182).

O gênio, enfim, é o "favorito da natureza". Para vantagem e desvantagem dele. Se de um lado é o portador da originalidade, por outro o preço pago por esse favorecimento é o fato de a natureza exercer pleno poder sobre ele, acrescido à fatalidade de o seu dom criativo morrer consigo, não podendo ser transmitido a outras gerações nem desenvolvido na posteridade, ou seja, não há progresso nas artes e o seu limite pode muito bem já ter sido atingido. Já o cientista, por outro lado, embora não se distinga especificamente com sua teoria daquele que a aprende e aperfeiçoa, em compensação faz parte de uma comunidade do conhecimento que avança no tempo, vale dizer, o seu trabalho é passível de continuidade e muitas vezes útil para a humanidade. Além do mais, o cientista é juiz da natureza efetiva, tal qual ela é determinada categorialmente pelo entendimento legislador, e não está, assim, à mercê dela. Sem dúvida, o gênio também possui uma consciência laboriosa, de juiz, mas esta é a das regras acadêmicas, necessárias para emoldurar a sua obra, assim impedindo que ela seja uma insensatez original; contudo, não tem consciência das regras em ato, originais que estão sendo incorporadas ao seu trabalho.

Infinitude subjetiva e estética

Ora, se para Schelling uma obra de arte começa "com consciência", todavia, se se examina o seu aparecimento mais detidamente, descobre-se que o seu começo é uma obediência ao chamado criativo, ao impulso de criação. Porém, depois, o artista, "em sua obra de arte, fora aquilo que ele ali colocou com intenção manifesta, parece como ter exposto de modo instintivo uma infinitude, que nenhum entendimento finito é capaz de revelar completamente" (Schelling, 1856-1861o, SW III, p.619). O artista é absorvido pela natureza em sua atividade. Logo, embora comece com consciência subjetiva, com liberdade a sua obra, termina-a "no sem-consciência ou objetivo", isto é, "sem consciência na intuição do produto". É quando percebe que o produto lhe escapa, é autônomo, e que ele foi apenas um instrumento da natureza para levar a bom termo os seus desígnios. Não foi, pois, livre. Eis por que a filosofia primeira de Schelling insiste na unificação de liberdade e necessidade na arte, isto é, o gênio é um destino. E aqui mais uma vez Kant foi interpretado na definição do gênio como o favorito da natureza e à mercê dela, ou seja, esta o possui com diligência, a fim de consumar com sucesso, do modo mais perfeito, aquilo que a efetividade não consegue, limitada ao prosaísmo de seus produtos. Schelling diz:

> Assim como o homem fatídico não realiza o que quer ou intenta, mas tem de ser completamente conduzido através de um destino inconcebível, sob cujos efeitos ele permanece; do mesmo modo o artista, por mais pleno de intenção que seja em vista daquilo que é propriamente o elemento objetivo na produção, parece estar sob o efeito de uma potência que o separa de todos os outros homens e o compele a expressar ou expor coisas que ele mesmo não divisa completamente e cujo sentido é infinito. (ibidem, p.617)[4]

_____

4 O papel divino do gênio, unificador de liberdade e necessidade, como bem mostra Hübscher, era um "ponto programático" do romantismo, que em Wackenroder, Schlegel e Schelling é retomado e repetido. Nas duas obras de Wackenroder, *Herzensergießungen* e *Phantasien über die Kunst*, arte

Jair Barboza

Ora, é precisamente para incorporar a ideia kantiana do gênio à arte neoplatônica que Schelling faz uma "dedução" do produto artístico na sexta e última parte do *Sistema de idealismo transcendental*, de 1800. Detalhando a produção estética, concebe agora a oposição das atividades produtivas da natureza como o impulso irresistível de criação, o que se deixa inferir da "declaração de todo artista" de que na criação de sua obra foi movido de modo "involuntário" e apenas satisfez a um "impulso irresistível", nascido de uma contradição. "Essa contradição, entretanto, visto que coloca em movimento o homem inteiro com todas as suas forças, é sem dúvida uma contradição que concerne ao *último nele*, a raiz de toda a sua existência" (Schelling, 1856-1861o, SW III, p.616). A duplicidade originária do universo, que movimenta a criação de todos os produtos orgânicos, agora, para Schelling, traduz-se na polaridade das atividades inconsciente e consciente da instituição da obra de arte. A subjetividade estética não passa da prova pontual da contradição universal. A identidade absoluta desvela-se para os homens raros e artistas, e só a arte pode "satisfazer nosso empenho infinito e também resolver a contradição última e mais exterior em nós" (ibidem, p.617). A

e filosofia são unidas intimamente. Schlegel fala dessa mesma união no fragmento 115 do *Liceu*: "toda arte deve tornar-se ciência e toda ciência arte; poesia e filosofia devem ser unidas" (apud Hübscher, 1988, p.39). Mas o pano de fundo da teoria romântica do gênio não se encontra na filosofia continental europeia, e sim na ilha britânica, em Shaftesbury, com suas *Characteristics of Men, Manners, Opinions and Times*, de 1711. Nesta obra, o artista é considerado uma segunda divindade, que não recebe suas leis da tradição nem da sociedade onde está inserido, mas coloca-se a exigência de as fornecer. "O conceito de gênio determinado por Shaftesbury foi retrabalhado decisivamente pelo mundo espiritual romântico, passando por Hamanns e o jovem Herder, que acreditava que no homem de talento vivia um espírito ou gênio, um demônio conduzido não por qualidades da razão, mas por uma potência indecifrável da alma e do sentimento." Entre 1760 e 1770 Shaftesbury foi traduzido na Alemanha, onde provocou uma forte repercussão e teve como leitor o próprio Kant. Tem-se então a era do gênio (cf. Hübscher, 1988, p.86-9).

170

discórdia da natureza encontra um fim. O seu movimento dialético cessa. A aparente irresolução da luta intrínseca ao mundo finda na resolução artística do enigma das coisas e se tem então uma "harmonia infinita" e uma "comoção terna" (*Rührung*) que só podem ser experimentadas pelos que sentem profundamente a bela-arte e penetram nos segredos mesmos da poesia universal da natureza. O sofrimento ligado à contradição dos processos efetivos é neutralizado. Diante de nós surge, como que a partir dos desígnios de uma potência desconhecida, uma imagem cujo sentido é inesgotável. A arte é "a única manifestação eterna que há, o milagre que, se tivesse existido apenas uma vez, teria de nos convencer da realidade absoluta daquilo que há de supremo" (ibidem, p.618). A arte realiza numa única obra aquilo que a natureza inteira, impelida pela sua dialética orgânica, não consegue: expor o absoluto em sua unidade.

Retomando o misticismo da intuição intelectual, Schelling afirma que a arte restitui o eu absoluto a um momento imemorial de identidade total em que ele ainda não havia se cindido para aparecer como fenômeno. Daí ser ela a decifração do enigma do mundo pela cristalização de consciente e inconsciente num só lance, exposta esplendorosamente e com sucesso, para o que a natureza como um todo se esforçava porém sem conseguir em seus produtos. Nela, o consciente é o mecânico, as regras acadêmicas, a arte no sentido comum do termo, já o inconsciente é aquilo que há de original no gênio, aquilo que Kant denomina natureza no sujeito dando regras à arte, sentido que Schelling recolhe justamente pelo termo *poesia*.

Se nós, numa daquelas duas atividades, a consciente, temos de procurar o que é comumente nomeado *arte*, e todavia é apenas uma parte dela, aquilo que nela é exercitado com consciência, ponderação e reflexão, que também pode ser ensinada e aprendida, alcançada através da tradição e do exercício; temos, por outro lado, de procurar no sem-consciência, no que na arte vem a lume, aquilo que não é aprendido nem obtido por exercício ou de outra maneira, mas só pode ser inato, favor livre da natureza, e que nós, numa palavra, podemos nomear *poesia* na arte. (ibidem)

O filósofo diz que é inútil perguntar qual das duas partes da produção artística é a mais importante, e portanto deva prevalecer, pois uma sem a outra não tem sentido, e só juntas podem trazer para a consideração o último do mundo.

Poesia sem arte cria "produtos mortos" nos quais nenhum entendimento humano pode se regozijar, visto que a força cega ali atuante rechaça todo juízo e até mesmo a intuição; o gênio, como já dizia Kant, precisa ter as suas asas cortadas para não intentar voos demasiado elevados e cair na insensatez original. Já a arte sem poesia implica ausência de beleza.

Porém essa concessão feita por Schelling à academia de modo algum implica que a infinitude, a poesia original abdique de reger a obra de arte: "Afora o que o artista colocou em sua obra com intenção manifesta, ele parece ter nela exposto de modo instintivo como que uma infinitude, a qual nenhum entendimento finito é capaz de desenvolver no todo" (ibidem, p.619).

Desse sentimento que origina a obra artística advém para a contemplação a antes mencionada comoção terna ou a impressão de calma e serenidade. "A impressão externa da obra artística é portanto a impressão de calma e de grandeza serena, mesmo lá onde a tensão mais grave do sofrimento ou da alegria deva ser exprimida" (ibidem). Por solucionar o conflito inerente à raiz de nosso ser e da natureza em geral, a obra de arte nos proporciona verdadeira alegria e reconforto de espírito. O infinito finitamente exposto: é como se chama essa solução. E, se o infinito exposto de modo finito é a beleza, exatamente nesta reside o "caráter fundamental" de toda obra genial: "sem beleza não há obra de arte".

Comparada ao produto orgânico, que também se origina de duas atividades constitutivas da efetividade, a obra de arte se diferencia por apresentar unido o que naquele ainda está separado para a reflexão. O orgânico efetivo não nasce *imediatamente* da contradição infinita mas exige antes uma evolução dialética mediante os graus de desenvolvimento da natureza. A obra de arte, ao contrário, tem um acesso direto ao íntimo eterno do mundo, à alma cósmica, ao organismo universal. Ela unifica de imediato o que a efetividade poderia fazê-lo apenas no seu conjunto. De modo que o fundador da filosofia-da-*natureza* terá paradoxalmente de chegar à conclusão de que o produto da natureza não é necessariamente belo, e, "se ele é belo, então a beleza aparecerá absolutamente de modo casual, porque sua condição não pode ser pensada como existindo na natureza" (ibidem, p.622). O interesse pela beleza natural vem antes de ela ser *natural*. A reserva de Schelling, na verdade, concerne à natureza fenomênica, cuja beleza é casual se pensada em comparação com a *natura naturans*. Daí ele criticar as obras que imitam a natureza, já que, longe de a natureza *casualmente* bela (*natura naturata*) dar regras às artes, é antes a arte que estabelece os princípios e as normas segundo os quais a natureza casualmente bela deve ser julgada. Mas, em todo caso, ao colocar a arte como parâmetro de julgamento da natureza efetiva, sem abstrair desta uma possibilidade de elevação ao belo da *natura naturans*, Schelling de fato desvaloriza a beleza natural como cenário do qual se possa, pela ponderação filosófica, abstrair elementos para uma teoria do belo, razão por que a sua estética deverá ser chamada antes de filosofia *da arte*, e *não* do belo. É na arte que se encontram a "santidade e a pureza" do belo. Ela é autônoma e "recusa qualquer parentesco com tudo aquilo que pertence à moralidade" ou à ciência (ibidem, p.622-3). Estas possuem tarefas infinitas, ao passo que a arte resolve o enigma do mundo de uma só vez em cada uma de suas obras.

Com isso, perceba-se, o autor se inscreve na tradição estética neo-platônica, adaptando-a ao idealismo pela teoria kantiana da oposição entre gênio (arte) e cabeça (ciência): "a arte é o modelo da ciência, e onde a arte está, a ciência tem de chegar". *O objetivo da arte é a positividade do substrato suprassensível do mundo.* Trata-se aqui, portanto, de uma forma de conhecimento superior, que nos abre a dimensão do último do universo.

Para chegar a esse ponto, Schelling faz mais um acréscimo ao kantismo pela intuição intelectual. Se antes essa intuição fora tratada do ponto de vista da doutrina-da-ciência, para a construção da filosofia-da-natureza, e assim fora expandida ao cosmos, agora, do ponto de vista da arte como órganon da filosofia, trata-se de mostrar que essa mesma *intuição intelectual se encarna na obra de arte mediante a faculdade genial,* pois "a intuição estética é justamente a intuição intelectual que se torna objetiva" (ibidem, p.625). A obra de arte é o escoadouro do absoluto, ela é a "objetividade da intuição intelectual", isto é, o incondicionado mesmo, vale dizer, o substrato do mundo exposto em imagens. A arte

> me reflete o que de nenhuma outra maneira é refletido, o idêntico absoluto, que no eu mesmo se dividiu; o que, portanto, o filósofo deixa dividir já no primeiro ato da consciência é aquilo que, inacessível a qualquer intuição, brilhará através do milagre da arte e seus produtos. (ibidem)

A diferença é que na arte o eu absoluto atua de modo inverso ao da natureza como um todo. O gênio começa com consciência a sua obra e a termina sem-consciência, enquanto, ao contrário, a natureza começa sem-consciência e coroa a sua obra com consciência absoluta no homem, mais precisamente no filósofo transcendental.

Não há uma obra de arte sequer em que o infinito não esteja "exposto imediatamente, ou pelo menos refletido" (ibidem, p.627). Tal poder de exposição do infinito no finito é associado à faculdade ficcional, à imaginação produtiva, fazendo da arte "o único órganon verdadeiro e documento da filosofia". Num momento de suprema exaltação romântica, Schelling coloca a pedra de toque do que se poderia denominar religião estética, ao afirmar que a arte é para o filósofo

Infinitude subjetiva e estética

... o que há de supremo, porque ela como que lhe desvenda o que há de mais sagrado, que numa união eterna e originária como que brilha numa flama única, que na natureza e na história está separado, e que na vida e na ação, bem como no pensamento, tem de esquivar-se eternamente. A intelecção que o filósofo se faz artificialmente da natureza é para a arte algo originário e natural ... Todo quadro excelso nasce como que da eliminação da barreira invisível que separa o mundo ideal do real e é uma abertura através da qual aquelas imagens e regiões do mundo da fantasia, que no mundo efetivo apenas cintilam imperfeitamente, aparecem de modo pleno. (ibidem, p.628)

Se a intuição intelectual para o filósofo é objeto de limitação, isto é, de construção, para o gênio é o acesso à identidade incondicionada. Porém, não deixa de existir um parentesco entre filosofia e arte, pois esta alcança o que há de supremo e o revela imediatamente por inteiro, enquanto a filosofia toma a arte como o seu órganon e, na sua reflexão sobre esta, logra a exposição da identidade absoluta.

Digno de nota é que Schelling, apesar de apresentar a arte pela primeira vez de um modo sistemático como exposição do absoluto, da verdade exibida no objeto,[5] paradoxalmente não trabalha no *System* com a noção célebre de Platão, a Ideia arquetípica. Isso parece representar uma lacuna para a reinterpretação do negativismo da ideia kantiana, pois, segundo suas obras anteriores de filosofia-da-natureza, as Ideias devem sim ser consideradas platônicas. Elas são imagens do absoluto em

---

5 A ponto de M. Frank reconhecer na filosofia da arte de Schelling a sua contribuição filosófica propriamente autêntica para a história da filosofia. "Apenas em *sua* filosofia e também apenas no ano de 1800 é, pela primeira vez na história da filosofia ocidental, a arte explicitada como algo de mais superior, a estética elevada à posição de princípio." Mas sem deixar de reconhecer a contribuição do círculo romântico, dos anos de Jena e dos contatos com Novalis, Friedrich e August Schlegel (Frank, 1989, p.171).

formas particulares, sem que ele perca a sua absolutidade. Logo, uma exposição estética do absoluto só funciona argumentativamente se se leva em conta o estofo conceitual da doutrina das Ideias já empregadas na filosofia-da-natureza, pois elas são as potências, os atos eternos do conhecimento absoluto, a sua visibilidade primeira.

Ora, a meu ver, Schelling procura preencher posteriormente essa lacuna, e terá de encontrar em *Bruno, sobre o princípio divino e natural das coisas*, de 1802, e nas suas preleções de estética lidas entre 1802-3 em Jena e publicadas postumamente sob o título *Filosofia da arte*, bem como no texto mais tardio de 1807, sobre a *Relação das artes plásticas com a natureza*, um lugar para as Ideias. Com isso Schelling consolida em definitivo no idealismo alemão a acolhida estética neoplatônica, que, readaptada ao arcabouço teórico do kantismo, terá uma repercussão impactante em Schopenhauer.

Ideias: filhas de Deus

A abertura do diálogo *Bruno* (cujos personagens são Anselmo, Luciano, Alexandre e o próprio Bruno a que se refere o título) resume o tom de todo ele, quando Anselmo pede a Luciano para explanar o *parentesco entre a verdade e a beleza*. Por intermédio deste parentesco, Schelling deixa antever a especificidade do conhecimento estético, o qual se apresenta como oposto ao comum, ligado à empiria, às sombras, ou seja, ao feio e ao erro. Anselmo assume a condução do diálogo, fazendo uma glosa de Platão. Para ele a índole da verdade não pertence ao conhecimento "atual ou que em geral porte apenas uma certeza transitória". Dessa espécie é todo conhecimento intermediado imediatamente pela "afecção do corpo (*Leib*) ou que apenas se relacione imediatamente a ele", não merecendo o epíteto de verdadeiro, pois, complementa Alexandre, o corpo e os objetos que o afetam "estão submetidos às condições do tempo", e o que é temporal não revela a verdade, mas sim algo confuso, insignificante,

Infinitude subjetiva e estética

portanto inadequado ao que deve ser nomeado verdade, que "vale não apenas das coisas individuais, mas de tudo, e não apenas por um tempo determinado, mas por todo o tempo" (Schelling, 1856-1861b, SW III, p.115). De modo que, prossegue Anselmo (retomando o tema das Ideias como atos originários de conhecimento do absoluto), o supremo esforço humano será conhecer as coisas como elas são pré-formadas (*vorgebildet*) no "entendimento arquetípico" e das quais temos "em nosso entendimento apenas meras cópias". Esse "conhecimento supremo" não está submetido às condições do tempo, nem é determinado por conceitos comuns, ligados ao domínio empírico e que, "embora em si universais e infinitos, se relacionam todavia apenas ao tempo e ao que é finito" (ibidem, p.116). Diferente dos conceitos comuns, o conhecimento superior é constituído de "conceitos eternos". Daí separarem-se a eternidade e a temporalidade: na primeira reside o verdadeiro e o perfeito, na segunda o ilusório, o invertido e imperfeito, a impregnar o modo ordinário do conhecimento, tendo por princípio a lei de causa e efeito (ibidem, p.118). Esta se aplica às coisas falhas e desarmônicas, imersas num fluxo infindo de antecedente a consequente, como se nele se encontrasse a sua essência mesma. Porém, a natureza, na sua produtividade (mais uma vez conceitos caros à filosofia-da-natureza vêm para o primeiro plano), origina um *tipo* (*Typus*) a partir do qual "tanto as espécies como os indivíduos são formados". Essas espécies são um "espelho vivo" na qual "todas as coisas são anteformadas", de modo que a natureza efetivo-fenomênica é a sua "cópia", a sua imagem imperfeita submetida à transitoriedade do nascer e perecer, enquanto pela natureza especular eles subsistem para sempre. Em suma, diz Anselmo – e Schelling aqui preenche a lacuna do *System* relacionada à reinterpretação da noção kantiana de Ideia –, os arquétipos eternos das coisas "são como filhas e descendentes imediatas de Deus (*unmittelbaren Söhne und Kinder Gottes*)" e, enquanto presentes na "natureza arquetípica ou em Deus", no princípio divino e natural das coisas, são I-deias (deusas) que não se submetem à transitoriedade da causa-efeito, ao perecimento e à ilusão temporal dos seres, mas são para sempre "esplêndidas, primorosas". Na Ideia da terra estão contidas as demais Ideias das espécies. Na face da terra não há um homem sequer, ou animal, ou planta, ou pedra cuja imagem antes não fora esplendidamente iluminada "na arte e na sabedoria da natureza", em vez de turvada na "reprodução (*Abdruck*) morta do mundo criado". Essa imagem primeira das coisas nunca começou, nem findará, ao passo que as cópias delas, sob o domínio do tempo e o constrangimento das condições, vêm-a-ser e têm um fim, nascem e perecem. Para Anselmo, falha e imperfeição na eternidade são tão impossíveis quanto perfeição no tempo (ibidem, p.119-20).

Como se vê, trata-se de um Platão readaptado ao idealismo. Schelling, mediante a noção de Ideia, solidifica o papel cognoscente da arte, o que fica claro na declaração de Anselmo de que a beleza, independentemente das condições da lei de causa e efeito, é perfeição arquetípica e eterna: a beleza "não nasce de maneira alguma". Por seu turno, "de maneira temporal nada pode ser nomeado belo". A beleza, portanto, é eterna como o são os tipos. Esses tipos mesmos são belos em si, ou seja, conceitos divinos de todas as coisas, esplêndidos e luminosos. *Apenas mediante eles é que as coisas são belas. De modo que se estabelece a suprema unidade, ausente na Analítica do Belo ou do Sublime, entre beleza e verdade pela noção de Ideia.* Conhecer as coisas na sua absolutidade significa conhecê-las em seus conceitos verdadeiros ideacionais (ibidem, p.122). Anselmo diz a Alexandre: "Tu tens inteira razão, se julgas que a obra de arte só é bela mediante a sua verdade, pois não acredito que tenhas entendido por verdade algo ruim ou de menor valor que as imagens intelectuais arquetípicas das coisas" (ibidem).

Aqueles que produzem belas obras são possuídos pela Ideia verdadeira. Nesse instante, o que é exposto nos objetos artísticos apresenta-se absolutamente verdadeiro, todas as outras coisas são enganosas ou relativamente verdadeiras. O tema da Ideia que une beleza e verdade é retomado na *Filosofia da arte*. Schelling compreende a exposição artística como atribuição de imagens, pelo gênio, àquilo que a natureza deixa perder-se no movimento infinito do processo dinâmico. A bela-arte eterniza no tempo a verdade das espécies. A noção de Ideia é desenvolvida como "substrato e como que matéria universal e absoluta da arte, a partir da qual todas as obras de arte particulares brotam como plantas perfeitas" (1856-1861i, SW V, p.198). *Assim, se no Sistema de idealismo transcendental faltam as Ideias e a reinterpretação de Kant é falha, em Bruno inicia-se uma abordagem detida delas enquanto conceito analiticamente ligado ao de arte.* As preleções schellinguianas se encarregarão de encontrar o justo equilíbrio entre esses dois escritos. O *Bruno* inclusive sinaliza a argumentação concernente ao possível e efetivo que é de vital importância para a função cognitiva da arte. Se o personagem homônimo sustenta que as coisas em suas Ideias no absoluto exprimem a "unidade da possibilidade com a efetividade" enquanto "unidade superior do pensamento e da intuição" (1856-1861b, SW III, p.142), nas preleções esta passagem é retomada e desenvolvida no sentido de que as figuras *possíveis* da arte, a expor o absoluto, são de um só lance *efetivas*. "Todas as figuras da arte, portanto principalmente os deuses, são efetivas, porque são possíveis" (1856-1861i, SW V, p.219). Coisa que não ocorre na mera efetividade fenomênica, já que nesta há um decorrer, um lapso entre o possível e o efetivo, de modo que o percurso de um polo ao outro pode não ser realizado, o possível permanecendo possível, sem jamais efetivar-se – e, mesmo que o consiga, pode haver turvamento ocasionado pelo tempo. Ora, como a eternidade é a negação mesma do tempo, esse perigo não existe no mundo das Ideias. O binômio possível-efetivo constitui a própria noção de verdade estética. Esta constitui o universo do artista, que intelige por intuição intelectual a Ideia e a expõe na arte, cuja beleza se opõe àquela alcançada finitamente, a partir da imitação do mundo efetivo:

> A partir da imitação dessa verdade [do mundo efetivo] nascem aquelas obras de arte nas quais admiramos apenas a artificialidade com a qual o natural é nelas alcançado, sem o conectar ao divino. *Esta* forma de verdade, entretanto, ainda não é verdade na arte, e só a beleza absoluta na arte é também a verdade autêntica e propriamente dita. (ibidem, p.213)

As coisas feias, invertidas, o errôneo e o falso são meras privações ligadas à consideração temporal dos objetos.

Esse discurso sobre as Ideias arquetípicas, ao ser objeto da fala de Bruno, tem o seu acento posto na *identidade entre finito e infinito* em que o *System* insiste ao definir a arte como o infinito exposto finitamente. Para Bruno, a Ideia se diferencia do conceito comum na medida em que este é "mera infinitude" e "submetido imediatamente também à pluralidade", ao passo que aquela é "unidade de pluralidade e unidade, finito e infinito", relacionando-se igualmente com ambos de modo pleno. Contudo, se atentamos mais detidamente, observamos que Schelling confunde a eternidade com o tempo. O seu monismo, que a princípio diferenciava duas dimensões, a identidade do absoluto, eterno, e a efetividade como sua cópia temporal, tem agora de ser visto como identidade entre ideal e real, eterno e tempo num só lance, o que despurifica o absoluto e as Ideias arquetípicas, pois neles é realojada a finitude, que até agora lêramos como sinônimo de fenômeno e coisa temporal. E, se a fronteira entre a unidade do mundo eterno e a sua exposição temporal não é demarcada, surge daí um problema conceitual que Schopenhauer nota bem, ao acusar Schelling de confundir completamente o real, ou fenômeno, com o ideal, ou coisa-em-si. "O que *Schelling* nomeia *lado real do absoluto* é o que *Kant* nomeia *fenômeno*. Já o *lado ideal do absoluto* é o que Kant nomeia coisa-em-si", mas Schelling "não separa de modo tão puro" os dois, ao pretender "conhecer o lado ideal, falando sobre ele com conceitos do entendimento, por exemplo sua ligação e relação com o real e assim por diante" (Schopenhauer, 1966-1975a, HN I, p.28-9). A demarcação entre eternidade e tempo é desrespeitada, esvaziando o sentido desses termos. O entendimento penetra o território da intuição intelectual, sem reconhecer os próprios limites.

De fato, Bruno confunde as duas dimensões ao dizer que "belo é aquilo em que universal e particular, espécie e indivíduo são absolutamente unos, como nas figuras dos deuses". A essência do absoluto consistiria em o ideal ser imediatamente real, e o real ideal, embora, para nossa consideração, o conceito eterno seja o ideal, e as coisas da efetividade o real (Schelling, 1856-1861b, SW III, p.139). A Ideia é ideal-real. O absoluto, onde elas vivem, também é ideal-real, logo possui duas séries que se identificam *a todo momento* e aparecem em sua objetivação fenomênica no desenvolvimento do inorgânico para o orgânico (de A = B+ para +A = B), de modo que Bruno se sente justificado a perguntar retoricamente a Luciano:

> Não teremos, por exemplo, de dizer que no mesmo conhecimento daquilo pelo que o ideal é inseparável do real e este daquele, também a pluralidade com a unidade, o limitado com o ilimitado, e, ao contrário, este com aquele estão ligados de uma maneira única e absoluta? (ibidem, p.140)

Mas o momento em que Bruno expressa conclusivamente esse pensamento soa:

> O absoluto, nós o determinamos segundo a sua essência como nem ideal nem real, nem pensamento nem ser. Entretanto, em relação às coisas ele é necessariamente um e outro com igual infinitude, pois tomado em si mesmo, dissemos, tudo o que é real é também ideal, e tudo o que é ideal é também real. (ibidem, p.142)

Observa-se aí, portanto, uma relação interna ao absoluto mesmo e deste com a efetividade que implica um trânsito contínuo de ideal para real, a impossibilitar uma demarcação nítida entre os dois. A impureza do discurso atinge um tal extremo, que para Bruno o absoluto mesmo admite uma outra infinitude que não a sua, chamada de "ligação do finito com o infinito no absoluto". O que a princípio se poderia tomar como o infinito único, o absoluto por si só, cinde-se em outro infinito que se liga ao finito. Mas admitir duas infinitudes não seria pressupor uma limitação recíproca, portanto dissolver o sentido mesmo do termo infinitude?

Na verdade, entre toda essa conceituação frequentemente oscilante e obscura, Schelling intenta resolver o problema da origem da finitude, isto é, por que ela se desgarrou da infinitude, conservando-a todavia em si, de maneira que o infinito se concentra em cada finito, em cada Ideia que aparece na natureza ou exemplarmente na arte. Em outros termos, ele concebe esteticamente a queda das espécies procurando não manchar a absolutidade do absoluto, isto é, isentando-o da responsabilidade da imperfeição da finitude (embora nela presente, ou seja, infinitude que se manifesta), pela noção de Deus decaído e sofredor.

> Nós conhecemos na essência do uno – que de todos os opostos não é nem um nem outro – o pai eterno e invisível de todas as coisas que, não saindo ele mesmo de sua eternidade, concebe infinito e finito num e mesmo ato de conhecimento divino. O infinito é o espírito, unidade de todas as coisas; o finito, todavia, em si igual ao infinito, é entretanto, por sua própria vontade, um deus que sofre e submetido às condições do tempo. (ibidem, p.148)

Com isso, a infinitude dentro da infinitude, parece-me, é uma tentativa de resolver o enigma do sofrimento, da queda, da finitude dos deuses rebeldes, salvando Deus, o absoluto, da responsabilidade dessa ação, pois ele não sai de sua eternidade, paira supremo sobre a finitude, a qual, em si mesma igual à infinitude, se tornou por sua "própria vontade" um deus submetido às condições do tempo, o que depois será nomeado pelo filósofo *corporificação das Ideias* (*Körperwerdungen der Ideen*). O infinito dentro da infinitude do absoluto é, numa palavra, uma noção schellinguiana para retirar qualquer mácula da divindade, isto é, para conservar a sua pureza, a sua pura eternidade em meio à mistura de dimensões com a qual o autor trabalha. Tanto é assim que em *Filosofia e religião*, de 1804, a queda da finitude é concebida como "distanciamento" do absoluto imputável a ela mesma. Deste para a efetividade "não há nenhuma transição", nenhuma "ponte". A origem do mundo sensível é pensável somente como um "salto" a partir da absolutidade. O "fundamento de *possibilidade*" da finitude reside no ser-decaído mesmo, o seu "fundamento de *efetividade*" residindo somente nesse ser, que carrega consigo a origem da nulidade das coisas efetivas. Trata-se de uma espécie de "castigo" pelo abandono da eternidade em favor do tempo (Schelling, 1856-1861j, SW V, p.38, 40-2).

Na verdade, a infinitude em Deus anterior à infinitude dele mesmo antecipa o infundado, o *Ungrund* que no escrito sobre a liberdade é chamado "aquilo que em Deus não é ele mesmo", o seu "lado obscuro" ou, segundo *Bruno*, o seu "abismo santo" (*heilige Abgrund*) (idem, 1856-1861b, SW III, p.154).

Bruno ainda confirmará as palavras de Anselmo que atribuem ao corpo a responsabilidade pelo conhecimento turvado, ao observar que o conhecimento objetivo é finito apenas na medida em que se refere ao "corpo como o seu objeto imediato", porém, desde que se desprenda deste, e se dirija ao "conceito do conhecimento", é infinito (ibidem, p.184). O conhecimento das Ideias, por outro lado, nos transporta ao "imutável, ao não submetido a nenhuma duração, à substância contemplada absolutamente, em referência à qual o que é nomeado comumente substância tem de ser visto como um mero reflexo" (ibidem, p.213). É, todavia, Anselmo quem chama explicitamente o absoluto de Deus, traduzindo ao mesmo tempo a religiosidade estética de Schelling. "Deus é portanto a Ideia de todas as Ideias, o conhecimento de todo conhecimento, a luz de toda luz. Dele vem tudo e para ele retorna tudo" (ibidem, p.217). Com isso, o universo mesmo, formado por Deus e em Deus, é beleza eterna. Cada coisa é em-si conforme a sua Ideia divina, que, porém, ao decair, transforma o seu tipo em indivíduos.

Ora, se a arte é exposição de Ideias, então as obras de arte genuínas exibem-nos o universo primordial como obra de arte absoluta, tal qual foi formado, na origem, pelo entendimento divino e antes da decaída dos deuses sofredores. Daí a divindidade ser a "fonte", a "causa imediata" das obras artísticas.

A causa imediata de toda arte é Deus. – Pois Deus, mediante sua identidade absoluta, é a fonte de cada formação-em-um [Ineinsbildung] de real e ideal, sobre a qual repousa toda arte. Ou: Deus é a fonte das Ideias. Apenas em Deus estão originariamente as Ideias. Ora, como a arte é exposição dos arquétipos, Deus é portanto ele mesmo a causa imediata, a possibilidade última de toda arte, ele mesmo a fonte da beleza. (idem, 1856-1861i, SW V, p.214)

As Ideias do entendimento divino são na realidade suas intuições imediatas e diletas, que, eo ipso, se dão como criações. O que a divindade intui, ela cria; contrariamente ao intelecto finito, que intui sempre o já criado e dado pela divindade. Ora, como o gênio intui intelectualmente esses arquétipos e cria a beleza artística, a sua atividade é na verdade uma "recriação" direta do universo divino. Logo, mente divina e fantasia genial, em Schelling, convergem na arte.

Esse conceito eterno do homem em Deus como a causa imediata de sua produção é aquilo que se nomeia gênio, semelhante a genius, o divino que reside no homem. O gênio é, por assim dizer, um pedaço da absolutidade de Deus [Stück aus der Absolutheit Gottes]. Todo artista, por conseguinte, só pode produzir o quanto no conceito eterno de seu próprio ser está ligado a Deus. (ibidem, p.460)

Em suma, *a arte para Schelling, em plena harmonia com o neoplatonismo, executa aquilo que Kant lhe recusava, isto é, a exponibilidade da Ideia.* Esta cabe agora em limites intuíveis. Em *Sobre a relação das artes plásticas com a natureza* a arte é ainda definida em seu fim como tarefa de exposição daquilo que é verdadeiramente. "Que outra intenção superior poderia ter a arte senão expor o que na natureza de fato é?" A arte, na medida em que "nesse instante expõe a essência, eleva-a do tempo, deixa-a aparecer em seu puro ser, na eternidade de sua vida". Assim, se o artista conheceu a essência da "Ideia que cria para ele" (*ihm schaffenden Idea*) e a acentua, então ele forma "o indivíduo num mundo em si, numa espécie, numa imagem arquetípica" (idem, 1856-1861p, SW VII, p.302-4).

5
O sublime

Transição para o sublime

O passo dado por Schelling em direção a uma Ideia exponível artisticamente, a unir beleza e verdade, significa em última instância uma platonização de Kant. Quer dizer, a sua estética ultrapassa o marco-limite entre o sensível e o suprassensível que Kant nunca abandona. Agora tem-se um conteúdo, um ato ideacional do absoluto, em que este se apresenta em sua incondicionalidade à contemplação, ao contrário de Kant, em que jamais ocorre a positivização do incondicionado. No entanto, no próprio Kant, penso, já se encontra o incentivo para Schelling dar esse passo: trata-se da vivência do suprassensível admitida na Analítica do Sublime, após a *"transição"* da Analítica do Belo para ela no § 23 da terceira crítica. Em outros termos, no sublime se tem algo que, antes, na Analítica do Belo, não se presentificava tão contundentemente: o vívido *sentimento da infinitude*. O marco fronteiriço entre finito e infinito é mesmo quase ultrapassado, e se tem de fato na filosofia crítica um momento em que o suprassensível se faz presente. Kant efetua um avanço que depois será aceito com entusiasmo pela estética idealista. Os pós-kantianos se sentirão autorizados a radicalizá-lo e a desprezar a transição feita por Kant entre belo e sublime.

Conforme a terceira crítica, a característica básica da sublimidade se encontra num "movimento" da mente – ao contrário do que ocorre no belo, em que ela está em "calma contemplação" – que se origina de uma consciência dúplice a conduzir de modo sério a reflexão a uma região que é exatamente a da "Ideia de um *númeno*": embora ele mesmo não permita nenhuma intuição, todavia "subsiste enquanto substrato da intuição do mundo como mero fenômeno ..." (Kant, 1990b, A, p.91).

Na sublimidade algo caótico e informe – diferentemente de no belo, em que a forma do objeto tem de ser adequada para o juízo –, junto com o ilimitado a ele associado, também pode ser ocasião para o sentimento estético. Nesse sentido, enquanto o belo parece ser apropriado para a exposição de um conceito indeterminado do entendimento, o sublime parece sê-lo para um conceito indeterminado da razão. Se o belo conduz diretamente a um sentimento de promoção da vida, o sublime é na verdade um prazer indireto, que parece agredir o contemplador. De modo que as especificidades entre essas duas experiências levam Kant a efetuar uma transição entre elas.

Kant observa que no julgamento do sublime há dois pontos de vista na mente do espectador. O objeto que conduz ao sentimento do sublime – como uma grande cúpula de catedral, rochedos que pendem ameaçadores, vulcões com seu poder destruidor, furacões devastadores, o ilimitado oceano posto em agitação etc. – mostra que a imaginação é impotente diante de tais acontecimentos, pois não consegue alcançar a sua totalidade ou resistir à sua grandeza; contudo, é exatamente dessa impotência, por contraste, que se origina a possibilidade de o espectador encontrar em si uma faculdade de avaliar a potência irresistível da natureza, com o que ele se eleva por sobre a grandeza e o poder ameaçadores, descobrindo em si a liberdade em face da necessidade da natureza, isto é, sentindo que o sublime não está fora dele, mas nele como *ideia*. Quer dizer, a partir do domínio da necessidade empírica dos fenômenos, a partir da pequenez do observador diante dela, ocorre uma elevação para a espontaneidade intelectual da grandeza de uma ideia da razão. Sublime não é o objeto da natureza, mas a nossa disposição em relação a ele. É uma espécie de subrepção: "Engano no respeito pelo objeto no lugar do respeito pela ideia de humanidade em nosso sujeito" (ibidem, p.96). Essa ideia não é uma representação derivada da sensibilidade, como no caso do belo, mas indica um território que pode ser pensado, em relação ao fenômeno, como o seu em-si.

Especificamente no *sublime matemático*, a saber, diante de uma grandeza que se considera infinita, a razão exige a sua totalidade, a sua compreensão numa intuição. Há referência à faculdade de conhecimento e a razão requer a exposição positiva, o conhecimento da infinitude, em outros termos, quer que a imaginação forneça a sua imagem. Kant diz que a mente ouve em si "a voz da razão" (*die Stimme der Vernunft*) que para toda grandeza dada, mesmo as que nunca podem ser apreendidas, requer a sua totalidade, a

> compreensão em *uma* intuição, e reclama exposição para todos os membros de uma série progressiva e crescente e mesmo sem excetuar o infinito (espaço e tempo decorrido), antes o faz pensar inevitavelmente ... como *inteiramente dado* (segundo a sua totalidade). (ibidem, p.90-1)

Contudo, toda determinação de grandeza de fenômeno só pode fornecer, em termos cognitivos, grandezas relativas, não absolutas. Assim, diante das grandes pirâmides do Egito, uma proximidade maior que conduzisse o espectador à tentativa de concepção das suas partes, de baixo para cima, acarretaria in-

Jair Barboza

terferências para a compreensão estética da imaginação, pois essa atividade leva um certo tempo, e na verdade poderia prolongar-se ao infinito; entrementes, quando há apreensão (*apprehensio*) de uma parte, a outra se extingue, mesmo "antes que a imaginação tenha apreendido [*aufgenommen*] a última parte"; de modo que a compreensão (*comprehensio aesthetica*) do todo nunca é consumada, tornando-se sempre mais difícil quanto mais a apreensão avança e atinge um máximo além do qual a imaginação não consegue ir. Esta perde de um lado tanto quanto ganha de outro. O mesmo se passaria, segundo Kant, na basílica de São Pedro em Roma (ibidem, p.86-7).[1] O drama ali encenado baseia-se em que a imaginação é demasiado exigida na sua tarefa de compreender uma grandeza sensível fora do seu alcance, pois a razão exige a totalidade absoluta para uma faculdade que só pode dar grandezas relativas. A faculdade das imagens encontra-se impossibilitada de visualizar o "ilimitado" pensado por ocasião de tais objetos, já que, em última instância, é incapaz de fornecer o absolutamente grande, o infinito, o incondicionado que lhe é exigido, faculdade das grandezas sensíveis e fenomênicas que é, ficando assim acuada. Daí advém um certo desprazer mesclado ao sentimento do sublime. A imaginação não pode de maneira alguma exibir uma grandeza absoluta, fora do alcance de qualquer medida – "*Sublime é aquilo em comparação ao qual todo o resto é pequeno*" (ibidem, p.83). Ela chega a se empenhar em sua missão, ensaiando atingir uma

---

1 Curiosamente Kant nunca foi ao Egito ou à Itália. Ele jamais foi além dos arrredores de sua cidade natal, Königsberg; no entanto se arrisca, a partir de relatos, a fornecer uma descrição detalhada do sentimento provocado pela contemplação de obras arquitetônicas no estrangeiro. Isso porque a constituição transcendental envolvida em tais vivências é, segundo o criticismo, a mesma em qualquer ser racional, de modo que o relato de um espectador pode ser perfeitamente traduzido pelo filósofo transcendental. O jogo entre imaginação e razão requer aceitação geral do juízo daí advindo. Haveria um senso comum garantindo a pretensão de universalidade do juízo estético.

positividade imagética da totalidade, mas sempre cai das alturas, como se um Ícaro que com suas asas derretidas tivesse tentado alcançar o sol das ideias racionais, faltando-lhe sempre o mais essencial, as imagens. Ora, depois de a razão ter dessa forma pressionado a sua parceira – embora esta se atenha ao sensível e só possa fornecer grandezas relativas – para apresentar a infinitude a que conduz o fenômeno sublime, ela mesma se apresenta como faculdade suprassensível e mostra a sua potência, isto é, atinge em ideia aquilo que solicitava da imaginação: "para apenas se poder pensar, sem contradição, o infinito *dado*, é requerida na mente humana uma faculdade que é ela mesma suprassensível" (ibidem, p.91). Dessa descoberta advém um prazer a partir do desprazer. Se a forma finita do belo desperta diretamente o sentimento de promoção da vida e por conseguinte "é compatível com atração e uma imaginação lúdica", no sublime, ao contrário, o prazer se origina "indiretamente" e se deve ao sentimento de uma "travação momentânea das forças de vida e de um logo em seguida tanto mais forte extravasamento delas" (ibidem, p.74). A mente é alternadamente atraída e repelida pelo objeto. E, como não há imagens para o absoluto, já que a imaginação é incapaz em seu esforço de atingi-lo, Kant chama esse jogo entre imaginação e razão de *exposição negativa* (*negative Darstellung*) do infinito, e o seu prazer, "prazer negativo" (ibidem, p.74-5, 123).[2] Tem-se nesse jogo a remissão a uma

---

2 Como mostra Viëtor, o conceito de sublime possui uma longa tradição que remonta ao *Sobre o sublime* do Pseudo Longino. A princípio o termo não está associado à infinitude, mas a um falar e escrever como cimos da expressividade linguística, da dignidade e da grandeza das palavras. Portanto, ele possui uma conotação retórica. Boileau traduz a mencionada obra para o francês em 1674, e assim, numa língua moderna, ela adquire grande repercussão na exaltação da arte retórica e a sua magnanimidade por nos elevar acima do meramente humano. Em 1757 E. Burke concebe o sublime numa acepção que repercutirá nas estéticas por vir: o sublime é dito um *delight* e oposto ao belo, que é *pleasure*. Trata-se não mais de focalizar a retórica, mas o informe e as formas externas contempladas

ideia enraizada na faculdade racional, que só esta pode fornecer, de maneira que a razão mostra a sua sublimidade só depois de perceber a impotência, a humilhação da faculdade das imagens. Trata-se de um jogo que de antemão só ela pode vencer, à custa da fraqueza de sua parceira problemática (quando tenta alcançar o infinito). Eis por que Kant diz que aqui se trata de um "conflito", mas que ao mesmo tempo se mostra "harmônico". Uma harmonia do prazer "que só é possível intermediado pelo desprazer" (ibidem, p.101).

Assim, se no belo a faculdade das imagens tinha como parceira de jogo o entendimento e o submetia a si, triunfando, no sublime é ela, ao contrário, que está submetida a outro poder cognitivo. Logo, a sublimidade é antes o triunfo da racionalidade em face de uma faculdade apresentada como incapaz de alçar um voo elevado rumo ao suprassensível. Se o intenta, cai decepcionada e o infinito permanece *inexponível*, o esforço em vê-lo, em intuir positivamente, por ideia, o "substrato suprassensível que se encontra no fundamento dela e, ao mesmo tempo, da nossa faculdade de pensar", é quixotesco (ibidem, p.93).

Mas isso de maneira alguma significa o desaparecimento do suprassensível do horizonte crítico. Ao contrário, paradoxalmente ele está ainda mais próximo do sublime do que no belo, pois agora o suprassensível se presentifica de um modo vigoroso,

---

pelo espectador. E. Burke diz que "não apenas a forma no sentido estrito do classicismo, mas também o disforme possui o seu valor e o seu direito estéticos; não apenas o regrado, mas também o desregrado, não apenas o concebível em medida determinada, mas também o sem-medida agrada". O sublime desperta uma sensação de perigo e infinitude, todavia superados pela segurança da contemplação, que provoca *delight*. A teoria ganha repercussão na poesia, e Klopstock, entre outros, poderá falar de um "sentimento híbrido" de pertencer a dois mundos, o sensível e o inteligível, este que supera o primeiro, que ameaça a pessoa física. (Viëtor, 1952, p.238-9, 254-5). Ora, aqui se trata da acepção do termo que será recebida em Kant, que divulga a teoria no seu sentido transcendental, o qual será depois retrabalhado por Schiller, Schelling e Schopenhauer.

que envolve comoção, movimento da mente, pois a queda da imaginação traz imediatamente a presença do *sentimento* (*Gefühl*) da infinitude, isto é, da liberdade que, apesar de irredutível à sensibilidade, no entanto dá sinais inequívocos de si para esta. Kant observa que, de uma pessoa incapaz de contemplar o belo, diz-se que não tem gosto, mas de quem é incapaz da experiência do sublime diz-se que não tem sentimento. Este, pois, liga o espectador ao *númeno* em sua própria subjetividade. Lebrun comenta o papel do sentimento do sublime, se comparado ao belo, como uma ruptura com o sensível.

Se chamamos de *sentido* (*Sinn*) a sensibilidade enquanto ela está referida a um objeto, e de *sentimento* (*Gefühl*) o efeito de uma representação (*sensível ou intelectual*) em nós, o sublime indica o momento em que o sentimento só é suscitado indiretamente por uma representação sensível; a cumplicidade que a Analítica do Belo parecia conservar entre o juízo "estético" e sua motivação sensível (ou sensorial) é manifestamente rompida.

Em outras palavras, se o prazer no belo advém de uma representação da forma do objeto adequada ao juízo, o prazer no desprazer sublime não se liga primariamente a uma representação objetal, mas a um sentimento, ainda que sem representação, direto e imediato da infinitude, sem o qual "não se suspeitaria que uma 'estética' ... detenha a chave do suprassensível" (Lebrun, 1993a, p.588-9).

Quer dizer, Kant complementa a teoria do gênio quando atribui ao sentimento sublime o papel de acesso, chave do suprassensível. O sentimento do sublime é a própria vivência do infinito, da liberdade, do incondicionado que, apesar de não podermos representar (criar imagens dele), ainda assim podemos experimentar esteticamente com sucesso. Kant, portanto, aprofunda a experiência estética tal como era apresentada na teoria do belo. Como bem observa Horkheimer, diante do sublime "o sentimento aparece particularmente aprofundado na vivência imediata da infinitude, na diferença entre nossa condicionalidade como seres sensíveis e nossa destinação eterna" (Horkheimer, 1990c, GS X, p.61).

Quando se trata especificamente da modalidade do *sublime dinâmico* na natureza, do seu *poder* (*Macht*) imenso, verifica-se a mesma duplicidade de pontos de vista do sublime matemático, a mesma cegueira da imaginação quando se esforça por ver o absoluto, tendo contudo de contentar-se com a presença negativa dele no sentimento. Só que agora há desaparecimento total das formas, ainda preservadas na modalidade matemática. Imperam o caótico e o sem-regra da forma fenomenal, acompanhados de uma referência do que é experienciado à faculdade de desejar. O sentimento atinge uma tensão máxima, proveniente da elevação não diante de uma grandeza, mas diante de um poder natural, ocasião em que, não obstante o medo, somos remetidos à *destinação* (*Bestimmung*) suprassensível da humanidade. Diante de objetos infinitamente poderosos que fazem temer a nossa integridade, a nossa autoconservação, em virtude do realce da nossa insignificância física, elevamo-nos porém acima dessa inferioridade e descobrimos uma autoconservação de tipo inteiramente diferente. Sentimo-nos partícipes da humanidade indestrutível, para além do mero sucumbir fenomênico. O caráter irresistível da potência da natureza realça a nossa *"impotência física"*, mas revela ao mesmo tempo

> uma faculdade de julgar-nos independentes dela e uma superioridade sobre a natureza na qual se fundamenta uma autoconservação de espécie inteiramente diferente daquela que pode ser combatida e colocada em perigo pela natureza exterior a nós, *através* da qual a humanidade em nossa pessoa permanece inabalável, mesmo se o homem devesse sucumbir àquele poder. (Kant, 1990b, A, p.103-4)

A natureza é aqui chamada sublime meramente porque alça a imaginação aos casos nos quais a mente sente a própria

Infinitude subjetiva e estética

destinação suprassensível. Ou seja, ao tentar visualizar o infinito, a imaginação, em sua missão quixotesca, possibilita à razão um novo triunfo, exatamente ao perceber a incapacidade de sua companheira de jogo de fornecer em ideia o que esta em vão procurava por exigência daquela. O espectador possui, portanto, dois pontos de vista: de um lado, o impotente ligado à sensibilidade, à imaginação incapaz de atender às exigências da faculdade racional para expor a infinitude; de outro o potente, ligado à razão mesma, que possui entre seus conceitos a ideia do incondicionado a dar sinais de si no sentimento da consideração da potência inigualável da natureza.

O papel de destaque conferido ao sentimento na sublimidade dinâmica é ainda mais bem compreendido se se leva em conta que é a própria vida, nessa ocasião, que a todo momento está ameaçada e pode ser aniquilada. Há, por conseguinte, a necessidade de um envolvimento maior de nossas forças e nossos poderes mentais, para assim contemplarmos a ameaça, já que, apesar da distância, da segurança prévia exigida para a sua apreciação, o objeto sublime pode nos reduzir a nada. A subjetividade inteira é solicitada e, sob a orientação da razão, converge para a apreensão racional do objeto.

A transição entre o belo e o sublime efetuada por Kant é finalizada no apelo à razão prática, já que esta é que tem de ser tomada como faculdade das ideias incondicionadas. Dessa maneira, o filósofo abre um vaso comunicante entre estética e ética, o que se constata quando ele diz que "o sentimento do sublime na natureza é respeito (*Achtung*) por nossa própria destinação" (ibidem, p.95). Depois, complementando a passagem, afirma que

o (moralmente) bom sob o aspecto intelectual, em si mesmo em conformidade a um fim, julgado esteticamente é não apenas belo, mas antes tem de ser representado como sublime, de modo que ele desperta mais o sentimento de respeito ... do que o de amor e simpatia confiante,

195

porque a natureza humana não concorda com aquele bom por si mesma, mas "apenas por violência que a razão faz à sensibilidade" (ibidem, p.119). Exercida com o sacrifício das inclinações, a lei moral, em seu controle sobre todas as outras molas impulsoras da pessoa, é o objeto de uma satisfação intelectual pura e incondicionada. Tal poder, no entanto, só se faz reconhecível mediante o sacrifício da sensibilidade. Assim, a satisfação moral, relacionada à sensibilidade, é negativa, embora do lado intelectual seja positiva. *Portanto, o moralmente bom e o sublime têm em comum o fato de serem uma violência intelectual exercida pela razão sobre o sensível na pessoa.* Em ambos os casos a razão prática desempenha o papel coercitivo de exigir algo que a sensibilidade não pode fornecer: o infinito, o incondicionado, a liberdade. No caso específico do juízo de sublimidade, este "possui *seu* fundamento na natureza humana", e na verdade um fundamento que se pode, com "entendimento saudável", atribuir e exigir de qualquer um – "na disposição *para* o sentimento de ideias (práticas), isto é, morais" (ibidem, p.110).

Mesmo o belo natural, por possuir uma "vantagem sobre o belo da arte", pode ser considerado, do ponto de vista daquele que o frui, índice de uma maneira de pensar que concorda com o sentimento moral; ele é símbolo da moralidade. A consideração de flores selvagens, pássaros, insetos, acompanhada de admiração e amor por eles, por não estar ligada à excitação dos sentidos ou a um fim determinado, desperta puro "interesse *intelectual e imediato* pela beleza da natureza", pelas belas formas, e deve ser tomada como índice de uma "bela alma". No caso de ser habitual, mostra uma "disposição da mente favorável ao sentimento moral". Que a natureza tenha produzido essas formas, eis aí o pensamento que acompanha a intuição e a reflexão do belo natural, e tão somente nisso se baseia o interesse intelectual imediato, sem qualquer outra interferência do sensual. Tanto é que, diz Kant, se o amante da natureza fosse iludido com flores e pássaros artificiais, e descobrisse o embuste, daí logo resultaria um grande desprazer, uma aversão até. Lebrun comenta:

> O que nos interessa na reflexão sobre o prazer do gosto é o fato de que a natureza parece favorecer um prazer desinteressado, e esta ideia nos remete à de um sujeito desligado de todo projeto mundano e preocupado apenas em obedecer ao imperativo categórico que representa "uma ação necessária por si mesma e sem relação com outro fim". Eis, pois, uma consonância entre faculdade de julgar e razão prática. (Lebrun, 1993, p.106)

Mas, no sublime, o parentesco entre estética e ética é mais íntimo, por conta do desprazer sentido. *É nessa disposição da mente que acompanha a exigência do infinito, é nesse prazer no desprazer que o sentimento do sublime é comparável ao sentimento advindo das ideias práticas que influenciam o sentimento.* A faculdade de juízo

> refere a imaginação à *razão* no julgamento de uma coisa sublime para concordar com as *ideias* desta (indeterminadas que sejam), isto é, produzir uma disposição mental que é conforme e compatível com aquela que efetuaria o influxo de determinadas ideias (práticas) sobre o sentimento. (Kant, 1990b, A, p.93-4)

O caso Schiller ou o sublime trágico

Para o pós-kantismo estava, consequentemente, autorizada a busca do incondicionado pela experiência estética da sublimidade em consonância com a ética. Kant calça o caminho e reconhece que a liberdade é uma vivência, um sentimento estético-moral do suprassensível, cuja presença portanto, via razão prática, é inegável.

Schiller, no entanto, é quem usará Kant e sua Analítica do Sublime como fio condutor para uma teoria estética que traz em destaque aquilo que em Kant se encontrava nos parênteses do texto, isto é, o papel da moralidade. Porém, de um modo que repercutirá em Schelling, e depois em Schopenhauer, Schiller verá antes na *bela-arte a culminância do sublime*, em especial na arte, a tragédia. No seu escrito *Vom Erhabenen*, de 1793, o poeta define com os seguintes termos o sublime:

> Sublime denominamos um objeto cuja representação faz a nossa natureza sensível sentir os seus limites, a nossa natureza racional, entretanto, a sua superioridade, a sua liberdade em face da sensibilidade. Fisicamente, portanto, rebaixamo-nos, mas moralmente, isto é, mediante ideias, elevamo-nos. (Schiller, 1913- -1924b, SW X, p.6)

Aqui ocorre o emprego dos mesmos termos e sentido kantianos, da mesma duplicidade de consciência entre impotência sensível e potência intelectual. Como seres sensíveis, somos dependentes e submetidos à necessidade dos fenômenos, mas como seres racionais somos livres em nossa índole moral. Sublime é o objeto contra o qual a sensibilidade sucumbiria na sua pequenez e na sua insignificância, mas que, por outro lado, nos faz descobrir um poder soberano de julgar a própria natureza ameaçadora e nos torna absolutamente independentes. Schiller dirá no *Über den Grund des Vergnügens an tragischen Gegenständen*, de 1793:

> O objeto sublime combate portanto a nossa faculdade sensível e essa inadequação [*Unzweckmäßigkeit*] tem de necessariamente nos despertar desprazer. Mas ela ao mesmo tempo se torna ocasião para trazer à consciência uma outra faculdade que se encontra em nós e que se sobrepõe àquilo diante do que a imaginação sucumbe. (1913-1924d, SW IX, p.86)

O objeto sublime é hostil à faculdade das grandezas sensíveis, provoca sofrimento, porém ao mesmo tempo é final e adequado à razão, mediante a qual traz deleite. Trata-se aqui daquele prazer no desprazer a que se refere Kant. Entretanto, a divisão kantiana entre sublime matemático e dinâmico é alterada; ela "não pode esclarecer se a esfera do sublime é esgotada ou não" (1913-1924b, SW X, p.7-8). Schiller prefere antes nomeá-los, em menção à faculdade da mente a que se referem os fenômenos grandes ou potentes, *sublime teórico* e *sublime prático*, este último também denominado *sublime da atitude moral* (*Erhabene der Gesinnung*). Ambos, respectivamente, são referidos aos impulsos constitutivos do ser humano em sua contradição permanente com a natureza exterior, vale dizer, o "impulso de representação" e o "impulso de conservação". O primeiro possibilita a mudança da nossa condição, a expressão da nossa existência e requer aquisição de representações, de conhecimento; o segundo possibilita a manutenção do nosso estado, a continuidade da nossa existência, e requer capacidade de resistência. Na chave da duplicidade de consciência, do contraste entre sujeito da contemplação e objeto contemplado, no âmbito teórico da faculdade de conhecimento, a natureza e seu objeto estão em contradição com o impulso de representação, ao passo que no âmbito da faculdade prática de desejar a natureza e seu objeto estão em contradição com o impulso de conservação. No primeiro caso a natureza é considerada mediante um mero objeto sensível que pode ampliar o nosso conhecimento, no segundo como potência que pode determinar a nossa condição (ibidem, p.7).

Contudo, o verdadeiro interesse de Schiller se concentra no sublime dinâmico ou prático, pois é nele que a atitude moral melhor se expressa. O autor procura assim esgotar, e ao seu modo aperfeiçoar, a definição de sublimidade, e preparar o terreno para a sua aplicação na teoria do belo, isto é, na tragédia, a qual tem por objeto primacial o caráter dos personagens às voltas com o destino, ou seja, a resistência do herói diante do poder inapelável da natureza (como exemplarmente, pense-se, nos mostram *Édipo* e *Hamlet*).

No sublime dinâmico kantiano, vimos, a integridade física, a vida da pessoa é colocada em perigo perante um grande poder. Ora, Schiller segue fielmente essa indicação, e o sublime

Jair Barboza

prático (dinâmico), por traduzir a ameaça que envolve toda existência, é mais decisivo esteticamente (e aqui se trata de uma conclusão que o filósofo de Königsberg não tirou) do que o sublime teórico (matemático), que envolve apenas uma grandeza infinita para a faculdade de conhecimento, sem que haja ameaça real à vida, a imaginação não conseguindo intuí-la.

O sublime teórico contradiz o impulso de representação, o sublime prático o impulso de conservação. No primeiro é contestada apenas uma exteriorização isolada da faculdade sensível de conhecimento, no segundo, entretanto, o fundamento último de todas as exteriorizações dela, ou seja, a existência. (ibidem, p.10)

A sensibilidade está interessada de um modo inteiramente outro quando em face do objeto poderoso que desperta temor, "pois o impulso de autoconservação eleva uma voz bem mais sonora do que o impulso de representação" (ibidem). Uma coisa é o temor em face da grandeza, de uma representação que conduz à ideia de infinitude, outra é o temor diante de algo que remete ao fundamento de todas as representações possíveis, ao fundamento da nossa existência no mundo dos sentidos. O objeto dinâmico ataca a nossa sensibilidade de modo mais violento que o matemático, pois por ele a distância entre sensibilidade (imaginação) e suprassensível (razão prática) é como que reduzida, visto que sentida de modo mais vivaz, o que só acentua a liberdade mental do sujeito, que se vê instado a reagir vigorosamente à ameaça, para assim tanto mais elevar-se. *A duplicidade de consciência que caracteriza o sublime kantiano é, portanto, alocada por Schiller na raiz da vida mesma, definindo-a,*[3] *o que é*

---

3 Percebe-se assim que a polaridade era um conceito quase onipresente nos principais pensadores da época, sendo identificável nas forças de atração e repulsão, bem como na duplicidade de consciência sublime de Kant, passando pela explicitação da polaridade em Goethe e Schelling, pelo sublime de Schiller, indo alcançar a discórdia da Vontade cósmica consigo mesma em Schopenhauer.

200

Infinitude subjetiva e estética

mais bem traduzido no sublime prático da atitude moral, pois nele a "força de vida" está por completo envolvida, e não só a força de apreensão. Assim, o sublime prático possui uma "grande vantagem" sobre o teórico, é mais rico em consequências para uma forma de consideração que procure conceber a vida no seu núcleo. Se por um lado a grandeza do objeto amplia a nossa esfera de consideração, por outro o poder prático da nossa força de resistência como seres racionais nos envia, por ocasião do objeto potente, à esfera do suprassensível, a uma destinação de tipo completamente diferente daquela que a violência da natureza poderia destruir. Pode-se dizer que aqui a imortalidade da alma é a ideia que fundamenta o sublime dinâmico schilleriano. É pelo substrato suprassensível da nossa mentalidade que experimentamos nossa indestrutível superioridade, comprovando uma independência em face do mundo, como se – e aqui o poeta pensa na tragédia – nos elevássemos por "sobre o destino, por sobre qualquer acaso, por sobre toda a necessidade natural", sentindo-nos sublimes (ibidem, p.11).

É bom lembrar que sublime, *Erhaben*, no antigo médio alemão, é particípio passado do verbo *erheben*, *elevar-se*. E é na esfera desse sentido que também se tem de pensar a teoria kant-schilleriana. O estado sublime significa uma *elevação* do lado racional do homem sobre a sua sensibilidade, a qual antes o diminui e iguala aos demais seres sensíveis, portanto torna-o finito diante da imensidão dos fenômenos naturais.

O temor diante dos objetos grandes e poderosos, de fato, jamais pode ser ameaçador, o objeto não pode em momento algum fazer-nos efetivamente violência. Distância é requerida. Precisamos estar em segurança, caso contrário finda a fruição estética. Contemplar da praia um navio que afunda não deixa, em certo sentido, de trazer consigo um sentimento prazeroso, mas para quem está lá dentro, obviamente, a coisa é diferente, embora num só lance tenhamos compadecimento pela desgraça alheia. Prazer e desprazer, exatamente o que define o sublime,

201

mesclam-se aqui. "Uma tempestade marítima que afundasse toda uma frota, vista da margem, tanto deleitaria a nossa fantasia de modo vigoroso quanto indignaria o nosso coração sensível ..." Mesmo o conflito interno de uma pessoa, a árdua luta entre inclinações opostas ou deveres, é uma fonte de deleite para a consideração, pois "nós acompanhamos com prazer sempre crescente os progressos de uma paixão até o abismo no qual ela atira a sua vítima infeliz" (Schiller, 1913-1924e, SW IX, p.98-9).

Em última instância, Schiller almeja provar que o prazer sublime não se circunscreve só a alguns tipos de objeto, mas na realidade radica na índole originária da existência, podendo assim ser extensível à arte que exprime a existência do modo mais fiel e intenso, a tragédia. A contemplação de um navio que afunda, estando o espectador na margem, não é, por consequência, mero sadismo de uma índole má, mas aponta para algo mais profundo: uma contradição essencial na constituição da natureza. Mesmo sentindo um estranho prazer na desgraça alheia, o espectador de coração sensível ao mesmo tempo sente profunda preocupação pela violência a que os náufragos (ou o herói) estão submetidos. A fonte do prazer trágico, por conseguinte, reside "no dispositivo originário da mente humana", com o que de modo algum se afirma que "os afetos desagradáveis oferecem por si mesmos prazer", mas sim se investigam as condições que levam a um tipo bem específico de gozo, que dificilmente uma pessoa honesta intelectualmente poderia negar. Ver uma cena dolorosa, quando nos encontramos em segurança, apesar da comoção dolorida, desperta ao mesmo tempo um estranho deleite, cuja fonte a teoria do sublime kantiana já indicara, ao destacar a nossa natureza dúplice, nós mesmos como objetos de prazer e desprazer num só lance, diante da sublimidade. Agora, no entanto, Schiller observa que o fundamentado desse deleite se enraíza na nossa índole vivente e permite-nos compreender em sua natureza os eventos e relatos da poesia trágica, esta excelente tradução do aspecto puramente moral da existência. Com isso, percebamos, o poeta passa da órbita do sublime natural, que marca o discurso crítico, para a arte, com o que, de modo revelador para as estéticas posteriores, o prazer nos acontecimentos trágicos é compreendido a partir do estado mental sublime que Kant usa para explicitar a sublimidade. Ao transplantar o sublime para a arte, Schiller radicaliza a importância do sublime dinâmico, do sublime prático ou da atitude moral, pois este desce mais intimamente na vida e revela a própria dicotomia da existência no espetáculo da natureza humana em geral.

Para solidificar a sua concepção, Schiller, tematizando novamente os impulsos humanos, invoca duas fontes básicas de prazer: o "impulso de felicidade" e o "cumprimento das leis morais". Ora, da "nossa natureza moral brota o prazer pelo qual nos encanta a comunicação de afetos dolorosos". Envolver-se com o sofrimento é aquilo que nos eleva ao prazer no desprazer, tanto em efetivos acontecimentos dolorosos como em relatos sobre eles. A própria poesia, como relato artístico, tem a sua fonte naquilo que o poeta define com uma palavra: *compaixão*. A arte que imita com maestria as ações que despertam o sentimento de compaixão é justamente a tragédia, "que se coloca como fim o prazer da compaixão" (ibidem, p.103). E, se o objeto sublime não pode ameaçar efetivamente o sujeito, senão finda a contemplação, do mesmo modo a narrativa do sofrimento feita pelo artista trágico não pode ser apresentada de modo cru, provocando uma sobreposição do desprazer ao prazer, senão ocorre repúdio e a própria compaixão é rejeitada. É preciso, pois, levar em conta a segurança moral em face da tragédia, para que esta não perca a sua intensidade estética. Com isso há equilíbrio entre prazer e desprazer na contemplação trágica.

Schiller, sempre tendo em mente a arte, ao prosseguir em *Vom Erhabeben* a sua subdivisão do sublime, esgota teoricamente a sua concepção, em relação ao fenômeno trágico, acrescentando aos sublimes matemático e dinâmico, ou teórico e prático, uma subdivisão interna ao prático: "sublime contemplativo" e "sublime patético". O primeiro se circunscreve a um objeto enquanto potência, causa do sofrimento, porém o sofrimento mesmo não é dado na intuição, ficando a cargo do sujeito criar uma representação dele mediante a transformação do objeto sensível em objeto de temor, referindo-o ao impulso moral, de onde provém o sentimento de sublimidade. É um tipo de sublime que se refere sobretudo à natureza exterior. Mas Schiller interessa-se na tragédia pela natureza moral do homem, e é no sublime patético que ele identifica o limite máximo da reflexão sobre o sublime, logo da compreensão do sentimento do suprassensível na tragédia. Patético vem do grego *pathos*, que significa sofrimento. "A representação de um sofrimento estrangeiro, ligada ao afeto e à consciência de nossa liberdade moral interior, é sublime patético" (1913-1924b, SW X, p.29). Sublime do sofrimento, da paixão, da com-paixão, todavia, sem se elevar até o grau em que há troca efetiva de posição com o sofredor, condição em que "não dominamos mais o afeto, mas ele nos domina". Se "a simpatia permanece em seus limites estéticos, então ela une duas condições capitais do sublime: representação sensível vivaz do sofrimento, ligada ao sentimento de nossa própria segurança" (ibidem, p.30). O sublime se torna patético sobretudo mediante a liberdade moral que expõe um pungente sofrimento a despertar a compaixão correspondente, acompanhada da reação contra ele. Num primeiro instante identifica-se algo patético que, depois, se transforma em sublimidade da resistência. Daí a conclusão schilleriana acerca dos dois pilares que sustentam a tragédia: 1) exposição da natureza que sofre; e 2) exposição da independência moral em face desse sofrimento (ibidem, p.32).

A arte trágica, numa palavra, mostra, a partir da perspectiva do criticismo – e esse era o objetivo final de Schiller –, que o herói não possui outra arma contra a adversidade senão as ideias da razão.

Consegue-se portanto a exposição da liberdade moral apenas mediante a exposição vivaz da natureza que sofre, e o herói trágico tem de primeiro legitimar-se como ser sensível, antes que nos afeiçoemos a ele como ser racional e acreditemos em sua força de espírito. (ibidem, p.33)

Se a finalidade moral, em contradição com outras, se sobrepõe, então é reconhecida vivamente. Só assim encontram-se provas da força moral em luta contra a força natural; de modo contraposto à moralidade, tudo o mais "perde o seu poder sobre o coração humano". Deve-se entender sob a força natural primariamente aquilo que "não está sob a suprema lei da razão", portanto "sensações, impulsos, afetos, paixões, bem como a necessidade física e o destino". Quanto mais temerário o adversário, tanto mais gloriosa a vitória. Apenas a resistência pode tornar visível a força ética do herói (1913-1924f, SW IX, p.88). A experiência da força ética vencedora é "tão elevada, tão essencialmente boa", que podemos chegar a tentar nos "reconciliar com o mau", ao qual temos de agradecer aquela vitória. O sacrifício da vida por si só, observa ainda Schiller, procurando unir estética e ética pelo fenômeno trágico, é contranatural, mas o sacrifício da vida em favor de uma finalidade moral é "final em alto grau, pois a vida nunca é importante para si mesma, nunca como fim, mas apenas como meio para a moralidade" (ibidem, p.90).

Schiller, entretanto, nuança esse moralismo na tragédia. Não é a virtude em si que é necessariamente trágica. Daí o fato de mesmo o "sofrimento do criminoso" não ser "menos deleitoso em termos trágicos do que o sofrimento do virtuoso ...". Aqui também atingimos "a representação de uma finalidade moral" (ibidem). No arrependimento, na consciência punitiva do crime, na autocondenação há também algo sublime. Tal estado nunca poderia ser sentido se no peito do criminoso, profundamente, "não crescesse um sentimento incorrupto de justiça e injustiça", fazendo exigências contra os interesses do amor-próprio. Provavelmente Schiller tem aqui em mente Sófocles e o seu Édipo, que se cega ao descobrir que praticou um ato incestuoso, que teve filhos com a mãe, Jocasta, que por sua vez, com a ajuda da consciência punitiva, suicida-se.

Em suma, *Schiller traz aos poucos, via moralidade, o sublime para a arte, para o belo*. No entanto, esse "kantiano poderoso", na expressão de H. Heine (s.d., II, p.52), ao querer permanecer fiel ao filósofo de Königsberg, obsta a si mesmo a indiferença total entre belo e sublime, alertando para a *inexponibilidade das ideias racionais* despertadas pela tragédia, mesmo que transfiguradas no *pathos* de seres sensíveis que exibem com clareza um sofrer profundo e veemente. Quer dizer, Schiller, apesar de todo o desvio do seu conceito de sublime patético rumo à identidade com o belo exposto, encenado na tragédia, *retorna para a exposição negativa do suprassensível*. A tragédia, apesar de visibilizar a sublimidade do herói, não visibiliza o sublime em sentido estrito, o suprassensível, o incondicionado.

Mas tal negatividade não diminui a presença, em sentimento, do suprassensível, de modo que o *Vom Erhabenen* admite uma "exposição indireta do suprassensível".

> Apenas as ideias, no sentido estrito do termo e positivamente, não são exponíveis, porque nada pode corresponder a elas na intuição. Mas elas, de modo negativo e indireto, são exponíveis caso na intuição seja dado algo pelo qual procuramos em vão as condições. Todo fenômeno cujo fundamento último não pode ser deduzido do mundo sensível é uma exposição indireta do suprassensível. (Schiller, 1913-1924b, SW X, p.40)

Nas *Zertreute Betrachtungen über verschiedene ästhetische Gegenstände*, também de 1793, encontramos a palavra-chave para a concepção do sublime artístico schilleriano. Se Kant exprimiu uma verdade na sua observação sobre a subrepção do sublime, então ela deverá ser igualmente válida para o sublime trágico. De fato, na tragédia não é o herói em si (nem as suas ações) que é sublime, mas a mentalidade que ele sinaliza, ou seja, o jogo entre sensibilidade acuada e razão triunfante. No que hoje seria considerado politicamente incorreto (até mesmo eurocentrismo), Schiller, para compreender, via simbolismo, o sublime, critica a "estúpida" (*stupide*) falta de receptividade do homem selvagem que mora no "regaço da natureza sublime" sem no entanto despertar do seu sono animal, sem desconfiar do "magnânimo espírito da natureza" que fala para a alma (1913--1924g, SW X, p.86). Esse homem não se dá conta do "símbolo do infinito". Eis aqui a palavra mágica para nos aproximarmos daquilo que, ao fim, o poeta quer dizer com a exposição indireta do suprassensível na arte: a tragédia é uma exposição simbólico--subreptícia da infinitude. Em *Über das Erhabene*, de 1802, esse caráter indireto expositivo é acentuado. A arte em geral é definida como "imitadora" da natureza, apresentando "plena liberdade", porque "separa o seu objeto de todos os limites casuais e deixa também a mente do contemplador livre, porque ela imita apenas a aparência, não a realidade". Aqui se dá o caso de o homem ser "servido melhor de segunda mão do que de primeira". Ele quer antes receber da arte uma matéria preparada e selecionada do que criá-la com esforço próprio a partir da fonte impura da natureza (1913-1924c, SW XVIII, p.18). Portanto a imitação da aparência, não da realidade, permite que pensemos o artista como aquele que tem acesso a uma outra realidade, diferente do que a que a efetividade lhe oferece. Por conseguinte, a arte não é a mera imitadora de um prosaísmo natural, mas antes o artista tem acesso a uma outra dimensão, já que não imita servilmente os produtos da sensibilidade, mas trabalha com aquilo que Kant chamou de "natureza no sujeito". É nesta, a nosso ver, que Schiller pensa quando diz que a arte imita a natureza. O artista imita a natureza em-si, presente nele mesmo. Trata-se do gênio expressando simbolicamente, em face de um objeto favorável, a sua disposição mental. Aquilo que se dá no sublime à contemplação é inegavelmente exposição, embora simbólica, do suprassensível, diferentemente do belo, que ainda nos prende à sensibilidade. O sublime é uma "saída do mundo sensível" (ibidem, p.9); e esse furtar-se da natureza às regras do entendimento, às quais ela se submete em todos os seus fenômenos isolados, "torna impossível explicar a *natureza mesma* por *leis naturais*: a mente é impelida irresistivelmente do mundo dos fenômenos para o mundo das ideias, do condicionado para o incondicionado" (ibidem, p.14-5). O sublime serve ao "puro demônio" em nós, enquanto o belo ao homem comum (ibidem, p.17).

Quer dizer, *o substrato suprassensível do sublime kantiano emigra para a arte*, e Schiller pode agora admitir aquilo que depois fascinará os românticos: uma *exposição imagética do suprassensível na arte*, embora, devido à sua fidelidade ao kantismo, ele, paradoxalmente, ainda não admita em sua teoria estética que a tragédia seja essencialmente bela, mas sublime. O poeta não uniu decisivamente belo e sublime porque ainda queria respeitar a transição entre ambos operada por Kant. Porém, a nosso ver, ao trazer o sublime para a representação da arte, estava já sendo infiel ao kantismo, dando assim a indicação para o idealismo estético de Schelling ensaiar, pela Ideia platônica, a união entre beleza e sublimidade, isto é, postular uma intuição estética do suprassensível, o que só em Schopenhauer será plenamente explicitado, coroando assim essa reviravolta estética a partir do interior da terceira crítica, iniciada por Schiller. "O objetivo final da arte é a exposição do suprassensível, e a arte trágica de modo especial o realiza, na medida em que nos torna sensível a independência das leis naturais no estado de afeto" (ibidem, p.32). Mas o poeta só abre o fronte para uma reviravolta que ele, devido à sua fidelidade a Kant, não quis conduzir até o fim, tarefa que ficará a cargo de Schelling e Schopenhauer.

Contudo, a exposição negativa do suprassensível da terceira crítica pode doravante ganhar positividade, visto que há imagens exibidas na arte trágica. O que impediu Schiller de uma maior ousadia foi também o fato de ele não trabalhar com os conceitos do círculo romântico de Jena, ou seja, os de intuição intelectual e Ideia platônica. A sua teoria estética concede uma positividade imagética, por assim dizer, míope ao sublime, pois as ideias de que fala são as racionais, as quais não cabem numa intuição adequada, são indemonstráveis. Por isso a estética schilleriana deverá ser entendida pelo foco do simbólico. O absoluto em e para si, que se reconhece a si mesmo, não é o objeto dela, o que lhe permite apenas uma apresentação indireta dele. Na arte trágica as Ideias platônicas não ganham o direito de cidadania a elas conferido pelos neoplatônicos.

Schelling: unidade entre belo e sublime

Schelling, no *System*, seguindo o caminho sinalizado por Schiller,[4] conclui a passagem do criticismo para o idealismo esté-

---

4 Quando Schelling se estabelece em Jena em outubro de 1798, para lecionar na Universidade local, Schiller já era ativo lá como professor de história, trabalhando desde 1789 (com algumas interrupções) até dezembro de 1799, quando se muda para Weimar. Assim, por cerca de um ano, Schiller e Schelling foram colegas universitários. Ao chegar a Jena, a primeira pessoa de vulto com quem Schelling se encontra é Schiller, o qual, numa carta a Goethe, informa que "Schelling retornou com bastante seriedade e prazer", tendo-o visitado "logo na primeira hora", mostrando--se "bastante caloroso" (cf. Fuhrmans, 1973, p.183). Schelling, por sua vez, deixa a seguinte impressão: "Vi Schiller e conversei bastante com ele. Por mais não pude. É surpreendente como este famoso escritor pode ser tão tímido em sua fala. Ele é tímido e olha para baixo. Como deve se portar um outro *ao lado* dele? Sua timidez torna aquele com quem fala mais tímido ainda. O mesmo homem que, quando escreve, é despótico com a linguagem, quando fala fica frequentemente embaraçado com a mais simples palavra e tem de procurar abrigo numa outra palavra francesa, caso a alemã lhe falte. Quando ele levanta os olhos, há algo de muito intenso, aniquilador em seu olhar, como eu nunca antes vi numa pessoa... para mim uma página de Schiller, o escritor, é preferível a uma hora de conversa com ele ... Schiller não pode dizer nada que não seja interessante, mas o que ele diz parece-lhe custar muito esforço. Tem-se medo de se o colocar numa tal situação. Não se é *contente* em sua companhia" (cit. em Fischer,

Jair Barboza

tico neoplatônico e positiva de vez o infinito, ao definir em 1800, na última parte do *Sistema de idealismo transcendental*, a arte como o escoadouro do absoluto, o acesso imediato e intuitivo à dimensão eterna e bela da verdade primeira das coisas. Se aquilo que a filosofia-da-natureza mostrava nos graus de desenvolvimento requeria, embora a partir da intuição intelectual, um pensamento do devir da natureza na sua completude efetiva, para assim se ter a apreensão da unidade cósmica, agora a filosofia da arte exibe como a unitotalidade da natureza é exposta no produto do gênio. Ora, para acolher a função cognitiva privilegiada da arte no interior de seu sistema, Schelling indiferencia concomitantemente belo e sublime. Ele anula assim a transição entre ambos efetuada pela terceira crítica e ainda respeitada por Schiller. Embora bastante breve, a sua subversão terá consequências decisivas para o idealismo posterior, em especial como ele repercute em Schopenhauer. Mas a brevidade de Schelling surpreende, caso pensemos que agora se trata de trazer a Ideia platônica para o lugar da ideia kantiana, ou seja, de eliminar por completo a impossibilidade intuitiva do infinito da *Crítica da faculdade de juízo* em sua recusa de encontrar elementos expositivos para os conceitos racionais. A recusa da passagem entre belo e sublime operada em Kant será tratada mais extensivamente por Schelling nas preleções de 1802-3 em Jena sobre a

---

1902, p.22). Daí talvez se compreenda por que Schelling, apesar do empenho de Schiller, prefira frequentar os Schlegel, com aquele preferindo antes jogar baralho, o que é motivo de queixa de Schiller a Goethe (cf. Fuhrmans, 1973, p.184). O filósofo se sentia demasiado respeitoso, temeroso em incomodar aquele olhar aniquilador. Mas as conversas e páginas do poeta deixarão marcas indeléveis no seu pensamento, o qual, sendo o de alguém que produz a partir do impulso de outras obras, se alimenta dessa amizade e direciona a filosofia-da-natureza para o idealismo estético de 1800 no *System*. Sobretudo é de serventia a transposição schilleriana do sublime dinâmico para o interior da arte, da qual se servirá Schelling para chegar à concepção de que a arte é a exposição do infinito no finito.

210

Filosofia da arte. Mas já no *System* (1856-1861o) o autor nota que a oposição entre belo e sublime se refere meramente ao objeto adjetivado como tal, não ao sujeito da intuição, na medida em que a diferença entre ambos os sentimentos se apoia apenas no fato de que, onde há beleza, "a contradição infinita é suprimida no objeto mesmo", enquanto onde há sublimidade a contradição "não é conciliada no objeto, mas é elevada até uma altura na qual ela se suprime involuntariamente na intuição", de forma que é "como se ela tivesse sido suprimida no objeto". A diferença apontada por Kant, e ainda acolhida na estética de Schiller, entre ambas as categorias não se sustenta: belo e sublime expressam e suprimem uma mesma contradição, a duplicidade originária da natureza. Se um objeto é dito sublime, esse juízo se origina do fato de que uma grandeza é apreendida "pela atividade sem-consciência e é impossível ser considerada na atividade consciente". O eu é posto num conflito consigo mesmo que só "pode findar numa intuição estética", a colocar ambas as atividades em "inesperada harmonia". Essa intuição não está primariamente só no artista, mas também no espectador, e é "inteiramente involuntária", ativando as forças da mente para resolver a contradição que ameaça a existência. Assim, Schelling não deixa de seguir Kant quando este aponta que no sublime a mente se sente em movimento, enquanto no belo está em calma contemplação. Mas só esse aspecto do kantismo é conservado, já que o *System* traz numa passagem oracular uma asserção de extremo impacto para o idealismo: "... não há oposição verdadeira, objetiva entre beleza e sublimidade; o belo verdadeiro e absoluto é também sempre sublime, o sublime (se este for verdadeiro) é também belo" (Schelling, 1856-1861o, SW III, p.621).

Porém, depois de ter dessa maneira tão vigorosa e contundentemente erguido o tema a um sentido em que é destruída a passagem construída por Kant entre˙ belo e sublime, Schelling abandona o tema. Sob este aspecto, o da brevidade, é que temos de compreender, penso, o porquê de as suas preleções de Jena expandirem o comentário sobre o assunto, curiosamente sob a influência de um Schiller fiel a Kant. Mas o importante para Schelling é a transposição schilleriana do sublime para a arte, com o que de certo modo indica como o sublime pode ser igualado ao belo. Cabe agora operacionalizar filosoficamente, com o auxílio da intuição intelectual, a indiferença entre ambos. Algumas das citações schellinguinas de Schiller atestam a sua procura por um sublime indiferenciado do belo. O filósofo procura conferir uma envergadura maior ao tratamento da teoria modicamente apresentada no *System*. O § 66 da *Filosofia da arte* traz a sentença: *"O sublime em sua absolutidade compreende o belo, assim como o belo em sua absolutidade compreende o sublime"* (1856--1861i, SW V, p.468).

Há uma repetição da tese anunciada no *System*, mas agora as Ideias platônicas são admitidas explicitamente como o "estofo universal da arte", conclusão a que a filosofia-da-natureza e o *System* não chegaram. Isso implica *um acolhimento das Ideias platônicas não apenas no belo, mas no sublime*, de maneira que se postula uma "intuição do sublime", em vez de uma sua exposição negativa ou indireta do suprassensível. Impregnado dessa visibilidade, o sublime conserva porém as tradicionais modalidades matemática e dinâmica.

Ora, ao introduzir as imagens arquetípicas em seu discurso estético, Schelling operacionaliza o que Schiller se impedira. Não só o belo, mas também o sublime ocasiona uma intuição do infinito. A Ideia platônica se oferece à contemplação seja em objetos grandiosos, elevados, além de toda medida, inabarcáveis para a faculdade de conhecimento, seja em objetos imensamente potentes que nos reduzem a um nada. Exemplos da primeira espécie são as montanhas ou rochedos cujo cume o olhar finito não alcança, o oceano contornado apenas pelo céu, a esfera celeste etc. Mas Schelling ainda está montando a sua teoria em pleno calor das aulas e parece não perceber que já havia se separado dos mestres. É assim que, mesmo após admitir a intuição estética do sublime, tenta, segundo o seu ecletismo típico, ser novamente kant-schilleriano, ao afirmar que as grandezas não são infinitas consideradas nelas mesmas, mas enquanto reflexo: "Na grandeza enquanto tal não se encontra nada de infinito, e sim apenas nela como reflexo da infinitude *verdadeira*". Trata-se de uma espécie de subrepção, como indicou o criticismo. Mas a Ideia já fora instaurada na sublimidade. Logo, admitir em seguida uma subrepção sublime significa voltar atrás e destituir a Ideia de sua positividade. Com isso a Ideia se torna novamente kantiana, com o que a orientação (neo)platônica da estética de Schelling é comprometida e a arte perde a função de exposição direta do absoluto, do infinito no finito como o requer o *System*.

Para evitar a ameaça de perder de seu horizonte essa positividade, Schelling, curiosamente, recorre mais uma vez a Schiller. Ele é levado a tomar o "infinito meramente sensível" como símbolo do infinito. O "sublime é neste ponto uma subjugação do finito, que *mente* infinitude mediante a infinitude verdadeira" (ibidem, p.462). A intuição autêntica da infinitude se dá, pois, onde há símbolo, que, em sua finitude, faz as vezes da infinitude. Limitado à mera intuição empírica da grandeza ou do poder ameaçador, o espectador antes se desvia dela com medo ou horror. É no fingimento (na mentira) do símbolo que a grandeza relativa devém um "espelho" da grandeza absoluta, da infinitude em si. Essa derrota da grandeza sensível é acompanhada tanto mais imediatamente da sensação da presença das "Ideias sobre o que há de *supremo* que a natureza pode oferecer ou expor" (ibidem, p.463).

Mas usar Schiller nesses moldes não significa mais uma vez fazer concessão à negatividade do criticismo, em prejuízo da tradição neoplatônica, logo mais uma vez anular a positividade da Ideia do suprassensível? Fazer uso do expediente do símbolo como acesso ao incondicionado choca-se com o intento de Schelling de manter a positividade da intuição estética da Ideia. Na verdade, o filósofo tem de lidar com a vazão de um forte desejo que domina os seus planos filosóficos, ou seja, a sedimentação do terreno conceitual para a mitologia, anunciada nas linhas de encerramento da última parte do *Sistema de idealismo transcendental*. Isso equivale a dizer que a Ideia platônica tem de se conciliar com o símbolo mítico. A estética será povoada por deuses mitológicos,[5] sem que a consideração artística deixe de ser ideacional, contemplação da Ideia, intuição do infinito *em e para si*. Neste sentido, se se leva em conta o deus mitológico Júpiter, ele é uma infinitude, ausência de limites que se torna forma bela, embora conserve toda outra ilimitação, como não ser "nem jovem, nem velho". Apolo possui em sua beleza mais limitação que Júpiter e é *"belamente*-jovem". Apesar de nesses exemplos haver algum tipo de limitação, as figuras *simbolizam* o absoluto ilimitado. Símbolo, porém, entendido como aquele em que "nem o universal significa o particular, nem o particular significa o universal, mas ambos são absolutamente uma coisa só" (ibidem, p.407). A arte, para Schelling, como exposição do universal absoluto no particular e relativo, é possível de modo pleno simbolicamente. Daí a exemplaridade de Homero, em cuja poesia, embora haja lugar nela para a alegoria – que é aquela exposição na qual "o particular significa o universal ou o universal é intuído através do particular" –, esse universal alegórico, no entanto, exibe uma mera possibilidade. O essencial da ficção homérica se encontra na absoluta indiferença entre alegoria e esquema – este definido como aquele no qual "o universal significa o particular ou o particular é intuído através do universal". O simbólico é na verdade uma síntese de alegoria e esquema (ibi-

---

5 E de tal modo que aos poucos a própria filosofia da mitologia vem para o primeiro plano e a filosofa da arte desaparece do pensamento schellinguiano.

214

dem).[6] Os mitos de Homero eram poeticamente simbólicos desde o princípio, e quando a alegoria domina a mitologia é porque esta já estava concluída. Na mitologia, na qual o universal é o particular, e vice-versa, cada figura é para ser tomada nela mesma como o que ela é, justamente aí residindo o seu significado, com o que Schelling, conciliando mito e Ideia, isto é, intentando impedir que o símbolo neutralize a Ideia, acredita encontrar uma solução final para o dilema de seu pensamento entre simbólico e ideacional ao igualar os conceitos de *sentido* e *ser*, isto é, *sentido* e *objeto*. "O sentido é aqui, de um só lance, o ser mesmo, transformado no objeto, com ele uno" (ibidem, p.411). Em outros termos: na figura mítica a realidade e a idealidade são uma única e mesma coisa. A filosofia da identidade pode pensar o mito como, num só lance, real; e a Ideia, por sua vez, enquanto espécie da natureza, como mítica. A mitologia não se ocupa com um "ser sem-sentido", mas com aquilo que a língua alemã, segundo o filósofo, maravilhosamente expressa com o seu equivalente para símbolo, ou seja, *Sinnbild*, imagem-sentido. O *símbolo mítico* é concreto como uma imagem, *Bild*, e, num só lance, possui o seu pleno sentido, *Sinn*, *Sinn-bild* (ibidem, p.412). Com isso, colateralmente, as preleções se mantêm na linha diretriz do *System*, ou mesmo do

---

6 Torres Filho comenta: "Esquema, alegoria, símbolo: três *formas* da *exhibitio*, três operações da imaginação (que, como mostrou Kant, é o órgão que ocupa o 'meio' entre a intuição e o conceito), 'só que exclusivamente a terceira é a forma absoluta'. Mas é preciso observar logo que, em primeiro lugar, essa primazia do símbolo não é apresentada como doutrina, mas como tarefa ou *problema*, cuja solução é justamente a mitologia. Em segundo lugar, não se trata de uma simples tomada de posição *contra* a alegoria: trata-se de dispor essas três formas no arcabouço da triplicidade e compreender a especificidade de cada uma delas a partir dessa sintaxe global" (Torres Filho, 1987, p.133). Essa triplicidade, vimos, já se apresentara nas sínteses da dialética orgânica da natureza e agora – para complementar a leitura de Torres Filho – é realocada no nascedouro da mitologia schellinguiana.

Jair Barboza

Mais antigo programa sistemático do idealismo alemão, a rezar que "temos de ter uma nova mitologia, essa mitologia, entretanto, tem de estar a serviço das Ideias, ela tem de tornar-se uma mitologia da razão".[7] Mito e Ideia, portanto, coexistem, com o primeiro normalmente a serviço da segunda na estética. Assim, grandes autores como Goethe e Shakespeare, quando criam suas obras, instituem a partir das Ideias novos mitos. Pelo mito, o sentido é encarnado na exposição artística; ela é símbolo: imagem-símbolo. Esse esteticismo simbólico da razão remete ao da intuição intelectual anunciado no encerramento do *System*, que invoca o retorno da ciência para o "oceano universal da poesia", da qual havia saído junto com a filosofia.

Em suma, se o sublime é simbolizado, na acepção de *Sinnbild*, desaparece a subrepção, a negatividade na qual ele parecia de novo dissolver-se – "apenas na *arte* o objeto mesmo é sublime" (ibidem, p.468). A arte, por ser exposição de Ideias, permite uma sublimidade, por assim dizer, objetal. A imagem dada à fruição, apesar de exposta no limite das formas, significa o não formal na forma suprema: o infinito. Mas isso não implica a negação do simbólico na natureza. A diferença é que nesta há um fenômeno dito sublime que conduz à infinitude, com o que inexiste a imediatez expositiva ideacional, isto é, a *forma* produzida e exposta na arte pela faculdade genial. Um expediente de ajuda some, como no caso do caos, "intuição fundamental do sublime", pois apreendemos uma massa demasiado grande para a intuição sensível, uma "soma das forças cegas que é demasiado violenta para a nossa potência física", mas mesmo assim somos remetidos a uma "intuição como caos", "símbolo do infinito" (ibidem, p.465). Em última instância, é o próprio absoluto que está na raiz da intuição como caos, pois a "essência íntima do absoluto" é o "caos originário mesmo". Aqui há identidade

---

7 O assim chamado "Älteste Systemprogramm" (em Frank & Kurz, 1975, p.112).

Infinitude subjetiva e estética

total de forma e de ausência-de-forma: "o caos no absoluto não é *apenas* negação da forma, mas ausência-de-forma na forma suprema e absoluta, bem como, ao contrário, forma suprema e absoluta na ausência-de-forma" (ibidem). Por conseguinte, o símbolo permite a intuição ideacional sublime do absoluto tanto na natureza como na arte, com imediatez nesta última, porque nela o objeto belo-sublime é exposto de imediato na sua absoluta beleza originária.

Logo, apesar de próximo de Schiller e Kant pela teoria do símbolo, isto é, a subrepção em face da infinitude, Schelling, observando a igualação de imagem e sentido que a língua alemã permite para o termo símbolo, acredita ser coerente com o neoplatonismo de sua estética. E, para não deixar dúvidas quanto à síntese entre belo e sublime, diz o autor: "entre sublimidade e beleza não há nenhuma oposição qualitativa mas apenas quantitativa".[8] Tal assunção deve ser lida à luz da teoria das potências polares, ou seja, tendo-se em mente o grau maior ou menor de subjetividade ou objetividade que caracteriza a identidade ab-

---

8 Daí Dieter Jähnig observar: "Se procurarmos, tanto no sistema transcendental como nas preleções sobre filosofia da arte, por uma explicação mais detalhada do conceito de *intuição estética*, a descobriremos, em ambos os casos, internamente à explicitação do sublime e em ambos os casos apenas nela". Aquilo que Schelling diz do sublime "não concerne *também* só à beleza, pois o sublime não é só um caso limite da beleza, mas, na concepção de Schelling da arte, o sublime antes constitui o núcleo da beleza" (Jähnig, 1969, II, p.226). O sublime, além disso, é particularmente significativo para a própria compreensão do belo, pois, por definição, ele é pura contradição, resolvida na intuição. Contradição que é a marca registrada na filosofia da natureza, cristalizada no conceito de polaridade e que passa para a filosofia da arte como beleza, a unir (resolver a contradição entre) consciente e inconsciente na obra de arte. Por princípio, portanto, o sublime e o belo são aquilo que é contraditório, feio é o que não exibe contradição. Daí a tragédia ser o amálgama apropriado entre o belo e o sublime, pois ela mostra com grande tensão e exemplaridade a luta do herói contra as adversidades da sorte, o caráter horrível da vida, mas mesmo assim traz harmonia espiritual, possibilita a catarse da contemplação.

soluta ao manifestar-se no mundo. Com isso, pode-se afirmar algo, a mais, ou a menos, no que se refere à beleza sublime. Pode--se dizer "Juno = beleza sublime" ou "Minerva = sublimidade bela" (ibidem, p.469). Com este jogo de palavras, elucida-se com as expressões "beleza sublime" e "sublimidade bela" o amálgama entre os dois conceitos. Ao se pensar num, tem-se de pensar imediatamente no outro. Talvez esse seja um dos motivos para o tema do sublime sumir rapidamente, depois, da filosofia da arte. Schelling pensava que o amálgama fora bem-feito, e não precisaria mais retornar à sua confecção.[9] Todavia, os seus leitores só tinham acesso ao *System*, pois as preleções de filosofia da arte não foram publicadas em vida. E na primeira obra não se encontra a explanação da teoria, muito menos a tese repetida, a partir de Schiller, de um sublime da atitude moral, a que se pode assistir no destino do herói.

Também para Schelling, na *Filosofia da arte*, a infelicidade que ocasiona a queda ou o aniquilamento do herói é um elemento tão necessário no "sublime-ético" quanto o conflito das forças naturais e a potência da natureza o é no sublime físico. "Apenas na infelicidade a virtude é posta à prova: apenas no perigo a valentia é posta à prova" (ibidem, p.467). O indivíduo corajoso, na

---

9 O amálgama feito por Schelling entre o belo e o sublime e a brevidade da exposição levaram alguns autores a suspeitar de que o sublime seria sem importância para a filosofia da arte schellinguiana. R. Homann (1972), no verbete *Erhaben, das Erhabene* do *Historisches Wörterbuch der Philosophie*, dirá: "Sua [do sublime] dimensão decisiva em Kant, a da intermediação do 'substrato suprassensível' pelo sentimento do sujeito em face da insuficiência do conhecimento teórico e da ausência de utilidade prática imediata, sumiu do horizonte. Numa estética ampliada da filosofia fundamental, como a de Schelling, o sublime parece sem função". Schelling mesmo dá azo a esse tipo de reflexão, porque considera que o amálgama foi suficientemente bem-feito, de modo que não precisa mais repetir a operação; o produto dela passa a valer por si mesmo, de modo que onde se lesse "belo" em sua filosofia da arte dever-se-ia ler de um só lance "sublime", e vice-versa.

luta contra a infelicidade, se por um lado não a vence fisicamente, por outro não sucumbe moralmente, pois ele é "símbolo do infinito", daquilo que se situa "sobre todo sofrimento". Na tradição aristotélica da arte definida como catarse do terror e da piedade, Schelling diz que o sublime, portanto o belo, sobretudo na tragédia, "purifica a alma, na medida em que livra do mero sofrimento". Do mesmo modo que o homem corajoso, no instante em que todas as forças da natureza e da sorte postam-se, inimigas, contra ele, mesmo sofrendo se eleva à mais suprema liberação, a um "prazer supraterreno" que vence todos os limites do sofrimento, assim também a visão da natureza que destrói, ou do destino severo, desperta medo, mas conduz o espectador à límpida "intuição absoluta que se compara ao sol que surge por entre as nuvens negras" (ibidem, p.464).

Portanto, na tragédia há intuição, visão do sublime, ou seja, da Ideia bela, filha de Deus, o que sedimenta o terreno para a indiferenciação entre belo e sublime pelo aspecto ético. Seguindo Schiller, Schelling afirma que o sublime trágico baseia-se em duas condições: que a pessoa moral "sucumba às forças naturais" (ao destino) e ao mesmo tempo as "vença pela atitude moral". É essencial que o herói vença apenas mediante aquilo que não é efeito natural ou sorte. O herói é eticamente belo-sublime. A sua pessoa "representa por isso o em-si, o infinito e absoluto", ao enfrentar com vigor moral o destino que vem de encontro a ele (ibidem, p.456).[10]

---

10 Observe-se aqui que a categoria de sublime kantiana vive hoje uma tentativa de reabilitação, depois de ter sido por muito tempo esquecida pelas estéticas modernas. Lyotard procura compreender a pós-modernidade mediante o sublime. O pós-moderno, para ele, está contido no moderno, que, por sua vez, remete antes ao sublime. "Penso em particular que é na estética do sublime que a arte moderna (incluindo a literatura) encontra o seu ímpeto e a lógica da *avant-garde* encontra os seus axiomas" (Lyotard, 1993, p.77). Uma pintura moderna expõe, como no sublime, algo negativamente, porém evita (*avoid*) a representação. Ela nos permite prazer ape-

nas por um desprazer. É o caso da literatura de Proust e Joyce, que "aludem a algo que não permite a si mesmo fazer-se presente". Essa é talvez a característica indispensável de uma obra que pertença à estética sublime. Joyce permite que o inexponível se torne perceptível em sua escritura mesma, no significante; a estética moderna "é uma estética do sublime". E o que é pós-moderno?: "é sem dúvida uma parte do moderno ... Uma obra de arte só poderá devir moderna se antes for pós-moderna. Pós--modernismo é entendido portanto não como modernismo em seu fim mas no estado nascente, e este estado é constante". É o sublime em sua alusão ao inexponível que quer expor-se. O elemento pós-moderno no moderno é aquilo que "avança (forward) o inexponível para a exposição mesma; que nega a si mesmo o consolo das boas formas, o consenso de gosto que tornaria possível partilhar coletivamente a nostalgia do inatingível, que procura por novas exposições, não com o fito de fruí-las mas para conferir um vigoroso senso de inexponibilidade; um artista pós-moderno ou escritor está na condição do filósofo: o texto que ele escreve, a obra que ele produz não são, em princípio, governados por regras preestabelecidas e não podem ser julgados de acordo com um juízo determinado pela aplicação de determinadas categorias ao texto ou à obra; tais regras e categorias são o que a obra mesma está procurando ... essa obra e esse texto têm a característica de um *evento*". As regras chegam tarde, a obra as antecede. Pós-moderno seria para entender-se de acordo com o paradoxo do futuro (*post*) anterior (*modo*) (ibidem, p.79-81). Weischedel também vê na modernidade a presença do sublime, enquanto privilégio do meramente negativo, ou seja, como experiência do nada, com a consequente perda de um dos momentos constitutivos da sublimidade, a elevação do sujeito para o absoluto, o que se cristaliza no niilismo que Nietzsche diagnosticou. Permanece então "apenas a experiência do caos", com o que estamos no meio da disposição fundamental do homem do presente, cujos sinais são a "angústia, a dúvida no sentido da existência, a experiência do nada". Arte e linguagem dos nossos dias dão o testemunho. "Pode-se por conseguinte sob um certo aspecto dizer: o niilismo, tal como ele domina o nosso sentimento presente da existência, origina-se da liberação do momento negativo a partir da plena essência do sublime." Mas essa negatividade é apenas um lado do sublime. De modo que a sua reabilitação passa pelo reconhecimento da outra parte, que a modernidade esqueceu, pelo seu momento positivo. "Talvez o nada, como o sublime, também tenha uma face dupla: a do assustador e declinante, e outra na qual se esboçam os sinais de uma nova origem" (Weischedel, 1967, p.109-10). Talvez haja algo no nada que aponte na direção em que o sublime se mantenha. Mas, tanto Lyotard como Weischedel procuram pensar o fragmentário da expressão estética contemporânea, a sua ausência de regras ou niilismo, pela categoria de sublime, o que implica alçá-la ao estado de conceito regulador do pensamento estético contemporâneo.

Infinitude subjetiva e estética

Mas, de fato, tanto o desenvolvimento do parentesco entre estética e ética como a unificação entre belo e sublime entraram em ocaso nos textos publicados por Schelling. Na *Filosofia da arte* a exposição é breve. Para trazer o tema em nova e brilhante luz, foi preciso Schopenhauer, que consuma a viragem ético-estética dos pós-kantianos por meio de sua recepção de Schelling. Ele encontrará um lugar de destaque no interior do seu sistema para a visibilização da Analítica do Sublime, portanto para o ético-trágico schilleriano, ainda rudimentar no sistema transcendental de Schelling. Mais, em Schopenhauer se dá o alçamento da atitude ética no estado estético à condição de visibilidade do suprassensível, acarretando a neutralização dos graus de objetivação do em-si, em sua série de fenômenos, pelo conhecimento, ou seja, a existência nela mesma é colocada em questão pela negação da Vontade.

6
Belo-sublime
Recepção e assimilação de
Schelling em Schopenhauer: a arte

Gênio e consciência melhor

Ao elaborar a sua "metafísica do belo" no terceiro livro de *O mundo como vontade e como representação*, é mais uma vez dos sistemas de Platão e Kant que Schopenhauer reconhece ser tributário. Para os "dois maiores filósofos do Ocidente" busca uma harmonização dos seus dois "grandes e obscuros paradoxos", ou seja, a coisa-em-si e a Ideia, o que enuncia textualmente em 1814 em Dresden com os seguintes termos:

> A doutrina de *Platão* de que, não as coisas manifestas aos sentidos, mas apenas as *Ideias*, as formas eternas *são realmente* não passa de outra expressão da doutrina de *Kant* de que o *tempo* e o *espaço* não dizem respeito à *coisa-em-si*, mas são meramente a forma de minha intuição (pois pluralidade e mudança se dão apenas mediante tempo e espaço) (Schopenhauer, 1966-1975a, HN I, p.131)

Em Schopenhauer há uma íntima ligação entre a metafísica da natureza e a metafísica do belo, que tem como centro gravitacional expositivo a arte. Embora essa ligação seja antecipada por Schelling, o fundador da *Naturphilosophie* não é mencionado na obra magna do filósofo de Frankfurt. O leitor, então, é conduzido ao universo da beleza exclusivamente com a ajuda dos conceitos-chave de Platão e Kant, como se a ponte schiller--schellinguiana não existisse.

Apesar de não haver identidade entre coisa-em-si kantiana e Ideia platônica, para Schopenhauer elas são aparentadas. Cada uma é o melhor comentário da outra na medida em que se assemelham a "dois caminhos completamente diversos que conduzem a um mesmo fim" (1988a, § 31, p.235). A leitura de Kant leva à conclusão de que tempo, espaço e causalidade não são determinações da coisa-em-si, mas pertencem exclusivamente ao seu fenômeno. A pluralidade, o nascer e o perecer são possíveis somente em tais formas do conhecimento individual e não possuem validade para o em-si. Na medida em que o nosso conhecimento é determinado por elas, limita-se aos fenômenos, é a chamada "consciência temporal" do mundo, inextensível à essência dos objetos. Por tal consciência experimentamos o transitório na existência, como fenômenos destinados "ao sucumbir, à morte e ao aniquilamento", de modo que "pelo tempo em que permanecemos no ponto de vista da consciência empírica não podemos obter consolo algum, tão pouco quanto conservar um floco de neve num recanto aquecido ou conseguir trazer para a realidade um belo sonho" (idem, 1966-1975a, HN I, p.79). Já Platão, segundo Schopenhauer, elabora uma concepção semelhante da consciência finita, pois para o autor grego as coisas do mundo apreendidas pelos sentidos não possuem nenhum ser verdadeiro, sempre vêm-a-ser e nunca são. O seu ser é constituído de múltiplas relações alteráveis, de modo que se pode chamar a sua existência de não existência. Nessas condições, jamais se tornam objetos de um conhecimento profundo, como

Infinitude subjetiva e estética

o das coisas que são em e para si, inalteradamente. Ora, enquanto nos limitamos a esse tipo comum de percepção, somos, conforme a famosa alegoria enunciada na *República*, como prisioneiros de uma caverna que não podem girar a cabeça para a luz de um fogo que arde atrás deles, vendo só sombras na parede à sua frente de coisas verdadeiras situadas entre eles e o fogo.

Numa tradução para a linguagem conceitual, as coisas verdadeiras que são sempre, sem nascer nem perecer, autênticos arquétipos, significam justamente as Ideias eternas, formas primordiais unívocas de tudo o que aparece. Já os objetos do mundo são suas sombras, às quais cabe a pluralidade, que marca o devir incessante no tempo. Por conseguinte, diz Schopenhauer, se as Ideias não nascem nem perecem, segue-se que "tempo, espaço e causalidade não têm nenhuma significação nem validade" para elas (1988a, § 31, p.236). Assim, é "manifesto e não precisa de nenhuma demonstração extra" que Platão e Kant "explicam o mundo visível como um fenômeno que em si é nulo e apenas mediante aquilo que neles se expressa (para um a coisa-em-si, para outro a Ideia) adquire significação e realidade emprestada ..." (ibidem). Há, portanto, uma "notável e significativa concordância" entre os dois grandes filósofos.[1]

---

1 Kant não foi tão longe quanto Schopenhauer, e o mundo dos fenômenos possui sim realidade, apenas o em-si não é acessível à experiência, mas só enquanto *númeno*, objeto de pensamento. "Se digo: no espaço e no tempo tanto a intuição dos objetos externos como a intuição que a mente tem de si representam ambas o seu objeto como ele afeta os nossos sentidos, ou seja, como ele *aparece*, com isso não quero dizer que esses objetos sejam mera *aparência*. Pois no fenômeno, a todo momento, os objetos, e mesmo as características que lhes atribuímos, são vistos como efetivamente dados; só que, na medida em que essa característica depende do modo de intuição do sujeito na relação do objeto dado a ele, esse objeto mesmo, *como fenômeno* (*Gegenstand als Erscheinung*), é diferenciado dele mesmo como objeto *em si* (*Objekt an sich*). Assim, não digo que os corpos meramente *parecem* estar exteriores a mim, ou a minha alma *parece* ser dada apenas em minha autoconsciência ... Seria minha própria culpa, se daquilo que devesse contar como fenômeno, convertesse em mera apa-

Jair Barboza

Usando a linguagem de Kant, Schopenhauer ainda acrescenta que a concepção ordinária das coisas, orientada pelas formas do princípio de razão, é imanente. Por outro lado, a concepção que busca e indica os elementos constitutivos de sua possibilidade na consciência leva à concepção transcendental. Esta é fornecida *in abstracto* pela *Crítica da razão pura*, mas "excepcionalmente" também pode se dar "intuitivamente". Schopenhauer, ao intentar explicitar a sua validade, faz um "acréscimo", via Platão, à filosofia kantiana. Na verdade estamos diante da tarefa orientadora de todo o terceiro livro de *O mundo*..., vale dizer, encontraremos nele a justificativa de uma estética que tem por objetivo mostrar a possibilidade da intuição transcendental do conteúdo permanente das coisas. Neste sentido, o transcendental adquirirá, veremos, um conteúdo; algo impossível em Kant, cuja coisa-em-si é um mero "x" desconhecido, inacessível ao conhecimento, ou seja, um conceito limite para as aspirações ontológicas da metafísica.

Todavia, Schopenhauer modula o seu pensamento, e afirmará que a Ideia e a coisa-em-si não são absolutamente idênticas. Antes, "a Ideia nos é apenas a objetidade imediata e portanto adequada da coisa-em-si, que ela mesma é a Vontade, na medida em que ainda não se objetivou, não se tornou representação" (ibidem, § 32, p.239). Livre de todas as formas do conhecimento, o em-si se diferencia das Ideias porque estas, embora representações independentes do princípio de razão, ainda conservam a forma geral da representação, o "ser-objeto para um sujeito". Mas a função delas é metafisicamente mais satisfatória (no sentido de trazer satisfação) que a das representações submetidas ao princípio de razão, pois efetuam a intermediação

---

rência" (cf. 1990a, B, p.69-70). Schopenhauer, no entanto, precisa desvalorizar o mundo fenomênico, transformá-lo em sombra, para assim justificar uma viragem dessa irrealidade no acontecimento ético da negação da Vontade, o verdadeiro em-si do mundo (tema a ser retomado mais adiante).

entre a Vontade e a efetividade. Elas são a primeira manifestação do em-si na eternidade, ao passo que a efetividade é a sua segunda manifestação no tempo. Em todo caso, coisa-em-si e Ideias são algo primário do qual a fenomenalidade é a manifestação secundária.

Mas já nesse procedimento teórico, o de atribuir um papel nuclear à Ideia no conhecimento estético, na verdade em ligação com a metafísica da natureza, podemos mais uma vez identificar a recepção e a assimilação de Schelling em Schopenhauer. Porque este, como o seu antecessor, interpreta as Ideias platônicas no sentido de espécies dos reinos naturais, e, seguindo-o, divisa nelas uma visibilidade diamantina pela consciência melhor, que nos eleva do "duro solo" da consciência empírica para a contemplação das imagens originárias do mundo. Quer dizer, cada Ideia intuída esteticamente como ato originário da Vontade é sua "objetidade", no entanto "imediata e por conseguinte adequada"; já as coisas individuais são a sua objetivação inadequada. A afinidade teórica entre Schelling e Schopenhauer torna-se ainda mais explícita se evocamos o alerta do Anselmo de *Bruno*, a saber, de que o corpo, a nos fincar à finitude, portanto ao tempo, impede o conhecimento luminoso dos protótipos ideacionais eternos. Por ele estamos presos à caverna escura da imperfeição e da transitoriedade dos seres particulares. O corpo turva a cristalinidade do conhecimento. Ora, essa passagem chamou a atenção de Schopenhauer. Ele a grifa no seu exemplar da obra (Apêndice 8) e depois a retoma em *O mundo como vontade e como representação*. Em concordância com Schelling, faz o complemento de que, caso não tivéssemos o corpo, isto é, um objeto entre outros objetos que nos enraíza no mundo pela consciência empírica, estaríamos num *nunc stans* contínuo, alheio aos acontecimentos, à mudança, à pluralidade. Teríamos acesso direto à série dos graus de objetivação do querer. Com *Bruno*, para Schopenhauer o tempo "é meramente a intelecção dispersa e fragmentada que o ser individual possui das Ideias, que estão fora do tempo e portanto são eternas ..." (ibidem, p.241). Todavia, é possível o anulamento da distância entre nós e a eternidade, com os seus tipos eternos, mediante a consciência melhor. Há um estado de exceção, diferente do cotidiano e individual, o chamado "estado estético", no qual os arquétipos eternos são contemplados cristalinamente. Trata-se aqui de uma mudança ou "supressão da individualidade". Ocorre uma elevação do conhecimento temporal para o ideacional. Subitamente é-se liberado das relações de conhecer a serviço da vontade e seus interesses; "o sujeito cessa de ser meramente individual" e se torna o "puro sujeito do conhecimento destituído de Vontade", que não segue mais a orientação horizontal da racionalidade investigadora da experiência, mas, liberto do tempo, atinge de maneira calma e desinteressada a verticalidade da contemplação do objeto. Neste momento somem da consciência os motivos que excitam os desejos, os incômodos da existência associados ao querer, portanto à necessidade, ao sofrimento. Ademais, "contra cada desejo satisfeito existem pelo menos dez que não o são". Agora, porém, em vez do estado existencial, instaura-se, por curto instante, o estado de encanto do eterno em nós, "como que entramos num outro mundo" (idem, 1985b, p.94), no qual some tudo o que movimenta o querer. O conhecimento torna-se livre. Felicidade ou infelicidade não possuem nenhum sentido. Nenhuma excitação. Somos o *"único* olho cósmico" que mira a partir de cada sujeito que conhece, mas que só no homem devém totalmente liberto dos interesses e desejos.

Enquanto esse estado divino perdura, é negada a diferença concernente às particularidades. As coisas são vistas *sub specie aeterni*, isto é, do ponto de vista da eternidade, em outros termos da contemplação estética. É "indiferente a qual indivíduo pertence o olho que intui (a consciência pura que conhece), se a um rei poderoso ou a um mendigo atormentado: é indiferente se se contempla o pôr do sol de um cárcere ou de um palácio". Quer dizer, alcança-se um domínio em que nem bem-estar nem tormento importam. Trata-se do puro conhecimento objetivo por meio da plena liberdade e tranquilidade espiritual: um "desfazer-se na intuição", um "esquecer-se de toda individualidade" (ibidem, p.92-5). Não mais se considera o onde (*Wo*), o quando (*Wann*), o por que (*Warum*) e o para que (*Wozu*) das coisas, mas exclusivamente o seu quê (*Was*). Toda a potência espiritual é empregada na intuição da Ideia, quê se apresenta de um só lance na consciência junto com o puro sujeito do conhecer.

... se, conforme uma significativa expressão alemã, a gente se *perde* (*verliert*) por completo nesse objeto, isto é, esquece o próprio indivíduo, o próprio querer e permanece apenas como claro espelho do objeto – então é como se apenas o objeto ali existisse, sem alguém que o percebe, e não se pode mais separar quem intui da intuição mas ambos se tornaram unos, na medida em que toda a consciência é integralmente preenchida e assaltada por uma única imagem intuitiva. Quando, por assim dizer, o objeto é separado de toda relação com algo exterior a ele, e o sujeito de sua relação com a Vontade, o que é conhecido não é mais a coisa isolada enquanto tal, mas a *Ideia*, a forma eterna, a objetidade imediata da Vontade neste grau. Justamente por aí, ao mesmo tempo, aquele que concebe na intuição não é mais indivíduo, visto que o indivíduo se perdeu nessa intuição, e sim o atemporal *puro sujeito do conhecimento* destituído de Vontade e sofrimento. (idem, 1988a, § 34, p.244-5)

Em suma: de um lado há a consciência empírico-temporal, ligada à vontade e ao corpo com seus desejos e interesses afirmativos da existência fenomenal, de outro a consciência melhor ou puro sujeito do conhecer supraindividual, que nega a vontade e os seus motivos. Quando da contemplação da Ideia, sai-se do tempo e se vai para a eternidade. Sujeito e objeto são retirados do seu isolamento e alçados à imagem arquetípica de um ato originário imemorial do querer, do qual se origina uma correlação entre o puro sujeito do conhecimento e a Ideia ou, para usar a linguagem de Schelling, é-se alçado à unitotalidade sujeito-objeto, à sua identidade absoluta pré-temporal ou indiferença. De fato, se remontamos a Schelling, percebemos que é exatamente essa separação de duas dimensões cognitivas – uma platônico-estética da unitotalidade do absoluto, outra empírica e temporal das coisas particulares enquanto sua pluralização e diferença quantitativa – o que foi exposto na oitava carta filosófica sobre o dogmatismo e o criticismo, bem como no *System* e em *Bruno*. A partir daí é distinguida de um lado a consideração eterna dos arquétipos, de outro a consideração da efetividade enquanto um agregado. Em outros termos, há a unidade eterna e pura, e outra temporal imperfeita que se origina por adição e é uma tarefa infinita do conhecer. Em última instância há uma polaridade na consideração entre a pura eternidade absoluta e a temporalidade das coisas, já mencionada numa passagem do capítulo 1 e que agora retomamos para efetuar uma análise linguística que mostra o impacto dessa teoria em Schopenhauer.

Em todos nós reside um poder misterioso, maravilhoso de recolhermo-nos da mudança do tempo para o nosso mais íntimo, de tudo o que vem do exterior para o nosso eu desnudado e, assim, sob a forma da imutabilidade intuirmos o eterno em nós. Essa intuição é a experiência mais íntima e pessoal da qual depende tudo o que sabemos e acreditamos de um mundo suprassensível. Tal intuição é a primeira que nos convence de que algo *é* em sentido próprio, enquanto todo o resto apenas *aparece*, e ao qual *transmitimos* aquele verbo. Ela se diferencia de qualquer intuição sensível na medida em que é engendrada apenas por *liberdade*, sendo estranha e desconhecida para aqueles cuja liberdade, violentada pelo poder impositivo dos objetos, não é suficiente para o engendramento da consciência. ...
Essa intuição intelectual aparece quando cessamos de ser *objeto* para nós mesmos; quando quem intui, recolhido em si mesmo, é idêntico com o que é intuído [*in sich selbst zurückgezogen, das anschauende Selbst mit dem angeschauten identisch ist*]. Nesse instante da intuição desaparecem tempo e duração, *nós* não estamos no tempo, mas o tempo – ou antes, não ele, mas a pura eternida-

de absoluta está *em nós*. Nós não estamos na intuição do mundo objetivo, mas ele se perdeu [*ist verloren*] em nossa intuição. (Schelling, 1856-1861k, SN I, p.319)

Schopenhauer, é certo, não admitia de bom grado que o seu nome fosse vinculado ao "professor universitário" e "sofista" Schelling. Porém, aqui, de fato, trata-se de uma recepção do conceito de intuição intelectual tal como é anunciado pelo seu adversário, o qual, por sua vez, engendra uma reinterpretação do sentido do termo fichtiano, alargado para a natureza e depois indicativo da função estética do conhecimento do substrato suprassensível da natureza, cuja significação plena é estabelecida no *System* e no *Bruno*. Na citação acima é digno de nota que as palavras empregadas por ambos os filósofos sejam as mesmas. A chamada "maneira de falar" dos alemães a que se refere Schopenhauer encontra-se, na verdade, na oitava carta filosófica. Schelling, assim, aparece na época da gênese do sistema schopenhaueriano como uma ponte teórica entre Kant e a tradição estética neoplatônica, ou seja, a oitava carta é um elo entre a Ideia platônica e a coisa-em-si. A intuição intelectual atinge o substrato da natureza. Ela se torna intuição da eternidade, em seguida exposta na arte, constituindo um modo de conhecimento oposto ao empírico e que revela a índole da alma cósmica. No caso de Schopenhauer, a intuição intelectual tornada consciência melhor indica a Vontade cósmica em seus arquétipos primordiais. A análise da construção schopenhaueriana revela a afinidade linguística e de sentido entre ambos os períodos citados. Ela mostra o momento em que o próprio sentido estético da doutrina das Ideias em sua metafísica é estabelecido numa referência ao criador da filosofia-da-natureza. Assim, para a identidade schopenhaueriana entre sujeito e objeto quando da intuição da Ideia, isto é, ao "não se poder mais separar quem intui da intuição", mas "ambos se tornaram unos" (*Eines geworden sind*), encontra-se uma correspondência em Schelling no "quem intui, recolhido em si mesmo, é *idêntico* com o que é intuído" (*in*

Jair Barboza

sich selbst zurückgezogen, das anschauende Selbst mit dem angeschauten identisch ist) (grifos meus): Ademais, para o sujeito que se "perde" na intuição do objeto de Schopenhauer, encontra-se a correspondência schellinguiana do mundo que se "perdeu" em nossa intuição. É certo, enquanto para Schelling – ainda sob o influxo do idealismo de Fichte – o ponto de fuga dessa dissolução do particular na identidade sujeito-objeto principia no objeto e termina no sujeito, para o autor de *O mundo*... ela principia no sujeito e tem por ponto de fuga o objeto, logo uma natureza externa independente; no entanto, ambos se encontram novamente no resultado desse processo, pois quando Schopenhauer diz que pela consciência melhor sujeito e objeto se separam de toda relação, sendo exteriores ao tempo, isso na verdade remete ao fato de que, no instante da intuição intelectual, o tempo inexiste e a eternidade absoluta está em nós; para os dois autores, portanto, importa antes de tudo a unitotalidade eterna a que remete esse momento de dissolução do particular no universal.

Assim, a conclusão a que se chega é que a intuição intelectual, esse "poder misterioso, maravilhoso" pelo qual vivenciamos a eternidade, foi em seus traços marcantes, de experiência estética do absoluto, recebida e assimilada por Schopenhauer, isto é, foi lida primeiro no sentido de consciência melhor, depois como puro sujeito do conhecer correlato da Ideia. Com isso, para conceber no terceiro livro de *O mundo*... o estatuto cognitivo de sua metafísica do belo enquanto acesso intuitivo-transcendental à natureza, Schopenhauer precisa reler a coisa-em-si kantiana como cognoscível em imagens belas, e, para isso, faz-se mister seguir o caminho de revalorização do modo de conhecimento estético, cuja tradição na verdade remonta a Cícero e Plotino repercutidos em Schelling.

Que Schopenhauer tenha se servido dos resultados dessa operação é revelado por seu exemplar anotado das *Cartas filosóficas sobre o dogmatismo e o criticismo* que se encontra em sua biblioteca. Na obra, Schopenhauer, após ler o citado período schellinguiano, faz um longo grifo marginal e comenta: "pp. 165 e 166 se encontra grande e inquestionável verdade" (*p.165-6 steht große lautre Wahrheit*) (Apêndice 9: a, c; cf. também Schopenhauer, 1966-1975b, HN II, p.309). Com isso, a "eternidade em nós", a identidade entre intuição e o que é intuído de Schelling reaparece em *O mundo*... como o puro sujeito do conhecimento e sua intuição límpida da Ideia, que entram "de um só golpe" na consciência. Desta são expulsos não só as imagens das coisas isoladas, mas também o indivíduo e a sua vontade. Reforça-se a afinidade com o Platão de *Bruno*, pois conhecemos no estado estético não as coisas particulares, que estão sempre em algum lugar, em um dado momento, e submetidas à cadeia de causa e efeito, mas as Ideias delas, isentas dessas condições, habitantes de outra dimensão, a da luz originária.

Isso nos leva à conclusão de que há na obra principal de Schopenhauer um Platão estetizado que passa pela *Naturphilosophie* e as concepções místico-transcendentais sobre o belo que caracterizam a estética schellinguiana. As lentes de Schopenhauer focalizadas no Platão artístico (coisa que o filósofo grego definitivamente não era: ele expulsa os poetas de sua utópica república) são, assim, como que polidas por Schelling.

Belo artístico e belo natural

Assim, ao seguir semelhante caminho, Schopenhauer expressa-se contra a avaliação depreciativa de Platão acerca do poder cognitivo das artes. Denuncia o "grande e reconhecido erro" deste "grande homem", a sua "depreciação da arte, em especial a poesia". Almejando a correção desse erro, Schopenhauer pergunta: qual modo de conhecimento considera

unicamente o essencial propriamente dito do mundo, alheio e independente de toda relação, o conteúdo verdadeiro dos fenô-

Jair Barboza

menos, não submetido a mudança alguma e, por conseguinte, conhecido com igual verdade por todo o tempo, numa palavra, as IDEIAS...?

E responde: "É a *arte*, a obra do gênio" (1988a, § 36, p.251).

Os objetos do gênio são as Ideias, apreendidas na medida em que ele "abandona o modo de conhecimento orientado pelo princípio de razão, pois justamente este princípio é aquele que espraia o essencial de todas as coisas, a *Ideia*, em indivíduos incontáveis no tempo e no espaço" (idem, 1985b, p.75).

Primariamente, portanto, a arte pode ser definida como *o modo de consideração das coisas independente do princípio de razão*, em oposição ao que o segue, caminho da experiência e da ciência. A arte, como *exposição de Ideias*, significa a visibilidade perfeita da objetidade adequada da Vontade. A faculdade genial intui e reproduz do modo mais perfeito possível essa beleza exemplar, aquele primeiro átimo de aparecimento da forma objetal da espécie. Ela expõe esteticamente a verdade dos objetos, os quais na efetividade são imperfeitos. Como Anselmo havia mostrado no diálogo *Bruno*, a arte une o belo com o verdadeiro. E, se consultarmos novamente o exemplar desta obra pertencente à biblioteca de Schopenhauer, notaremos o grifo na página 21, justamente na passagem em que Anselmo se exprime sobre a inteira razão de Alexandre no seguinte julgamento: "uma obra de arte é bela apenas por meio de sua verdade, pois não acredito que por verdade entendas algo ruim ou inferior às imagens intelectuais arquetípicas das coisas" (Apêndice 10, p.21). Em seguida, quando Anselmo retoma o tema da beleza e da verdade pela Ideia, no âmbito daqueles que estão destinados a produzir belas obras, fornece novamente oportunidade para Schopenhauer efetuar um grifo no que tange à unidade de ambos os conceitos (Apêndice 11, p.29). Exatamente tais passagens testemunham a intensa ocupação de Schopenhauer com conceitos das obras schellinguianas que depois serão absorvidos e retrabalhados em seu pensamento como pedras de toque da sua metafísica do belo, para a construção da oposição entre o modo de conhecimento estético, da consciência melhor, e o modo de conhecimento comum, da consciência empírica.

Tais incentivos a Schopenhauer ainda são reforçados pelo caráter de destino do gênio indicado no *System*, a sua supra--humanidade a dar acesso ao interior do mundo. Isto se realça quando Schopenhauer considera o agir do gênio como que ditado por uma "inspiração": o gênio é uma espécie de "ser supra--humano", um "claro olho cósmico", espelho límpido das coisas que se opõe aos "produtos de fábrica" da natureza, aos homens ordinários que nascem todos os dias aos milhares e procuram com o princípio de razão apenas o interesse dos objetos para a vontade individual, enquanto o gênio neles procura a sua verdade, sem reflexão sobre a sua utilidade. Uma macieira para o gênio é a oportunidade para a contemplação de uma variante do mundo vegetal, enquanto para o homem comum é a árvore que dá frutos para se colher e comer. Um animal exótico é contemplado a distância pelo indivíduo supra-humano como uma espécie *sui generis* digna de consideração desinteressada, enquanto para o indivíduo ordinário é motivo para diversão ou para algum tipo de atividade, razão por que pode rapidamente procurar a aproximação dele para provocá-lo, tentando saber as suas reações. Numa palavra, o intelecto genial apresenta um excesso de conhecimento sobre a vontade e suas relações e é comparável ao "sol" que revela o mundo, enquanto o intelecto do homem comum é a "lanterna" que ilumina o seu caminho (Schopenhauer, 1988a, § 36, p.255). O conhecimento do gênio deriva essencialmente da intuição da beleza, das Ideias, enquanto o dos produtos de fábrica da natureza deriva basicamente do princípio de razão, isto é, das coisas encobertas pelo véu de Maia da existência. No entanto, a princípio, a *capacidade genial* pode ser encontrada "em graus mais baixos e diversos" em todas as pessoas. Do contrário, ter-se-ia de se lhes negar a possibilidade de fruição estética, por conseguinte a ausência de qualquer receptividade para o belo, o que é manifestamente um absurdo (ibidem, § 37, p.263). De outra perspectiva, o gênio, em sentido estrito, é raridade, um possuído pelo demônio inspirador, que faz uso de uma fantasia possante e bem dirigida na ampliação do seu círculo de visão, para, do particular dado na natureza, instituir uma obra universal. Portanto, numa definição negativa, o conhecimento genial é aquele que não segue o princípio de razão. Numa definição positiva, o conhecimento genial é aquele que, por fantasia, reproduz esteticamente a intuição eterna do conteúdo ideacional das coisas do mundo. De acordo com a matéria dessa reprodução, têm-se as artes plásticas, a poesia ou, acima delas, como linguagem direta e imediata da coisa-em-si, a música.

Assim, enquanto as ciências seguem a torrente infinda de fundamento e consequência do princípio de razão, sem se deter num ponto final, sempre impelidas a um novo, de forma que a sua consideração não satisfaz o investigador metafísico, a arte, ao contrário, em toda parte encontra o seu fim, arranca o objeto de sua consideração da torrente fugidia dos fenômenos, na qual ele é apenas "uma parte ínfima prestes a desaparecer", isola-o, e o transforma num "representante do todo" (ibidem, § 36, p.252).

E. v. Hartmann, que suspeitava do influxo de pensamentos de Schelling sobre Schopenhauer, desconfia que, em meio às afinidades entre os dois filósofos, é "difícil acreditar" que Schopenhauer "não tenha conhecido o diálogo *Bruno*, tão lido e citado" na época. Afirma que as concepções básicas de Schopenhauer sobre a Ideia "concordam" com as de Schelling, e pensa que Schopenhauer se apossou da leitura platônica efetuada por Schelling (Hartmann, 1886, III, p.45). Neste sentido, segundo o comentador, a beleza natural é "imperfeita" porque cada organismo só expõe seu fim imanente ou Ideia por "desconto (*Abzug*) de sua força, usada para a dominação de resistências materiais". Já a beleza artística "pode justamente ser mais perfeita que a natural ... porque ela pode expor o fim imanente, puro, isto é, com omissão (*Auslassung*) das casualidades perturbadoras da realidade natural" (ibidem, p.46). Quer dizer, ele vê a chamada assimilação por dominação schopenhauerina (cf. o nosso cap. 3) e as suas casualidades perturbadoras, da perspectiva da luta dos seres pela matéria na efetividade, que turva a pureza da beleza natural.

Porém, temos de dizer, embora E. v. Hartmann a princípio pense com justeza que Schelling influenciou Schopenhauer, essa influência, no entanto, a meu ver, segue naquilo que é decisivo um outro caminho. De fato, a referida luta pela matéria e as casualidades perturbadoras dela advinda se circunscrevem à segunda manifestação da Vontade no mundo fenomênico, e não se desenvolvem na primeira manifestação na eternidade, que nela mesma é um *nunc stans*. Em outros termos, dizer que em Schopenhauer a beleza artística é mais perfeita que a natural, no intuito de privilegiar a sua concepção da arte, logo de subsumi-la sob este aspecto à de Schelling, faz passar despercebido aquilo que é nevrálgico na metafísica do belo schopenhaueriana, vale dizer, a capacidade da consciência melhor ou puro sujeito do conhecimento de negar a Vontade, elevando-se à pura consideração do objeto; o que significa, em última instância, que a estética de *O mundo... é primariamente uma estética do belo, inclui a bela-natureza, e não da arte*. Nas suas considerações, Schopenhauer é bastante claro ao afirmar que a arte é apenas um "meio de facilitação" para o conhecimento das Ideias, pois à natureza se mesclam muitas vezes interesses individuais, os quais acarretam interferências para a fruição do belo. Mas ambas, beleza natural e beleza artística, equivalem-se em termos de momentos da consciência melhor que dão igual acesso à verdade do belo.

Sem dúvida, a obra principal do filósofo de Frankfurt apresenta uma hierarquia das artes, da arquitetura à música, que pode conduzir ao equívoco de E. v. Hartmann. Em cada uma das formas de arte a Vontade se expõe em graus menores ou maiores, do inorgânico ao orgânico superior (o que confere uma posição a cada forma artística na pirâmide estética). Assim, a arquitetura, por expor as Ideias básicas das qualidades da matéria, como a gravidade, a coesão, a rigidez, a reação contra a luz etc., ocupa a base da pirâmide. Ela torna intuível a "luta entre gravidade e rigidez". Em seguida posicionam-se as artes que expõem as Ideias vegetais, como a bela arte da jardinagem e a pintura de paisagens. Depois, a pintura e a escultura de animais. Por fim, a Ideia em que a Vontade atinge o seu grau supremo, a de humanidade, é o tema da pintura histórica, bem como da escultura e da poesia. Quer dizer, a posição estética da obra de arte depende da Ideia que ela expõe à contemplação. A exceção cabe à música, que se coloca acima de todas as formas artísticas como "linguagem universal" da coisa-em-si, cuja clareza "ultrapassa a do mundo intuitivo". Por ela não se tem mais a exposição das Ideias, como nas outras artes, mas a linguagem imediata da Vontade. Ela é o núcleo metafísico do mundo físico. Poderia até não haver mundo, mas haveria música, razão por que se pode chamar o mundo de "música corporificada". Assim, explica-se por que ela é mais poderosa e penetrante que qualquer outra arte na fruição que proporciona. Ela é a "linguagem do sentimento" e da paixão, da emoção pura, e desperta em cada um de nós algo mais original, ligando-nos intimamente ao em si do cosmo (Schopenhauer, 1988a, § 52, p.341-3, 346-7). Assim, toda profunda audição musical se constitui num exercício inconsciente de metafísica. Nietzsche, embora retirando a conotação metafísica schopenhaueriana, ecoará depois essa importância nuclear da arte dos tons, ao dizer: "sem música a vida seria um erro" (Nietzsche, 1969, § 33).

Mas Schopenhauer se encarrega, nos suplementos à sua obra principal, de corrigir nela a exposição lacunosa acerca do belo natural e escreve as *Observações esporádicas sobre a beleza natural*. Trata-se neste texto ao mesmo tempo da demarcação de um território estrangeiro para Schelling. O autor da *Naturphilosophie* nem mesmo fundamenta sistematicamente o tema da beleza natural em seu pensamento, cabendo a glória estética em seus escritos à arte. Schopenhauer, ao contrário, mostra-se no mencionado suplemento comovido com a revelação metafísica de uma "bela paisagem", que em toda parte nos torna alegres e exibe a "verdade e consequência" da natureza. Tudo nela se oferece aos olhos de maneira "consequente, autêntica, bem conectada e escrupulosamente correta".

Qualquer modificação que um objeto sofra, a menor que seja – posição, redução, ocultamento, distância, iluminação, perspectiva linear –, é apresentada de modo compatível com a consideração do espectador, através de seu efeito sobre a retina, sendo computada com precisão no conjunto geral daquilo que é contemplado, sem interferência para o estado estético, tudo sem cálculo algum, espontaneamente. Aqui não há "nenhum subterfúgio". Schopenhauer, no espírito da estética kantiana, fala mesmo de uma "vantagem (Vorzug) da visão da bela natureza", devido ao harmônico e plenamente satisfatório de sua impressão direta. "Um belo panorama é por conseguinte uma catarse para o espírito, como a música, segundo Aristóteles, o é para a mente ..." A consideração de uma montanha, como se sua forma fosse eterna, em contraste com a existência efêmera do indivíduo, é de fato uma experiência estética marcante. Há aqui vestígios empíricos da eternidade no tempo: as linhas pétreas que permanecem em meio às rápidas transformações do ambiente. Por fim, Schopenhauer conclui exclamativamente toda esta sua consideração: "Como a natureza é estética!"

Para o autor, portanto, é inegável que o adjetivo "estético" deve ser aplicado tanto à arte quanto à natureza, sem precedência de nenhuma delas. O destaque dado à arte em sua obra principal deve ter contribuído para a argumentação de E. v. Hartmann. Mas em momento algum Schopenhauer assume que uma das formas de beleza, natural ou artística, possui a primazia, ou que a beleza natural seja imperfeita. Um comentário nessa direção faz sentido sim em relação a Schelling e, seguindo os seus passos, a Hegel, que deixa explícito no começo das suas *Preleções de estética* que a ciência do belo é sinônimo de *"filosofia da arte"*,

Jair Barboza

mais precisamente *"filosofia da bela arte"*, excluindo assim o belo natural da ciência do belo. Hegel diz que na vida cotidiana se está acostumado a ouvir falar de *bela cor, belo céu, belas flores, belos* seres humanos, no entanto "o belo artístico é *mais elevado* do que o belo natural", pois aquele é

> a beleza *nascida e renascida do espírito* e, assim como o espírito e suas produções se situam mais elevados do que a natureza e seus fenômenos, assim também a beleza artística se situa mais elevada do que a beleza da natureza. Qualquer coisa *formalmente (formell)* considerada, até mesmo uma ocorrência reles na cabeça de um homem, é *superior* a qualquer produto natural, pois em tais ocorrências a espiritualidade está sempre presente. (Hegel, 1970, XIII, p.74)

O Sol aparece sempre na sua necessidade, ao passo que uma ocorrência reles aparece como casual e passageiramente desaparece; aqui há índice de espontaneidade. Mas em si mesma a existência do Sol é indiferente, não é em si mesma livre e auto-consciente, e, se o consideramos na sua conexão necessária com outras coisas, então o consideramos não para si, portanto como belo. Essa prioridade do belo artístico, pela qual Hegel torna paroxística uma tendência presente em Schelling, abre um desvio de suas estéticas em relação à schopenhaueriana.[2]

---

2   Em Adorno podemos descobrir a recuperação da posição schopenhaueriana na sua de defesa do belo natural. Adorno constata que desde Schelling, "cuja estética se chama filosofia da arte, o interesse estético centrou-se sobre a obra de arte"; o belo natural, que alinhavava a terceira crítica kantiana, quase não é mais tema da consideração filosófica. Contra isso é preciso recuperar o belo natural para a estética. Embora a teoria estética adorniana seja marcada por elementos histórico-sociais, isso não o impede de pressupor um belo que antecede ao belo natural isolado e da arte, ou seja, schopenhauerianamente falando, um belo "em si". Isso impede um discurso sobre o mérito maior seja do belo artístico, seja do natural. Adorno emite um juízo que, retrospectivamente, se harmoniza com a metafísica do belo de Schopenhauer: "Contra o filósofo da identidade, Hegel, é a beleza natural densa em verdade, embora vele-se no momento mais próximo (*nächste Nähe*). Também a arte aprendeu (*abgelernt hat*) algo do belo natural" (Adorno, 1970, VII, p.97, 113-5).

A recepção do conceito de belo de Schelling em Schopenhauer, portanto, baseia-se não no privilégio conferido à arte na estética, *mas na função metafísica do belo enquanto objetidade ideacional da intuição intelectual da eternidade, exponível e acessível à fruição na arte e na natureza.* Deste ângulo, com esse deslocamento interpretativo, a sua assimilação de Schelling não pode ser vista pelo viés do popularizador, sob o risco de se empobrecer a sua originalidade, mas antes pelo seu mencionado conceito de *Selbstdenker.* Não há herança passiva de Schelling. A assimilação schopenhaueriana da intuição intelectual é ainda acompanhada da crítica ao fato de ela ser reservada a poucos, isto é, objeto de um círculo aristocrático de iniciados, e ter por condição "cultura intelectual (isto é, cultura do entendimento)". De fato, ao ler a passagem das *Abhandlungen* na qual Schelling afirma que o espírito, na medida em que abstrai todo objetivo, "nesta ação possui ao mesmo tempo a *intuição* de seu *si-mesmo* chamada *intelectual*", em que "a autoconsciência *se origina*", ou seja, o espírito "é precisamente essa pura autoconsciência", Schopenhauer observa que o sucesso de tal intuição – que na verdade traz consigo a instauração da autoconsciência absoluta – depende de sempre se "conservá-la presente e isso só pode ser feito por conceitos" (Schopenhauer, 1966-1975b, HN II, p.311, 326). Schopenhauer descarta que a intuição intelectual seja exclusividade do filósofo ou do gênio como figuras de elevada formação.

Porém, temos também de dizer, para Schelling, quando a intuição intelectual se torna exposição estética, há pelo menos a sua *acessibilidade* ao espectador. Mas, antes de tudo, as linhas schopenhauerianas procuram acentuar que a consciência melhor, embora em afinidade com a intuição intelectual, se deve "em grande parte ao acaso". Ela é extratemporal, livre da interferência da reflexão, a princípio pode oferecer-se a qualquer um, o que em Schelling jamais é assumido sistematicamenmte, isto é, a intuição genial, quando *criação artística,* é justamente a in-

Jair Barboza

telectual que se tornou estética, logo se circunscreve na origem a um reduzido número de pessoas capazes de chegar à altura da consciência absoluta.

Contudo, se atentarmos novamente à oitava carta sobre o dogmatismo e o criticismo, constataremos que, na passagem grifada e elogiada por Schopenhauer (antes mencionada), e talvez exatamente por isso, não há ainda aristocracia e arbítrio estéticos. O poder misterioro da intuição da eternidade reside "em todos nós". Contudo, Schelling é o filósofo das "convicções esquecidas",[3] e num desses momentos de esquecimento Schopenhauer detecta o errôneo elitismo e a artificialidade do adversário e o nega "completamente", vendo aí nele antes a participação da vontade individual, acompanhada de cálculo do entendimento, na pura contemplação (ibidem, p.311-2).

O belo-sublime

Depois de adaptar o papel platônico do belo schellinguiano no interior de seu pensamento, Schopenhauer pode agora retomar a sua confrontação com Kant e afirmar que, nas páginas da terceira crítica dedicadas ao belo, apesar da engenharia conceitual e da proximidade do *númeno*, não vê uma constribuição muito substancial ao estudo do tema. A ressalva feita é que elas renderam à consideração da beleza um serviço duradouro ao indicar um caminho subjetivo de investigação diferente das considerações teóricas de até então, presas ao ponto de vista empírico, procurando determinar quais características do objeto chamado

---

3 A expressão é de Tilliette. Mas isso não anula o fato de muitos dos temas schellinguianos ressurgirem na sua filosofia posterior, sendo explorados em novas perspectivas, guardando contato com momentos precedentes e até mesmo retomando-os.

242

belo o diferenciavam dos outros da mesma classe. Nesse caminho, esforçavam-se por separar a beleza inautêntica da autêntica, por descobrir os traços certos desta última, os quais passavam a valer como regras, a serem seguidas, do que agradaria ou não; tratava-se de determinar objetivamente as condições *existentes no objeto* favoráveis à satisfação estética. Se elas fossem conhecidas suficientemente, estariam descobertas as causas e os efeitos precisos do belo e, assim, haveria uma ciência dele. Esse norte teria sido seguido por Aristóteles, Burke, Winkelmann, Lessing, Herder, entre outros. Na realidade, segundo Schopenhauer, essa constelação de autores privilegia o exame do belo a partir da perspectiva da psicologia empírica e não atinge a universalidade da filosofia kantiana, que, ao contrário, examina de modo sério e profundo o "estímulo mesmo" em virtude do qual se declara algo belo (1988a, Anhang, p.670). Indicam-se no interior da mente, não no exterior, os elementos e as condições da fruição estética. Trata-se de uma revolução copernicana também na estética. Não o objeto, mas o sujeito é o centro convergente do estado estético. Mas Schopenhauer é cético em relação ao método crítico de Kant, que, para ser preciso, é o de "toda a sua filosofia", ou seja, "o partir do conhecimento abstrato para a fundação do intuitivo". Nesse sentido, ele não teria partido do "belo mesmo, do belo intuitivo e imediato", mas de um juízo formulado sobre ele, compreendido sob a "muito odiosa expressão juízo-de-gosto". Aqui, sem dúvida, houve estímulo para Nietzsche e sua crítica à estética de espectador kantiana. Ele segue a indicação de Schopenhauer que sublinha a estranheza de Kant em face do belo, fascinado antes pelo juízo acerca dele. É em relação a este, segundo Schopenhauer, que reside o problema kantiano, não no belo mesmo. Particularmente instigante para o criticismo é a circunstância de que o juízo estético "é manifestamente o enunciado de uma ocorrência no sujeito, no entanto válido tão universalmente como se concernisse a uma propriedade do objeto" (ibidem, p.671). Mas com isso Kant não privilegiou a visão da coisa, e sim a reflexão sobre ela, justamente as condições subjetivas universais que conduziriam a um conhecimento em geral.

Ele parte, sempre, apenas da declaração de um outro, do juízo sobre o belo, não do belo mesmo. É como se o conhecesse apenas e tão somente de ouvir dizer, não imediatamente. Parecido a um cego que, altamente perspicaz, poderia, do que ouviu dizer das cores, compor uma doutrina das mesmas. (ibidem, p.671)

Aqui a crítica é até mais aguda que a nietzschiana. Kant teria partido de um "ouvir dizer" de outrem, nem sequer era o espectador ou o sujeito do juízo estético de beleza. O filósofo de Königsberg provavelmente "nunca teve a oportunidade de ver uma obra de arte significativa" e nem mesmo tomou conhecimento de seu contemporâneo, e já o Júpiter tonante da poesia alemã, Goethe (ibidem, p.669). Certo, segundo essas mesmas páginas, nem tudo é para ser descartado e a Analítica do Belo indicou o caminho da investigação. Porém, o autor alerta que ela o obstruiu em muitos pontos, não alcançando o fim pretendido de elucidar o sentido da beleza. O célebre jogo entre imaginação e entendimento seria um tributo prestado ao abstracionismo, à simetria arquitetônica das faculdades de conhecimento já previamente estabelecida e à qual deveria se encaixar a estética, a todo custo.

Ora, apesar da crítica cáustica, é preciso retomarmos Nietzsche e com ele concordar, dizendo que o pós-kantiano Schopenhauer de fato "fez uso da concepção kantiana do problema estético – embora certamente não o contemplasse com olhos kantianos" (Nietzsche, 1983, p.114). As suas lentes schellinguianas não o impedem de constatar a negação da Vontade na intuição da Ideia mediante o conceito crítico de desinteresse. Quando Kant diz que belo é aquilo que agrada "sem nenhum interesse", o autor de *O mundo...* lê esta passagem como equivalente da negação da

Vontade de vida, isto é, interesse e motivo são conceitos inter-cambiáveis: "Onde um *motivo* movimenta a Vontade, lá ela possui um *interesse*: onde, entretanto, nenhum motivo a movimenta, ela pode decerto tão pouco agir quanto uma pedra sair do lugar sem uma impulsão ou um empuxo" (1988a, Anhang, p.672). Assim, se a Vontade se nega no estado estético, isso implica ao mesmo tempo a ausência de motivos que a determinem. Ela não mais se submete ao princípio de razão e o conhecimento se torna o seu "quietivo", isto é, há desinteresse do espectador pela existência das coisas fruídas, ele se perde por inteiro na contemplação da Ideia. Schopenhauer, portanto, usa Kant, em que pese a estética deste ser igualada a uma teoria das cores de um cego, escrita por ouvir dizer.

Ademais, o próprio anseio em atingir o substrato suprassen-sível da humanidade e da natureza como *númeno* dos fenôme-nos, anunciada na Analítica do Belo pelo conceito de gênio, faz com que Kant chegue perto da visibilização do suprassensível, compondo dessa maneira o prelúdio daquilo que marcará a investigação da Analítica do Sublime e o seu estímulo para as estéticas de Schelling e Schopenhauer, vale dizer, a possibilida-de de cognição do absoluto ou da Vontade cósmica. Indo nessa direção, no que se refere à Analítica do Sublime encontramos um Schopenhauer bastante elogioso e animado.

> De longe o que há de mais primoroso na *Crítica da faculdade de juízo* é a teoria do sublime. Ela é incomparavelmente melhor que a do belo e não fornece apenas, como esta, o método geral da in-vestigação, mas também um trecho do caminho correto, de modo que, se não dá a solução apropriada do problema, dela bastante se aproxima. (ibidem, p.672)

Nos seus cadernos de estudo o elogio chega ao entusias-mo: "Como é verdadeiro e belo o que ele diz do sublime! Ape-

Jair Barboza

nas alguma coisa na sua língua e a fatal razão [*die fatale Vernunft*] é para se deixar de lado" (idem, 1966-1975b, HN II, p.289).[4] Ora, em seu projeto de expor de modo puro a infinitude subjetiva de Schelling e Kant, Schopenhauer extrairá no período da gênese de seu sistema as consequências que traz consigo a operação de instalação do sublime na arte efetuada por Schelling, ao seguir Schiller. O primeiro, ao detectar a insuficiência da leitura kantiana da Ideia de Platão, porém com a ajuda do próprio momento de avanço da terceira crítica rumo ao suprassensível, descobre a atividade inconsciente da natureza, a "natureza no sujeito" genial, e a vê ativa na instituição da obra de arte, ou seja, esta é na realidade o escoadouro do absoluto. A natureza mesma é ativa na arte. O incondicionado, negativo em Kant, poderá por conseguinte exibir-se na beleza. Pretende-se assim ocupar o território conquistado pelo criticismo com a noção de mera natureza no sujeito. Se antes o substrato suprassensível de todas a faculdades de conhecimento se insinuava por trás do juízo e da produção do belo, agora esse mesmo substrato vem para o primeiro plano via gênio, que transforma a sua supra-humanidade, isto é, o seu destino natural em obra de arte. Para Schelling há uma unidade entre gênio e natureza suprassensível, que Kant apenas esboçara ao referir o gênio como favorito da natureza ao substrato suprassensível da humanidade. No entato, foi o próprio Kant quem esfumou a fronteira entre os domínios da necessidade e da liberdade, oferecendo assim a oportunidade para lançarmos um olhar na constituição nuclear da realidade efetiva por uma faculdade especial que coloca o homem em contato imediato com o íntimo dessa realida-

---

4 A razão é "para se deixar de lado" justamente porque ela, em Schopenhauer, significa um mero intrumento de formação de conceitos, é secundária em relação ao entendimento (cf. nosso capítulo 3) e não possui nem a primazia prático-transcendental de Kant, nem o poder de conhecimento do absoluto dos idealistas. O seu papel na estética, portanto, deve ser minimizado ao máximo.

246

de. Quando a terceira crítica diz que o gênio "não sabe" como as suas ideias ricas de espírito foram parar em sua cabeça, aí se encontra o elemento amalgamador para a identificação schellinguiana da atividade produtiva do gênio com a natureza, isto é, com a alma cósmica, tal qual essa atividade aparece nos produtos orgânicos em sua evolução da inconsciência à consciência e como ela aparece nos produtos da arte, miniaturas da atividade cósmica, pois nestes ela começa com consciência e cristaliza-se no inesgotável sentido inconsciente da obra. O artista autêntico revela na sua atividade aquilo que o macrocosmos revela apenas se pensado como totalidade de suas partes.

Já Schiller, quando põe o acento de sua teoria do sublime na arte trágica, oferece coordenadas para Schelling seguir o caminho de igualação do belo com o sublime esboçada no *Sistema de idealismo transcendental*, mas agora com destaque para a perspectiva da conciliação das atividades inconsciente e consciente, ou seja, da polaridade originária.

Schopenhauer se inscreve justamente nessa tradição que traça uma rota para a positividade do suprassensível e, da perspectiva de sua metafísica da Vontade, aperfeiçoa a concepção da unidade entre belo e sublime, ao centrar a exposição deste conceito estrategicamente em observações concernentes à natureza, com o que ao mesmo tempo presta ao seu modo homenagem a Kant, ao focalizar suas lentes antes em fenômenos naturais que ocasionam o domínio da "parte subjetiva" do prazer estético. Por outro lado, ele torna clara por esse procedimento a incapacidade do criador da filosofia-da-natureza de encontrar um lugar em seu sistema para a estetização da natureza, pois, na abordagem do sublime, ao concentrar-se no fenômeno trágico, a sua exposição ignora o papel da natureza na estética. De modo que é Schopenhauer quem identifica explicitamente, de maneira definitiva, o sublime com o belo. A diferença de superfície entre ambos os conceitos, para Schopenhauer, é que no belo o conhecimento prepondera sem luta: a beleza do

Jair Barboza

objeto libera a consciência dos serviços da vontade e dos seus interesses, sem resistência alguma, em "calma contemplação", como dissera Kant, e assim de forma "imperceptível" surge o puro sujeito do conhecimento e seu correlato, a Ideia; não há aqui "nenhuma lembrança da vontade". Já no sublime a contemplação se dá mediante "um desprendimento consciente e veemente" da relação conhecida como desfavorável do objeto para com a vontade, por um "elevar-se livre, acompanhado de consciência, sobre a vontade e o conhecimento que se relaciona com ela". Tal elevação tem de ser não só atingida com consciência mas com ela tem de ser mantida, de maneira que o sublime é sempre acompanhado de uma "contínua lembrança da Vontade", não da isolada e individual, o que ocasionaria medo e temor, mas do "querer humano em geral", como ele se manifesta no corpo do indivíduo, em sua objetidade (Schopenhauer, 1988a, § 39, p.273).

Assim, a diferença entre belo e sublime *diz respeito apenas ao modo como o puro sujeito do conhecimento intui o conteúdo do objeto*: com ou sem lembrança do querer universal. O sublime, como nota Kant – e nisto Schiller e Schelling o seguem –, é um estado de duplicidade de consciência, no qual há uma elevação comovedora da impotência para a potência.[5] Mas à diferença do

---

5 O sublime foi pensado pelas estéticas clássicas quase sempre juntamente com o belo. Ele em especial envolve e promove uma experiência de grandeza e poder, tanto da natureza exterior como da interior. Daí a importância da denúncia de Kant da subrepção que o acompanha. O respeito nessa ocasião, a grandeza e o poder predominantes pertencem ao espectador, não ao objeto. Neste sentido, a categoria estética de sublime pode ser lida politicamente, principalmente como denúncia do engodo do poder exterior, que não deve se sobrepor à liberdade do sujeito, porque esta é uma destinação suprassensível, é ela que torna pequeno o que aparentemente é grande na exterioridade. Trata-se de um triunfo da subjetividade. Curiosamente, segundo Scheer, essa categoria parece ter no século XX sofrido um destino contrário, lida como apoio para a estética de sistemas políticos totalitários, sendo muitas vezes por isso esquecida: "A

248

criticismo, e em concordância com Schelling, seja no belo ou no sublime há em Schopenhauer um puro contemplar da Ideia, numa remissão ao substrato suprassensível da natureza e do homem. Portanto, tanto quanto Schelling, Schopenhauer abandona a negatividade da Analítica do Sublime e postula na disposição fundamental do sujeito a indiferença entre belo e sublime –

vivência do sublime não é hoje em dia um objeto inteiramente inquestionável e central da estética filosófica ... Enquanto à despotenciação do belo se seguiu o mero excitante, agradável, de modo que as implicações metafísicas, mas também teorético-cognitivas deste conceito, não mais foram entendidas, a categoria do sublime foi desvalorizada no passsado mais recente mediante a instrumentalização do sublime na política e na moral. A expressão 'sublime' conduz a conotações que despertam protesto e aversão, porque não confiamos no sentimento de superioridade aí referido. Pensamos no abuso político da representação do sublime, na estetização da política nas ditaduras modernas, antes de tudo no nacional--socialismo. Aqui, entre outros, uma arquitetura monumental servia para sugerir a sublimidade do regime. Também cerimônias de massa foram de tal modo encenadas, que o povo devia sentir a sua sublimidade e a de seu condutor (Führer)" (Scheer, 1997, p.95-6). Ou seja, kantianamente falando, o abuso da categoria de sublime na arquitetura passa por tomar o objeto como grande em si mesmo, na sua objetividade, com prejuízo da liberdade, da subjetividade do sujeito. Nas encenações de massa, em que o próprio povo se sente sublime, a subjetividade é perdida, isto é, no lugar do sujeito individual entra em cena o povo, o sentimento do coletivo. Nestes casos mascara-se a subrepção no sublime a que apontava o criticismo. Respeita-se efetivamente o objeto no lugar de si mesmo, da própria destinação suprassensível. Em Kant, porém, encontramos uma passagem que incentiva um mau uso da categoria, na constatação de que a guerra pode ser sublime. "Até mesmo a guerra, se conduzida com ordem e respeito santo do direito civil, possui algo de sublime em si, e torna ao mesmo tempo a maneira de pensar do povo, que a conduz dessa maneira, tanto mais sublime quanto mais perigos ele enfrente e corajoso se afirme perante eles. Ao contrário, uma paz duradoura cultiva o mero espírito mercantil, com ele entretanto faz predominante o interesse pessoal menor, a pusilanimidade e veleidade (Weichlichkeit), degradando a maneira de pensar do povo" (1990b, A, p.105-6). De modo que a recuperação dessa categoria estética passa pelo retorno à denúncia da subrepção que ela envolve, isto é, a acentuação da liberdade do contemplador (e não do poder externo do objeto).

ambos são unos. Trata-se de uma mesma forma de contemplação; apenas pelo acréscimo da duplicidade de consciência indicada pelo kantismo é que o sublime diverge *inessencialmente* do belo. Por outro lado, Schopenhauer procura eliminar a razão prática como polo dominante da sublimidade (ainda aceito por Schiller) e coloca no seu lugar o "eu como corpo". Quer dizer, há uma substituição da dicotomia sensibilidade agredida/razão liberadora, pela dicotomia corpo/puro sujeito do conhecimento. Numa descrição do sublime matemático, Schopenhauer diz:

> Meu *eu como corpo, como vontade,* perde-se na infinitude do tempo, desaparece no espaço infinito. Então, olhando de novo para o meu eu, penso com arrepio a série dos milênios e vejo com arrepio os mundos incontáveis no céu. – Mas, enquanto me volto para mim mesmo e me torno consciente como *sujeito eterno do conhecer,* digo com orgulho e segurança a verdade inegável de que esses mundos são minha representação, que eu, portanto, o sujeito eterno, sou o sustentáculo do mundo inteiro ... Esse conhecimento é o sentimento do *sublime.* (1966-1975a, HN I, p.209)

Observe-se aqui que Schopenhauer procura evitar uma reflexão da reflexão, como no caso da intuição intelectual, afirmando que o conhecimento no estado de sublimidade se apoia na verdade num sentimento, não na ponderação.

Deixando clara a indiferença com beleza, o filósofo, mediante uma série de gradações, dissolve integralmente o sublime no belo. Os seus comentários em *O mundo...,* lidos ao lado do complemento sobre *Observações esporádicas sobre a beleza natural,* consolidam o papel do belo natural em sua estética, que desta forma se diferencia da schellinguiana (e do paroxismo da filosofia da arte hegeliana). Assim, no que se pode ler como um grau baixo de sublime dinâmico, de elevação do conhecer sobre a relação hostil que o objeto tem para com o corpo, deve-se levar em conta o inverno rigoroso do hemisfério norte e o congelamento da natureza. Lá os raios de sol se refletem nos elementos da paisagem, iluminam-na sem no entanto aquecê-la, de modo que se pode contemplar um cenário agradável para o conhecimento, porém hostil à vida. Há uma consideração da Ideia de natureza e, num só lance, recordação da ausência de aquecimento pelos raios solares, portanto do princípio vivificador da existência. Um grau mais elevado se encontra numa região erma, de horizonte ilimitado sob o céu completamente desanuviado, árvores e plantas imóveis, nenhum animal ou ser humano, nenhuma corrente de água, falta total de movimento. Diante de semelhante paisagem ocorre um "apelo à seriedade, à contemplação", com desprendimento de todo querer e de sua indigência, mas ao mesmo tempo lembrança da hostilidade à pessoa, porque o seu querer tem de estar a todo momento ocupado em procurar satisfação. Se ele se restringe a esse ambiente, pode não haver objeto para si, favorável ou desfavorável, de maneira que se está sujeito a um tédio terrível. Caso faltem plantas a essa paisagem e ela mostre apenas rochedos íngremes, então o sublime ganha em tragicidade: falta todo alimento para o corpo. Mais intenso ainda se apresenta o sentimento do sublime diante de tempestades. Céu negro, relâmpagos, penhascos que pendem ameaçadores, barulho da massa aquosa, deserto vasto, vento ruidoso etc. Aqui, diz Schopenhauer, torna-se nítida nossa "dependência, nossa luta com a natureza hostil, nossa vontade mais abalada", mas, enquanto se permanece no estado estético e nada interrompe a nossa contemplação mediante uma relação de perigo direta e inapelável para com a vida, origina-se desse contraste mesmo o sentimento do sublime de par com a intuição da Ideia que se manifesta no cenário. É-se puro sujeito do conhecimento cuja consciência é preenchida pela imagem do objeto. Podemos ainda mencionar o sublime na sua figura clássica, ou seja, o amplo mar agitado. Ondas enormes e potentes sobem e descem, arrebentam-se contra os recifes e a espuma salta no ar. A tempestade uiva, o mar intensifica a sua cólera, relâmpagos, trovões. Contudo, o espectador, diante desse perigo, atinge a

Jair Barboza

duplicidade de consciência estética e, mesmo ameaçado como fenômeno casual da Vontade, o qual o menor golpe de uma dessas forças poderia rápido destruir, contempla, como calmo e eterno sujeito do conhecer, a Ideia da paisagem, como condição dela, e na verdade sustentáculo do mundo inteiro, em serena apreensão de um arquétipo imorredouro. Seguindo a nomenclatura kantiana, e retomando o sublime matemático, Schopenhauer diz que por este se tem a consideração de meras grandezas no espaço e no tempo que reduzem o indivíduo a nada, como no caso dos séculos e da noite estrelada. Sentimo-nos como uma "gota no oceano", um fenômeno passageiro da Vontade diminuído a nada; mas, num só lance, elevamo-nos contra um tal "fantasma de nossa nulidade" e, na consciência eterna em nós, surge o puro sujeito da contemplação, a consciência imediata e melhor de que todos esses tempos e estrelas estão apenas em nossa representação, pois somos o seu suporte. Nossa dependência do mundo é rapidamente anulada por sua dependência de nós. E tudo isso transcorre sem reflexão, marcando portanto uma diferença decisiva em relação a Schelling e à reflexão da reflexão que acompanha a intuição intelectual. Trata-se na estética schopenhaueriana de uma "consciência sentida", ou de um "sentimento vivo" do sublime (Schopenhauer, 1985b, p.104-9; 1988a, § 39, p.274-8). De uma maneira imediata, sem ponderação racional, obtém-se a impressão da sublimidade matemática já num espaço que, diminuto em comparação com a abóbada celeste, todavia aparece ilimitado comparado à pequenez do indivíduo. Para tal caso, as obras arquitetônicas servem de ocasião, como a basílica de S. Pedro em Roma.

Em todos os exemplos citados, de sublime dinâmico (que se dá sobretudo na natureza) ou matemático, dá-se o "contraste da insignificância e dependência de nosso si-mesmo como indivíduo, como fenômeno da Vontade e a consciência de nós como puro sujeito do conhecer" (idem, 1985b, p.109-10). Quer dizer, por um lado Schopenhauer converge com Schelling na identifi-

252

cação do sublime com o belo, por outro cobre uma lacuna na estética deste, ao reforçar de modo poderoso o papel da natureza na metafísica do belo. Em todo caso, ambos anulam a transição efetuada por Kant entre as duas experiências estéticas na *Crítica da faculdade de juízo*. Desse modo a transgridem – e mesmo a Schiller, que não quer admitir a positividade do sublime, embora o torne arte –, ou seja, há uma exposição positiva do infinito. Em seus objetos, insiste Schopenhauer, "belo e sublime não são essencialmente diferentes, pois em cada caso o objeto da consideração não é a coisa isolada mas a Ideia que se empenha nele pela manifestação, isto é, a objetidade adequada da Vontade num determinado grau ..." (1988a, § 41, p.281). E, consolidando o papel da consciência melhor, ou puro sujeito do conhecimento, Schopenhauer se choca frontalmente com Kant num manuscrito de 1813, ao acusar a sua concepção do belo de "falsa", exatamente porque ela não aloja em si o sublime, isto é, nega a exposição positiva deste.

> O *belo* é um gênero do sublime, ou, melhor dizendo, o sublime é um gênero do belo, ou seja, o seu extremo, quando *a negação teórica do mundo temporal e afirmação do eterno, que é a essência de toda beleza* ... se expressa do modo o mais imediato, sim, quase palpável. (1966-1975a, HN I, p.45-6)

O grau máximo do sublime encontra-se na bela poesia trágica. O autor indica que em Kant mesmo se poderia encontrar a tese da unidade belo-sublime:

> O sublime descrito por *K*[ant] toca algo que é comumente computado como belo (com razão, pois *todo* sublime é apenas um gênero do belo, ambos são unos), embora possua todas as características do sublime descrito por *K*[ant], ou seja, *a tragédia*. (ibidem, p.46)

Schopenhauer aqui observa o mesmo que Schiller, ou seja, a tragédia faz fronteira com o sublime, quando se pensa o embate entre a enormidade da natureza e a pequenez do sujeito, que podem ser vistos como equivalentes ao sofrimento que atinge o herói no seu enfrentamento do destino. Porém, Schopenhauer observa que o sublime toca algo "comumente computado como belo" e "com razão", já que todo sublime é "apenas um gênero do belo". Com isso, não só unifica explícita e definitivamente os dois conceitos, mas também, para além de Schiller e mais radicalmente que Schelling, atribui uma positividade imagética ao suprassensível, definindo-o, romanticamente, como *exposição da Ideia platônica*, o que nem Schelling foi capaz de fazer no *Sistema de idealismo transcendental*, tendo de esperar as preleções sobre a filosofia da arte para trabalhar com a noção de Ideia platônica exponível na arte. Em todo caso, é marcante a convergência de Schelling e Schopenhauer no intuito de levarem adiante a Analítica do Sublime a uma exposição estética, positiva do suprassensível. Na tragédia, prossegue Schopenhauer, o lado horrível da vida é apresentado. Contemplamos o triunfo do mau, a queda do bom, a recompensa para o injusto, o castigo para o justo. No entanto, a consciência melhor anula a consciência temporal e temos acesso à Ideia da humanidade. Apesar dos acontecimentos lamentáveis que poderiam concernir a nós, afetar-nos diretamente na vida real, fruímos a dor e o sofrimento, mediante uma elevação por sobre algo que exibe adversidade à existência. O eterno em nós triunfa ao fim.

Num comentário tardio de 1827, o autor de *O mundo...* designa o efeito da tragédia como "análogo ao do sublime dinâmico, na medida em que ela", como este, nos eleva sobre a Vontade e seus fins e nos proporciona uma alegria na visão de fenômenos contrários a ela" (1966-1975c, HN III, p.367). Se o sublime dinâmico era a base da teoria schilleriana sobre o sublime prático, agora, seguindo o caminho de Schelling, Schopenhauer descobre na sublimidade não uma ideia da razão prática, mas a Ideia platônica, ou seja, a elevação do sujeito em direção à luz diamantina da natureza em-si. A contemplação estética penetra no "mistério inteiro do mundo" (1966-1975a, HN I, p.46). O gênio, por sua vez, decifra esse mistério por meio de imagens expostas na obra de arte. O excessivo, o efusivo, segundo Kant, para a imaginação ao qual ela é impelida no sublime e que, ainda segundo ele, é "como que um abismo no qual ela teme se perder" (Kant, 1990b, A, p.97), desaparece, entrando em cena o substrato do mundo.[6]

Kant relido

Esse avanço dos pós-kantianos só é possível porque o próprio Kant lhes traça uma linha para o suprassensível. Schelling e Schopenhauer seguem a Analítica do Sublime e sua sinalização do infinito no sentimento, mas realizam um rearranjo na economia interna do texto, ou seja, atribuem uma capacidade imaginativa ao gênio que ele não possuía, já que para Kant a imaginação não só se separa do gênio no sublime, mas é dominada pela razão prática no momento de presença mais próxima do infinito. O resultado é que este permanece invisível, só sentimento. De modo que, quando a natureza se insinua na sua totalidade, como "exposição de algo suprassensível", é-nos *permitido apenas pensá-la* nesses moldes. Não há nessa oportunidade um objeto para o juízo, que é reflexionante e não determinante. Com isso não podemos ansiar pela exposição do absoluto. Em

---

6 Kant diz no § 23 da *Kritir der Urteilskroft* que a Analítica do Sublime é "mero apêndice" ao julgamento estético da finalidade da natureza. Todavia, essa colocação é demasiado marcada pela perspectiva do juízo-de-gosto, pois na segunda introdução à obra ele nomeia a mesma analítica de "parte principal" dela. É nessa perspectiva, a nosso ver, que a deveremos considerar, caso a referirmos à proximidade do suprassensível, e, consequentemente, com o intuito de um estudo das estéticas de Schelling e Schopenhauer, com o que ela de fato se torna essencial e a Analítica do Belo passa a ser seu mero apêndice.

todo caso, apresenta-se diante de nós uma natureza fenomênica que deve ser vista como o sinal mais contundente da "exposição de uma natureza em si (que a razão tem em ideia)" (Kant, 1990b, A, p.114). Mas a determinação nunca se realiza, tensionando a imaginação ao máximo de seu esforço, sempre inútil no entanto. Nem por isso ela deixa de se sentir "ilimitada" e a alma, "ampliada". Ora, exatamente aqui se encontra o ponto mais avançado em que Schelling se separa em definitivo de Kant e possibilita a sua recepção em Schopenhauer. Ele segue um caminho cujas coordenadas são apontadas por Schiller e o neoplatonismo no seu uso estético da Ideia de Platão. Agora, substitui-se a negatividade da ideia racional kantiana. A Analítica do Sublime ganha uma dimensão recusada e só esboçada pelo kantismo. Isso implica uma exposição do suprassensível, com o reforço da faculdade das imagens e o despotenciamento da faculdade racional. Quer dizer, a imaginação intui e apreende uma figura, um objeto sublime, já que não há mais hiato entre o sublime e o belo. O que vale para um vale para o outro. O remanejamento conceitual só obtém sucesso se o próprio gênio é transportado para a experiência estética de sublimidade. É nesta que, diz a crítica, se insinua o sentimento da unidade entre a natureza e o homem mediante o suprassensível pensado como o em-si deles. Porém, agora, em divergência com Kant, para o qual o belo ainda indicava a forma do fenômeno, porém depois dissolvida no sublime, em Schelling e depois em Schopenhauer, são as próprias Ideias arquetípicas, os conteúdos eternos do mundo que ganham visibilidade no sublime pelo gênio, ou seja, o sublime também significa, apesar de sua infinitude, uma forma estética acessível à imaginação.

O passo preparado por Kant se situa no fato de o objeto sublime, devido à subrepção que o envolve, ceder lugar a um sentimento do infinito. Mas, se justamente aí a imaginação genial ganha novamente a capacidade de visão, como será o caso em Schelling e Schopenhauer, doravante pode surgir um *senti-*

mento e um objeto sublimes. Não se dá mais o distanciamento entre o contemplador e aquilo que é contemplado, entre a consciência e o conteúdo da forma diante dela. Mais: se o gênio é a natureza produtiva esteticamente no sujeito, então Schelling e Schopenhauer podem aprofundar essa acepção e dizer que o gênio é como a natureza mesma personificada na criação de seus produtos por Ideias, que, se no domínio empírico são espécies efetivas manifestadas em produtos inorgânicos e orgânicos, agora são conteúdos intuíveis do mundo pela alma cósmica ou puro sujeito do conhecimento no gênio – microcosmos do qual o mundo, enquanto macroantropo, para usar o termo de Novalis, é apenas uma elongatura. Na intuição estética espelham-se, na sua pura espontaneidade, os atos ideacionais primeiros da uni-totalidade do mundo.

Horkheimer comenta que o sujeito genial nos coloca em contato com o suprassensível, ou seja, a obra de arte é o símbolo que nós mesmos temos do "eterno, absoluto diante dos olhos ... o gênio aparece, assim, como natureza criadora, como natureza mesma que produz a partir do indivíduo artista, segundo regras próprias e desconhecidas" (Horkheimer, 1990c, GS X, p.60). A natureza no sujeito, para Schelling, é exatamente a mesma fora do sujeito, e devém conteúdo artístico. A Ideia não é mais, como para Kant, um excesso da razão ou da imaginação. Ela readquire o seu sentido platônico (neoplatônico) e volta aos limites expositivos do estado estético pela intuição intelectual ou consciência melhor. A imaginação adquire, portanto, a liberdade tanto ansiada na Analítica do Sublime, a de ver no interior de um fenômeno que exibe a natureza em sua potência e em sua grandeza máximas. Nota-se, pois, nesses dois pós-kantianos, uma missão de resgate da faculdade das imagens, quando restituem o que Kant lhe retirara, as imagens perante o suprassensível. A crítica, para vedar o acesso ao sublime em si, não admite em momento algum que o juízo de sublimidade seja de gosto. Ela recusa ao gênio a sua exposição. Bela-arte é arte do gênio, e, se assim o é, caso ela apresentasse o sublime, então o gênio teria de representá-lo como forma para o juízo-de-gosto, ou seja, o infinito seria intuível. Mas Kant não chegou a essa conclusão. Ele, inclusive, passa rápido pelo sublime na bela-arte. Trata-se de um tema entre parênteses. Com isso procurava justamente negar um poder de apreensão e exibição do incondicionado. Parece haver aqui um instante perigoso para a crítica, pois se o incondicionado se tornasse objeto exponível, a consequência seria a indiferenciação entre belo e sublime, o que conduziria a uma fruição de gosto, a uma visão do infinito. Porém, caso este pudesse ser representado artisticamente, passaria a ser objeto da bela-arte. Mas justamente isso contradiz a teoria da recusa do juízo-de-gosto sobre o sublime; este se circunscreve ao sentimento. O sublime é informe seja na sua grandeza, seja no seu poder, e não cabe no juízo-de-gosto, não é adequado a ele. Se, ainda, fosse aplicada ao sublime a rubrica de ideia estética, ainda assim ele permaneceria um excesso inexponível, embora já indicando contornos mais nítidos para o infinito, para além do mero sentimento. Contudo, isso Kant não quer admitir, pois seria o prenúncio do caráter positivo, imagético do absoluto. O incondicionado jamais se realiza na sensibilidade, de maneira que Kant se vê constrangido, para um arremate de seus argumentos, a invocar a cultura judaica: "Talvez não haja nenhuma passagem mais sublime no livro das leis dos judeus do que o mandamento: tu não deves fazer nenhuma imagem, nem símbolo (*Gleichnis*), seja do que está no céu, seja sobre a terra, seja sob a terra etc." (Kant, 1990b, A, p.123).

O mesmo vale para a moralidade, pois o "insondável da ideia de liberdade" obsta o caminho para a sua exposição positiva. A aplicação da invocação é extensível tanto ao domínio estético quanto ao moral. O "tu não deves fazer nenhuma imagem" é uma sentença para ser observada pelos discípulos que se proponham examinar e penetrar o espírito do absoluto. Mas isso Schelling e Schopenhauer não aceitam e subvertem Kant no próprio interior da sua obra: naquilo que a imaginação se sente ilimitada e a alma ampliada, ambos veem aí a oportunidade para conferir ao gênio o poder de fazer uso das suas capacidades para nos fornecer uma imagem, conteúdo do substrato suprassensível do mundo e da humanidade, que então pode ser exposto. Tem-se assim a fundação de uma forma de conhecimento que não só rivaliza com a ciência como se coloca acima da científica do ponto de vista da satisfação metafísica que propicia, ou seja, a experiência estética direta da liberdade na necessidade. "Beleza é liberdade no fenômeno", já dizia Schiller (1913-1924a, SW IX, p.140). O belo-sublime é liberdade no fenômeno, diriam Schelling e Schopenhauer.[7]

Em 1813, ao tratar novamente da unidade entre belo e sublime e opô-la à consciência empírico-temporal, Schopenhauer chama a consciência melhor de "consciência suprassensível" (Schopenhauer, 1966-1975a, HN I, p.49), expressão reveladora de um poder intuitivo da consciência para operar com a exponibilidade do infinito kantiano.

Se é certo que as principais categorias estéticas que Schopenhauer emprega e a sua função e o seu inter-relacionamento no interior de sua metafísica, inclusive na ordem dos livros segundo e terceiro de sua obra principal, revelam a recepção e a assimilação do pensamento estético schellinguiano, por outro lado o seu próprio desenvolvimento conceitual em direção a uma

---

7 A dimensão do sublime enquanto visibilização do infinito, portanto a tentativa schellinguiana de ocupar o território do incondicionado na Analítica do Sublime – justamente pela ligação entre sublimidade e beleza –, escapa a Tilliette e o seu *Schelling, une Philosophie en devenir: le système vivante*, seja no capítulo dedicado ao *System* (Terceira parte, III), seja no dedicado à filosofia da arte (Quinta parte, VI). O sublime fica à margem da obra do comentador, perdido em meio ao destaque conferido ao belo e à mitologia. De modo que a viragem estética que Schelling desencadeia, por meio da platonização do gênio e da ideia, servindo-se do momento de aproximação máxima da infinitude efetuado pela terceira crítica, some do horizonte. Esse procedimento, de resto, coaduna-se com a brevidade de Schelling referente ao tema.

espontaneidade intuitiva, para além de Kant, estrangeira à reflexão da reflexão, o distancia de Schelling. E. v. Hartmann, todavia, é da opinião de que o balanço da consideração da estética de Schopenhauer é, fundamentalmente, o fato de ele não ter obtido êxito em ir além de Schelling. Se Schelling intimida os leitores estetas, em parte mediante a "extravagância oracular" de sua especulação em *Bruno*, em parte mediante a "pressão violenta" de parágrafos secos na *Filosofia da arte*, Schopenhauer, "através de um relato intuitivo marcante, soube popularizar o idealismo estético de Schelling numa forma fácil e numa exposição abreviada. Com isso, prestou serviço significativo para a divulgação dele" (Hartmann, 1886, III, p.61). Tal constatação de um Schopenhauer como divulgador e popularizador de Schelling, porém, centra-se numa leitura exclusivamente afeita ao belo artístico, como mostramos, fazendo o comentador deixar passar despercebida a indiferenciação efetuada por Schopenhauer entre o belo e o sublime, para além da leitura das preleçõe schellinguianas sobre a filosofia da arte. Ademais, o idealismo estético de Schelling é devedor de Schiller, que, por sua vez, liga-se diretamente ao kantismo, atmosfera crítica comum a ambos. E. v. Hartmann não percebe o motivo que move ambos os filósofos no intuito de resgatar o poder da imaginação negado ao gênio diante do sentimento do infinito. Não percebe como Schopenhauer explicita o que em Schelling é um pressentimento, já que o fundador da filosofia-da-natureza não consegue encontrar um lugar sistemático para o belo natural, logo uma congruência entre o sublime da natureza e o artístico, que ao fim conduzisse à sua indiferenciação total com o belo. De modo que, ao seguir o que era apenas uma nota de rodapé no *System*, Schopenhauer a amplia a uma exposição estética da unitotalidade do mundo, trazendo a Ideia de Platão para o sublime, o que na obra schellinguiana não foi além do mero pressentimento. Em todo caso, ambos os filósofos, seguindo a terceira crítica kantiana, estão empenhados no projeto comum, que mesmo Schiller não intentara, de visibilizar o suprassensível pelo gênio. Assim entende-se melhor a recepção de Schelling em Schopenhauer: o fato de o primeiro lhe ser "útil" na leitura da doutrina das Ideias da filosofia-da-natureza, que, embora esquecida no *Sistema de idealismo transcendental*, é retomada em *Bruno* e no *Discurso sobre a relação das artes plásticas com a natureza* e aponta para uma subversão neoplatônica do criticismo.

Horkheimer, ao lançar novamente o seu olhar sobre as raízes do idealismo de Schelling, observa que foi este quem primeiro extraiu todas as consequências decisivas para a filosofia da arte da terceira crítica, pois tanto no caso do belo como no do sublime, na obra de arte reside a única possibilidade de uma

> exposição subjetiva, embora apenas simbólica, do eterno. Pois a totalidade completa das condições é incondicionalidade, é liberdade ... Na arte porém ela aparece como consumada no sensível, no condicionado, no material. Aqui temos pois uma indicação para aquela filosofia na qual a arte aparece como o órganon da filosofia, a filosofia romântica de Schelling. Aqui está o ponto de partida. (Horkheimer, 1990c, GS X, p.61)

De fato, "ponto de partida", porque o ponto de chegada se encontra na identificação explicitamente exposta entre belo e sublime (em Schelling a abordagem é passageira), sobretudo pela consideração estética da natureza em *O mundo como vontade e como representação* e, digamos para concluir, de uma maneira surpreendente, pois quando a positividade do suprassensível é consumada somem as imagens. Intrigantemente a estética se transforma em momento da ética. O ponto de chegada schopenhaueriano é uma estética negativa que significa um retorno à tendência ética kant-schilleriana.

Parentesco entre estética e ética

Schopenhauer esclarece que uma consideração do mundo que se restrinja exclusivamente à sua dimensão física apresenta-se, nos seus resultados, sem consolo metafísico. Na verdade, apenas "do lado *moral* é que se encontra todo consolo, na medida em que aqui o núcleo de nosso interior se abre à consideração".

Logo, em todo empreendimento metafísico autêntico, a ética deve preceder a ciência, uma "ordem *moral* do mundo é para se demonstrar como fundamento da *física*" (Schopenhauer, 1988b, § 47, p.685). Ética entendida como a descrição da ação verdadeiramente boa ou má, portanto longe da tarefa de prescrição de regras de conduta, como teria sido o caso da ética kantiana do imperativo categórico. "A virtude não se ensina, tampouco o gênio. Para ela o conceito é tão infrutífero quanto para a arte, e em ambos os casos é para ser usado apenas como instrumento." É tão quixotesco esperar de uma ética a formação de virtuosos, nobres e santos quanto da estética a formação de poetas, pintores e músicos. A filosofia pode somente esclarecer a essência do mundo, isto é, como ela *in concreto*, enquanto sentimento, ou mundo empírico externo presentifica-se a cada um. O filósofo então exprime por conceitos universais da razão o que o mundo lhe apresenta (1988a, § 53, p.357-8). Schopenhauer considerava o tema da ética o mais crucial, o que em sua obra máxima se evidencia no coroamento de uma metafísica dogmática sim, mas que procura referir as suas sentenças à realidade, à experiência seja da efetividade do belo, seja da virtude ética. Com isso há a tentativa de superar a filosofia, para ele, da "celeste terra dos cucos", do "absoluto", do "infinito", do "suprassensível" que caracterizaria o idealismo. Schopenhauer descarta que pretenda construir um "sistema da emanação, doutrina da queda" ou, referindo-se indiretamente ao escrito sobre a liberdade de Schelling, um "constante vir-a-ser, brotar, nascer, vir a lume a partir da escuridão, do fundamento obscuro, do fundamento originário, fundamento infundado e outros semelhantes disparates" (ibidem, p.359-60), em clara referência ao schellinguiano lado obscuro de Deus, àquilo que neste não é ele mesmo, à sua natureza ou fundamento infundado, a partir do qual provém a finitude na forma do mau.

Infinitude subjetiva e estética

Para levar adiante o seu imanentismo, Schopenhauer faz uso de um jogo de iluminação entre estética e ética, o qual passa por outro tipo de *identidade*, no mundo, dos fatos do belo e da virtude. Em outros termos, encontra um ponto de apoio comum para esses acontecimentos. E isso se dará justamente pelo conceito de *negação da Vontade*. Vontade que, se à semelhança do absoluto de Schelling realiza uma jornada pelos diversos reinos naturais, do inorgânico ao orgânico superior, no entanto, se diferencia em Schopenhauer porque, ao chegar ao conhecimento de si na arte ou numa intuição geral do mundo, atinge uma forma decisiva de clareza de consciência e decide-se pela própria afirmação ou negação. Ela decide se ainda quer ou desiste deste mundo.[8] Em Schelling, ao contrário, o absoluto reafirma-se incondicionalmente ao atingir a autoconsciência. Ele não questiona a sua manifestação, a sua natureza. Deus é amor infinito e o mau surge apenas como oportunidade para a revelação de sua bondade

---

8 Quando a Vontade chega ao conhecimento de si ela tem a possibilidade de afirmar-se ou negar-se – tema e título do último livro de *O mundo...*: *Chegando ao conhecimento de si, afirmação ou negação da Vontade de vida*. De um "ponto de vista superior", "temos diante dos olhos não o que é individual, mas o todo". Deste ponto de vista, se uma pessoa, mesmo diante da morte e dos sofrimentos, ainda assim tivesse um poder de reflexão suficiente para afirmar a vida, o seu "retorno sempre novo", situar-se-ia na plena afirmação consciente da Vontade de vida (Schopenhauer, 1988a, § 54, p.372-4). "A Vontade afirma a si mesma significa: quando em sua objetidade, ou seja, no mundo e na vida, a própria essência lhe é dada plena e distintamente como representação, semelhante conhecimento não obsta de modo algum seu querer, mas exatamente esta vida assim conhecida é também enquanto tal desejada; se até então sem conhecimento, como ímpeto cego, doravante com conhecimento, consciente e deliberadamente" (ibidem, § 54). Sexualidade, egoísmo, maldade, conservação do corpo entram na rubrica da afirmação inconsciente da Vontade, mas o ponto de vista da *afirmação completa* da Vontade de vida" é consciente, mediante a clareza de consciência, trata-se de uma decisão a partir do autoconhecimento da Vontade. Nesse passo ela transforma a sua atividade em "conhecimento vivo". Um dos melhores exemplos dessa afirmação se encontra no caso do herói ou do conquistador.

na finitude. Na contemplação do belo schopenhaueriano, entretanto, quando a Vontade restabelece a sua unidade na imagem exposta, ela engendra um primeiro questionamento de si, uma primeira neutralização, ou seja, os desejos e impulsos, os motivos que movimentam o indivíduo não fazem mais efeito sobre ele. Na "perfeita *objetividade da intuição*" estética não somos mais nós mesmos, conscientes de um eu, mas, perdidos no objeto intuído, a *consciência* contemplante se transforma no "único sustentáculo" do mundo e a própria pessoa "tem de desaparecer completamente da consciência". O que exige uma plena renúncia ao querer, não individual, mas sim em geral, tal qual ele se concentra na objetidade corpórea (Schopenhauer, 1966-1975d, HN IV, 1, p.211). Isso, porém, apenas por um breve instante; "trata-se aqui não de uma libertação, mas meramente de uma hora de recreio, de um desprendimento excepcional, na verdade apenas momentâneo da servidão da Vontade" (Schopenhauer, 1988a, § 29, p.423).

De modo geral "toda vida é sofrimento". Não só estamos cercados de múltiplos desejos impossíveis de ser todos satisfeitos, como a dor dá sinais de si ininterruptamente, acarretando uma sentença de morte para a filosofia otimista.[9] Se não bastas-

---

9 "Se, finalmente, fossem trazidos aos olhos de uma pessoa as dores e os tormentos horrendos aos quais a sua vida está continuamente exposta, o aspecto cruel desta a assaltaria. Se se conduzisse o mais obstinado otimista através dos hospitais, enfermarias, mesas cirúrgicas, prisões, câmaras de tortura e senzalas, pelos campos de batalha e praças de execução, e depois lhe abríssemos todas as moradas sombrias onde a miséria se esconde do olhar frio do curioso; se, ao fim, lhe fosse permitida uma mirada na torre da fome de Ungolino, então ele certamente também veria de que tipo é este *meilleur des mondes possibles*" (Schopenhauer, 1988a, § 59, p.422-3). Mas, se o diagnóstico de Schopenhauer pode ser visto como pessimista, este sendo o ponto de partida de sua ética, por outro lado o seu objetivo é prático-otimista, isto é, uma filosofia do consolo. Quanto à importância da visão filosófica pessimista para o mundo de hoje, cf. Horkheimer, 1990b, GS VII, p.224-32.

se o variado e interminável sofrimento do mundo, revelador da índole íntima da Vontade, caso nos víssemos livres dele, seria o outro polo do sofrimento, o tédio, que imperaria na existência. Todavia, é essa mesma vida que, numa hora de recreio em que a sua roda de Íxion cessa de girar, é alegremente fruída no belo. O acidente, o intelecto, libera-se de sua servidão e se torna senhor da substância, da Vontade. A arte se torna a floração da vida. Ela é uma peça de teatro dentro de outra, como ocorre no *Hamlet* de Shakespeare. "Toda pintura autêntica, todo poema que realize uma descrição objetiva porta em si a marca de um tal estado e aí se baseia a sua excelência" (idem, 1966-1975d, HN IV, 1, p.211). Portanto, o belo nos imuniza contra os tormentos da vida mediante a resignação do querer que nele ocorre.

Curiosamente, Schopenhauer, aqui, parece aproximar-se de novo dos idealistas, pois o belo pressupõe um claro excesso de intelecto, portanto preponderância do conhecimento sobre a vontade.

Apenas em consequência desse conhecimento [de sua própria essência] pode a Vontade suprimir-se a si mesma e, com isso, findar o sofrimento que é inseparável de seu fenômeno. Não mediante violência física, como a destruição do embrião (*Keim*), a morte do recém-nascido ou o suicídio. A natureza conduz a vontade à luz, porque ela só na luz pode encontrar a sua redenção. (1988a, § 69, p.515)

Só que, à diferença dos idealistas, o fato de esse excesso cognitivo levar à negação da realidade mais íntima do mundo erige a base para uma estética negativa, em que o artista reproduz um estado de supressão da essência cósmica, por consequência de supressão do ser e do discurso sobre o ser. Se por um lado o gênio é absorvido pelo "teatro da objetivação da Vontade", por outro a sua exposição pressupõe a neutralização do núcleo dessa objetivação, a purificação do seu cerne. A arte genial é uma exposição a-racional de Ideias e funciona como um "quietivo" da Vontade, por conseguinte conduz a um "consolo" perante as dores e os sofrimentos do mundo (ibidem, § 52, p.353).

A experiência estética é, primariamente, catártica, recuperando-se para o termo o sentido com o qual Aristóteles definia a tragédia: a "imitação de uma ação de caráter elevado ... e que, suscitando o terror e a piedade, tem por efeito a purificação dessas emoções" (Aristóteles, 1992, p.37). Temos aqui o aspecto mais marcante de uma filosofia do consolo.

Mas, se por um lado o belo se apresenta como negação consoladora da Vontade – consolo que ainda lembra Schelling e o efeito de calma e comoção terna, de harmonia infinita e grandeza serena do enigma do mundo resolvido pela arte na exposição do infinito no finito –, por outro lado exatamente nesse ponto assoma o empenho de Schopenhauer em tentar superar Schelling, ou seja, mediante o estabelecimento do vaso comunicante entre a estética e a ética pelo conceito de negação da Vontade. Mas antes Schopenhauer precisa de um elo entre aquelas duas, o que num primeiro momento é apontado na compaixão, isto é, no desaparecimento da diferença entre eu e não eu. A carência, o sofrimento do outro tornam-se vivências da subjetividade que os considera. O sujeito não se encerra mais em si mesmo, num sadismo passivo que assiste ao padecimento alheio, mas é impulsionado a uma ação boa, isto é, não egoística, para ajudar a outrem. A individualidade é negada, como no estado estético, só que num grau mais agudo, com identificação e dissolução do indivíduo não na imagem cristalina de um objeto, mas num outro corpo (humano ou animal). O mal – vale dizer, o egoísmo "essencial a toda coisa da natureza", e pelo qual a "discórdia íntima da Vontade consigo mesma atinge uma terrível manifestação" (Schopenhauer, 1988a, § 61, p.432) – some. Percebe-se intuitivamente em outrem a própria essência, de modo inconsciente. Quem intui torna-se idêntico com o que é intuído: ele padece-com o corpo alheio: paixão-com, compaixão. O princípio de individuação, que torna os corpos estranhos entre si, é rompido

Infinitude subjetiva e estética

e observa-se *através* dele. "Essa participação totalmente imediata, sim, instintiva no sofrimento alheio, portanto a compaixão, é a única fonte de tais ações [de amor], caso tenham um valor moral, isto é, purificadas de todos os motivos egoísticos ..." (1988e, § 18, p.584). Nos casos extremos, a ajuda exige o sacrifício das forças corporais e espirituais, da saúde, da liberdade, e quem ajuda elimina de tal forma a diferença entre eu e não eu que a consequência é a perda da própria vida. Mas essa argumentação de Schopenhauer deságua numa contradição. A compaixão, ao *salvar* uma vida, torna-se indiretamente uma sua afirmação, de outra vontade particular, do eu de outrem. A tentativa de evitar os sofrimentos alheios pode no limite renovar a vida que se extingue, logo também seus sofrimentos, de modo que o problema da existência não é resolvido. Daí Schopenhauer, em vista da consumação da teoria da negação do querer, ter de buscar o grau máximo desta, ou seja, *a negação em sentido estrito*. Faz-se, assim, necessária uma "transição da compaixão para a ascese", na qual Schopenhauer verá o coroamento de sua ética, pois aí entra em cena um acontecimento que possibilita a viragem do querer universal na sua inteira unidade, o *summum bonum*. No homem de disposição ascética nasce "uma aversão pela essência do mundo, da qual ele é a expressão". Se o gênio e o compassivo negam o querer em graus menores, o asceta ou santo alcança pelo "conhecimento do todo", isto é, da "essência da coisa-em-si", o estágio máximo de supressão dos desejos e interesses pela existência. Para onde olha sente a humanidade e os animais sofredores, e essa constatação se torna um quietivo da vida. Porém, daí nasce uma outra contradição no fenômeno, pois se de um lado o seu corpo ainda está submetido ao princípio de razão, de outro ele intui *através* do princípio de individuação e nega o que o seu corpo afirma. Isso tem por consequência uma "luta contínua" contra a tendência afirmativa da vida.

Consequentemente também vemos os que uma vez atingiram a negação da Vontade de vida se manterem com todo empenho neste caminho por meio de todo tipo de renúncias autoimpostas, mediante um modo de vida duro, penitente e procura do desagradável para si: tudo tendo em vista suprimir a Vontade que renovadamente se esforça. (Schopenhauer, 1988a, § 68, p.504)

Há mortificação do corpo, jejuns, castidade que combate a sexualidade, "foco" da Vontade, por conseguinte a possibilidade de esta afirmar-se em outras individualidades futuras por nascer. Ocorre uma "quebra *proposital* da Vontade pela recusa do agradável e a procura do desagradável". Tudo isso acompanhado de um saber.

Assim, se o belo e a compaixão são uma negação em grau menor e inconsciente da Vontade, que pode em breve findar, a ascese é a sua negação *consciente e duradoura*. Schopenhauer fala, então, de uma "clarividência da razão" (*Besonnenheit der Vernunft*) em semelhante estado. O asceta *sabe*, pela visão da essência do mundo, que este é terrível, e o nega; com o que a razão se torna "necessária" enquanto "condição da liberdade". "Para essa viragem da Vontade é necessária uma visão geral do todo da vida, portanto um conhecimento que vai além do presente, portanto razão; que, por conseguinte, é a condição da *liberdade*" (1966--1975a, HN I, p.331; 1988a, § 70, p.519).

Isso soa problemático no interior da filosofia schopenhaueriana, pois em seu pensamento a razão é não só secundária em relação ao entendimento, mas, como vimos, a princípio a negação da Vontade se dá pela *intuição* do belo ou pelo *sentimento* de compaixão. Contudo agora, na visão geral do todo da vida pelo santo, é a razão que desempenha o papel principal. Daí a Vontade não sofrer uma viragem nas suas "potências mais baixas", plantas e animais, mas só nas potências "mais elevadas". O uso desse expediente explicativo remete, não só devido ao uso do conceito de potência, mas sobretudo pela referência ao conhecimento da razão, ao idealismo de Fichte e Schelling. Se há nesse momento uma "condição" racional da negação, se é preciso nesta um conhecimento do todo da vida e do mundo nas potências

Infinitude subjetiva e estética

superiores do querer, ali onde ele mais se concentra, se é, enfim, necessária uma "relação íntima do conhecimento com o querer" na viragem ascética, como não retroceder aos idealistas que indicavam no conhecimento aquilo que há de mais superior no homem? A intuição intelectual de Schelling já apontava na direção dessa relação íntima. Se é pela intuição intelectual que de um lado o querer é dado na autoconsciência, de outro o próprio mundo em sua identidade absoluta se perde nessa intuição numa total indiferença sujeito-objeto.

Todavia, nesse momento em que descobre o parentesco entre santo e gênio – vale dizer "ética e estética são uma coisa só", como traduzirá depois Wittgenstein na proprosição 6.421 do *Tractatus* –, é também em Jean-Paul que Schopenhauer pensa. A clareza de consciência do asceta deve antes ser compreendida pela extensão do conceito de *clareza de consciência genial* a ele, pois, embora em grau menor, o gênio possui em comum com o santo a mesma viragem da Vontade. Se a genialidade é a visão das Ideias, ou seja, a capacidade de conhecimento independente do princípio de razão, decorre daí que o contemplador genial não mais está ocupado com os interesses, os motivos que movimentam a vontade. No estado genial não se é mais indivíduo, pois cada um que se entrega à consideração objetiva do mundo deixa desaparecer por completo dos olhos o querer e seus objetos, deixa desaparecer a própria pessoa; não trata mais dos assuntos cotidianos, mas se torna *puro* sujeito do conhecer, sem vontade, sem dor e exterior ao tempo. Ora, ao eximir-se do sofrimento cotidiano e comprovar a possibilidade de um estado purificado dele, o estado estético-genial "conduz" à santidade e à redenção (Schopenhauer, 1966-1975a, HN I, p.407). Já o santo, por sua vez, com sua intuição da vida em geral, "se torna em sentido ético genial" (1988a, § 68, p.509). O santo mostra o mesmo tipo de desinteresse característico do estado estético--genial, porém elevado ao grau máximo e duradouro. A diferença que ainda há soa: o gênio manifesta esse seu especial conhe-

Jair Barboza

cimento "mediante repetição num estofo determinado, repetição que é a arte, para a qual o santo enquanto tal não possui a capacidade". O santo dirige o seu conhecimento "imediatamente para a sua Vontade e esta se vira, nega o mundo"; o conhecimento clarividente do santo é, propriamente dizendo, "somente meio" para a negação do querer, ao contrário do gênio, que nele permanece. O gênio "tem prazer nesse conhecimento e o manifesta pela repetição do que foi conhecido, a arte" (idem, 1966-1975a, HN I, p.269-70).

Ora, se consultamos a *Vorschule der Ästhetik* publicada em 1804 por Jean-Paul, notamos que nessa obra a chamada *Besonnenheit*, definida como uma das características salientes do gênio, a sua "clarividência divina", que é "tão diferente da clareza de consciência comum como a razão o é do entendimento", é na verdade a "progenitora de ambos". A clareza de consciência comum, "ocupada", dirigida ao exterior, permanece estranha a si, e seus portadores possuem mais consciência do que autoconsciência, esta entendida como um "ver-a-si-mesmo total (*ganz Sichselbstsehen*)". A clarividência do gênio "se separa tanto das outras que frequentemente aparece como o seu oposto". Ela é uma espécie de "lume que queima eternamente no interior". Ela é a "liberdade interior" do poeta acompanhada de "tranquilidade" (Jean-Paul, 1923, p.50). Para Jean-Paul, portanto, a clarividência genial aparece como progenitora da razão e do entendimento. Ela se encontra, nesse sentido, numa posição de anterioridade à das faculdades de conhecimento. Trata-se, por conseguinte, de uma forma especial do conceber estético que antecede às outras formas de conhecimento. Ela não se associa imediatamente à faculdade racional no sentido comum, como Schopenhauer a define, isto é, uma faculdade que precisa antes de dados empíricos para fornecer conceitos abstratos. Quer dizer, ecos idealistas, sobretudo da intuição intelectual, ainda se ouvem em Schopenhauer, quando da redenção ético-estética do mundo pelo santo; porém, é antes na *Besonnenheit* genial de Jean-

Infinitude subjetiva e estética

-Paul que o filósofo encontra, penso, o conceito-chave para estender a intuição genial à ascética e, assim, pela negação da Vontade, aparentar ética e estética. *Com isso a clarividência da razão se torna um híbrido de liberdade intuitiva e racionalidade.* Tal clarividência é exigida tanto num primeiro momento, na espontaneidade da negação da Vontade a partir da intuição do todo da vida – onde há um *"puro conhecimento da Ideia da vida"* (Schopenhauer, 1966- -1975a, HN I, p.468) – como depois, para manter em definitivo esse estado.

Ora, é justamente nesse reler retrospectivamente a estética como antecipação da ética que Schopenhauer vai além de Schelling. A experiência estética do belo é apenas um grau baixo da negação do querer antes de se dar o grau máximo, a redenção final, como Rafael e Correggio exprimem modelarmente em suas obras-primas cheias de "paz", "calmaria marítima de espírito", "tranquilidade profunda", um "evangelho afiançado" em que "apenas o conhecimento permaneceu, a Vontade desapareceu" (1988a, § 71, p.527-8). A bela-arte espelha em seus objetos *sub specie aeterni* o sentido da ação virtuosa, a plena negação ascética da Vontade. A arte imagetiza o ato moral por excelência, a renúncia ao mundo e aos sofrimentos. Nem alegria nem tristeza importam mais. Como dirá depois Wittgenstein, ao repercutir mais uma vez Schopenhauer: "A obra de arte é o objeto visto *sub specie aeternitatis* e a boa vida é o mundo visto *sub specie aeternitatis*. Eis a conexão entre arte e ética" (Wittgenstein, 1914-1916, 7.10.1916).

O momento máximo de visibilidade do querer exibe algo inexistente, o ser anulado através do qual a Vontade até então se afirmara. Schopenhauer, assim, para além de sua recepção de Schelling, para além da reconciliação dialética na obra de arte – que ainda conserva no idealista a positividade do absoluto, a sua infinitude, a vida universal que permanece intocada na sua atividade –, neutraliza a atividade produtiva da *natura naturans,* o seu carnaval de imagens. A sua estética deságua assim no nada

Jair Barboza

ético. A arte "traz-nos diante dos olhos" a "impressão do nada", que oscila diante de "toda virtude e santidade" (Schopenhauer, 1988a, § 71, p.528). Na consideração do nada, por conseguinte, o belo e a virtude neutralizam o mundo real. *É pois o nada que irmana estética e ética*:

Reconhecemos: para todos aqueles que ainda estão cheios de Vontade, o que resta após a completa supressão da Vontade é, de fato, o nada. Mas, inversamente, para aqueles nos quais a Vontade virou e se negou, este nosso mundo tão real com todos os seus sóis e vias lácteas é – Nada. (ibidem, § 71)

Estamos diante da consolidação de uma estética de viés ético em que a essência do mundo se vira no momento de sua suprema manifestação. A visão do suprassensível pela Ideia resvala, ao fim, para o desaparecimento desta e daquilo que a possibilitou enquanto seu *prius*. A Vontade renuncia aos seus atos originários. Ela não é mais ativa. A *Tätigkeit* que caracterizava a filosofia idealista e da qual Schopenhauer se serviu em sua metafísica da natureza para mostrar a liberdade da Vontade que se manifesta em espécies é impedida quando da renúncia ao mundo. Desse modo Schopenhauer abandona, pela estetização da ética ou moralização da estética, o discurso ontológico schellinguiano.

Mas Schopenhauer é também o filósofo do consolo e nos chama a atenção para o fato de que o conceito de nada é "essencialmente relativo e se relaciona sempre a um algo determinado que ele nega". Kant conferira essa propriedade apenas ao *nihil privativum*, que em oposição a um + é identificado como –, o qual, de um ponto de vista contrário, pode se tornar +. Em oposição ao *nihil privativum*, haveria o *nihil negativum*, que em toda relação seria nada. O exemplo aqui citado é o da contradição lógica que se suprime a si mesma.

Contudo, diz Schopenhauer, se se considera mais minuciosamente o assunto, descobre-se "que não há nenhum nada ab-

272

Infinitude subjetiva e estética

soluto, nenhum *nihil negativum* propriamente dito, mesmo que
só pensável; um nada desse tipo, considerado de um ponto de
vista superior ... é de novo sempre um *nihil privativum*". O nada
só o é se está *em relação a algo outro que é pensado*. Ele pressupõe
sempre essa relação. Até mesmo uma contradição lógica é apenas
um nada relativo e não absoluto:

... embora não seja um pensamento da razão, nem por isso é um
nada absoluto. Trata-se ali de uma combinação de palavras, de um
exemplo do não pensável, necessariamente requerido na lógica
para se demonstrar as leis do pensamento. Por conseguinte, se
alguém, para este fim, procurar um tal exemplo, ele se fixará no
absurdo como o positivo justamente procurado, e pulará o sentido
como o negativo. (ibidem, p.525)

De maneira que todo *nihil negativum*, ou nada absoluto, se
considerado de um ponto de vista superior, aparece como um
mero *nihil privativum*, um nada relativo que sempre pode tro-
car de sinal com aquilo que ele nega. Ele surge então como o
positivo, enquanto o seu oposto surge como o negativo. Com
isso, conclui Schopenhauer, se a representação, o mundo visível
como espelho da Vontade for tomado como algo positivo, e que
se nomeia o *ser*, a sua negação será o *nada* no seu sentido mais
geral. Ora, como pertencemos nós mesmos a este mundo, a
esta representação em geral, caso ocorra a viragem, a supressão
da Vontade pelos fatos ético e estético, tememos que não haja
mais reflexo do seu ser naquele espelho. "Se não miramos mais
a Vontade neste espelho, então perguntamos debalde para que
direção ela se virou, e em seguida, já que não há mais onde e
quando, lamentamos que ela se perdeu no nada" (ibidem, p.526).
Mas não é o caso. De outro ponto de vista (caso ele fosse possível) mostrar-se-ia uma mudança de sinais e o ser seria tomado
como nada, e o nada como ser. Este último, entretanto, permaneceria para o discurso filosófico algo a ser descrito apenas negativamente. Aqui o discurso silencia, pois o poder expressivo

Jair Barboza

da linguagem atinge o seu limite. Ela é incapaz de dizer algo positivo sobre a negação plena da Vontade, restando-nos apenas a aproximação dessa experiência e apontar, *mostrar* as vivências místicas catalogadas sob o nome de "êxtase, enlevamento, iluminação, união com Deus etc.". Esse estado, todavia, não é propriamente conhecimento; pois aqui o vivenciado "não possui mais a forma do sujeito e do objeto e é acessível apenas à experiência própria, sem ser comunicável" (idem, 1985a, p.268-9). A filosofia tem de se contentar, portanto, com o conhecimento negativo, visto que atingiu "o marco limite" do conhecimento positivo.

Na verdade, o próprio movimento de elevação característico do sublime, quando o espectador sai da pequenez e atinge a grandeza de um estado contemplativo em que ele é o sustentáculo do objeto, revela uma operação de inversão de sinais, de mudança de perspectivas, que remete àquela que Schopenhauer emprega no encerramento de sua obra. Entretanto, se mediante o conceito de sublime ele recebe e assimila a teoria estética de Schelling, aqui, talvez percebendo os perigos de uma intuição da Ideia do suprassensível, ou seja, da ontologia do absoluto, Schopenhauer conclui sua filosofia interpretando a categoria de belo-sublime em sentido negativo, tendo em vista a constituição do parentesco entre estética e ética pelo nada. Se o autoconhecimento do absoluto schellinguiano implica a sua afirmação e sua reconciliação consigo mesmo, vale dizer, se o ponto de "máxima distância externa a Deus, a egoidade, é de novo o momento de retorno para o absoluto" e o fim final do universo (e sua história) "não é outro senão a reconcilação plena e redissolução na absolutidade (*Wiederauflösung in die Abslutheit*)" – a finitude funcionando em sua queda apenas como meio para a positividade perfeita, "a manifestação plena de Deus" (Schelling, 1856-1861j, SW VI, p.42-3, 63) –, o autoconhecimento da Vontade em Schopenhauer, e esta é a sua palavra final, pode converter-se em ocasião para ela decidir-se pela própria supressão, vale dizer, pela redenção. O filósofo não evita a consequência, estranha para o senso comum, de que com a livre negação e renúncia da Vontade "todos os seus fenômenos são suprimidos", portanto aqueles "esforço e ímpeto contínuos e sem fim, sem descanso, em todos os graus de sua objetidade, nos e pelos quais o mundo se mantém" (Schopenhauer, 1985a, p.269). O momento de máxima visibilidade do querer é de um só lance o momento da grande interrogação diante da existência, o que constitui uma maneira ímpar de o autor de *O mundo*... assimilar os conceitos de natureza e arte de Schelling, ou seja, por uma exposição *sui generis* da negatividade do incondicionado kantiano.

Conclusão

Se por um lado considerar Schopenhauer um popularizador da estética schellinguiana não é aceitável (caso de E. v. Hartmann), por outro não o é negar a ascendência do idealista sobre ele (caso de Hübscher). Na verdade, para evitar os exageros interpretativos, deve-se interrogar Schopenhauer nos seus póstumos, na sua biblioteca e nos seus textos publicados. Percebe-se assim que a leitura a traçar uma linha Platão–Kant–Schopenhauer, saltando Schelling e Fichte, apresenta uma lacuna que o filósofo mesmo interdita, quando lança um olhar retrospectivo sobre o seu sistema e diz que Fichte e Schelling, em seu "pouco" de verdadeiro, encravam-se nele. Só que esse pouco, como vimos, pelo menos no caso de Schelling, traz implicações consideráveis. Há aqui *Vorspuck* da metafísica da Vontade, sobretudo no caso da redescoberta das Ideias platônicas na natureza e da estetização delas na arte. De fato, devemos ter em mente que, durante seus anos de estudos universitários em Göttingen, Schelling foi o filósofo que Schopenhauer primeiro estudou, ocupação que se estendeu ao período da gênese do seu sistema e até os últimos anos da sua produção intelectual. Um diálogo constante é travado com o idealista. A biblioteca do Schopenhauer-Archiv testemunha a presença e a leitura cuidadosa e intensa das obras mais relevantes do adversário. Mesmo a volta de Schelling à vida acadêmica berlinense em 1841, depois de uma longa ausência, foi acompanhada com atenção pelo autor de *O mundo...*, fato atestado em um exemplar anotado da preleção.[1]

Contudo, em meio a essa recepção, transparece a originalidade schopenhaueriana. A recepção do conceito de natureza não admite o princípio espiritual e racional do mundo, uma alma cósmica, e no seu lugar entra em cena pela primeira vez na tradição filosófica o em-si volitivo e irracional como princípio do mundo. No próprio estabelecimento do conceito de Vontade Schopenhauer detecta, no escrito sobre a liberdade, a falta de coragem de Schelling na abordagem do irracional, da natureza, do *Grund* que é *Ungrund* em Deus, o seu lado obscuro, aquilo que nele não é ele mesmo, como mostra o nosso Apêndice 5. E perante a constatação, em *Parerga e Paralipomena*, de que Schelling vislumbrou que "querer é ser originário" segue-se o alerta de que esse querer jamais foi alçado a princípio universal: "Mal os meus escritos despertaram a atenção de alguns, deixa-se, em relação ao meu pensamento fundamental, ouvir a queixa sobre a prioridade e menciona-se que Schelling disse que 'querer é ser originário'..." No entanto, o descobridor de uma verdade, prossegue Schopenhauer, não é quem primeiro a pressentiu e girou em falso em torno dela, "sem consequência, atabalhoadamente", mas sim quem "primeiro a reconheceu no seu valor" e "desenvolveu todo o seu conteúdo", elevando-o à clareza da exposição e o conservando. Schelling, ao contrário, segundo o autor, a tomou nas mãos e a deixou escapar. Nesse sentido, do mesmo

---

1 Original na biblioteca do Schopenhauer-Archiv.

modo que "o descobridor da América não é o primeiro náufrago que lá aportou levado pelas ondas, mas Colombo", também a envergadura que o conceito de Vontade adquiriu na filosofia não se encontraria no *Freiheitsschrift*, mas antes em *O mundo como vontade e como representação* (Schopenhauer, 1988f, p.134-5). Essa defesa, a meu ver, é lúcida e aceitável. O querer como "ser-originário" em Schelling, de fato, é um momento oscilante no seu pensamento. O querer como princípio do mundo a todo momento cede seu lugar à razão. Há dois princípios originários na filosofia schellinguiana em suas várias fases, o conhecimento racional e a vontade, sem nunca ocorrer a decisão reflexiva por um deles. Coisa que ocorrerá em Schopenhauer. Daí Schmidt dizer que a "marca registrada do pensamento schopenhaueriano baseia-se em que a Vontade, à diferença da tradição, não é mais para ser vista como condicionada pelo conhecimento ou como uma função dele, mas separa-se agudamente dele" (Schmidt, 1988, p.28). Schelling muitas vezes chega aos limites do racional, esgota as suas possibilidades, mas nunca abandona, em definitivo, o seu domínio.

Entretanto, é na concepção estética, no papel do belo como acesso imediato e intuitivo ao que há de mais originário no mundo, portanto o projeto comum de levar a Analítica do Sublime kantiana a dar um passo a mais no intuito de reinterpretação da noção de Ideia – salvando-a do seu uso indevido da terceira crítica, por consequência restabelecendo o seu sentido originário platônico de imagens arquetípicas –, o que leva Schopenhauer, sem dúvida, a seguir o mesmo caminho de Schelling. Horkheimer alertava para a incorreção da imagem feita de Kant a partir da primeira crítica – e aceita por boa parte da tradição historiográfica – de um filósofo identificado com a "desintegração não apenas da antiga, mas sobretudo de toda metafísica positiva" (Horkheimer, 1990c, GS X, p.39). O neo-kantismo e a filosofia moderna da teoria do conhecimento ainda hoje contribuem para essa leitura, e aquilo que a contradiz no interior dos próprios

Jair Barboza

textos kantianos é "ou ignorado ou entendido meramente como inconsequência e preconceito condicionado pelo tempo". No entanto, diz Horkheimer, historicamente o nascimento da teoria kantiana do conhecimento, marcada pela ciência de Newton, bem como a sua limitação a um emprego sobre os objetos sensíveis, é "apenas um lado" da sua filosofia. O outro, que decerto é inseparável do primeiro e está numa relação de instigamento com ele, é a fundamentação da metafísica, isto é:

o estabelecimento da ciência do em-si, dos objetos na medida em que eles existam não apenas mediante sua relação com uma consciência que conhece; na medida em que eles não são constituídos meramente a partir do material dos sentidos; o estabelecimento da ciência do suprassensível, do inteligível, daquela ciência que tem a ver com o sentido absoluto do mundo, com a verdade última e incondicionada. (ibidem, p.40)

As bases kantianas da teoria do conhecimento, das ciências da natureza, restringem-se ao seu uso empírico na efetividade. Foi exatamente o fato de a metafísica anterior não ter diferenciado esses procedimentos e acreditado que poderia, com o método científico, construir a metafísica, falar sobre realidades em-si – alma, imortalidade, mundo etc. – como se falasse da realidade das coisas naturais o que, no fundo, diz Horkheimer, Kant censurou nos seus antecessores. A metafísica, conclui Horkheimer, ao contrário:

não tem nada a ver com fenômenos e, por conseguinte, também não pode nesse território legislar e fornecer conhecimentos como o faz a ciência da natureza. Foi disso que a antiga metafísica não se deu conta e por isso se fez preciso, depois do estabelecimento da ciência da natureza, um novo estabelecimento da metafísica. (ibidem, p.41)

Tarefa que Kant assume para si, especialmente na terceira crítica.

Infinitude subjetiva e estética

Ora, nesta linha devemos ler a recepção e a assimilação não só do conceito de natureza, mas também do de arte de Schelling em Schopenhauer, ou seja, no sentido da visibilização do suprassensível kantiano, do autor da terceira crítica interessado nas questões clássicas da metafísica. Schopenhauer critica sim Schelling por querer transformar a metafísica em hiperfísica, sendo pré-crítico. No entanto, a sua própria filosofia ainda discursa sobre a totalidade do mundo e o seu conteúdo. De modo que, se se leva em conta esse bom Kant de Horkheimer, preocupado com os objetos últimos do saber, linha que Schelling seguiu, então não se pode negar que Schopenhauer tinha um alvo igual ao deste. Ambos almejam *fundar uma metafísica não mais da esfera da teoria*, do kantismo de inspiração newtoniana, mas, por assim dizer, *do kantismo de inspiração kantiana, que indica uma aproximação do suprassensível, do incondicionado, da totalidade do mundo*. E ambos encontram a mesma resposta: é pela experiência estética da beleza na sua íntima ligação com a natureza exterior a nós, que é natureza em nós, como a crítica apontara no conceito de gênio, que o suprassensível pode ser sentido. Nessa experiência e nessa vivência reside a subversão desencadeada por Schelling (via Schiller) e para a qual Schopenhauer contribui decisivamente. Ambos veem no ponto mais avançado da Analítica do Sublime a possibilidade de efetuar uma viragem no sentido de reforçar o papel do gênio e da imaginação, de modo que as Ideias da alma cósmica ou da Vontade cósmica são exponíveis esteticamente. Transforma-se o mero sentimento do infinito, a "exposição negativa" da crítica, em exposição imagética. E esse passo, tem-se de admitir, de fato *foi preparado pela recuperação da noção de Ideia platônica por Schelling em sua filosofia-da-natureza e, em seguida, pelo papel da arte como o lugar de sua exposição privilegiada*, arte como liberdade no fenômeno, visibilidade do substrato suprassensível da natureza e do homem, infinito exposto no finito. Em seguida, Schopenhauer se inscreve nessa linha, embora muitas vezes à custa do imanentismo que ele ansiava para a sua

Jair Barboza

filosofia. Pode-se até falar de um *resquício ontológico* no seu pensamento, portanto uma explícita infidelidade kantiana, que foi o *preço pago pela assimilação de Schelling*. Logo, Schopenhauer não abandona a concepção mística da intuição intelectual. Para ele o homem é também um "misto de eternidade e tempo" (Schopenhauer, 1966-1975a, HN I, p.46). As Ideias – anotará em 1816, dois anos antes da publicação de sua obra magna – "têm de ser, se o conhecimento deve ser, pois daquilo que sempre muda não há conhecimento; portanto não se trata, como diz Heráclito, de tudo fluindo, como se o mundo tivesse diarreia [*Diarrhöe*]" (idem, 1966-1975b, HN II, p.380). O palco privilegiado da liberdade é a contemplação e apresentação das imagens arquetípicas, eternas e imutáveis do mundo, com o que a Ideia não é um norte científico para o entendimento, mas a chave da decifração do enigma do mundo pelo modo de conhecimento estético. Assim, confere-se um poder à imaginação ou à fantasia genial que ela não possuía no criticismo. A Ideia não será mais um excesso incongruente com a intuição ou o conceito. Schelling é "útil" para Schopenhauer, apesar do seu "delírio" metafísico. A natureza é filosoficamente redescoberta em seus textos, o mundo exterior é liberto da sua fantasmagoria fichtiana, e Kant (suprassensível) e Platão (Ideia do suprassensível) podem conviver pelo conceito de vida, organismo universal.

Na avaliação de veredicto sobre Schelling como "o mais inteligente" dos idealistas, Schopenhauer revela que ele merecia um lugar especial na sua constelação de pensadores. Contra uma possível tradição historiográfica que vê nele um filósofo menor em relação a Fichte e Hegel,[2] Schopenhauer, ao contrário, vê no primeiro uma maior envergadura intelectual, porque em relação a Fichte justamente redescobriu a filosofia-da-natureza, em relação a Hegel antecipou o conceito, bem questionável, é verdade,

---

2 "No esquema triádico Fichte-Schelling-Hegel, fixado pelos manuais, Schelling é o segundo brilhante ou o rei destronado" (Tilliette, 1970, p.12).

de história transcendental do espírito absoluto. Numa palavra, em relação ao primeiro houve ampliação original; em relação ao segundo, antecipação.[3] De modo que quando Schopenhauer diz que há quatro fontes inspiradoras do seu sistema, a natureza, o *Upanixade*, Kant e Platão, desconfiamos que a significação filosófica do termo "natureza" remete não só ao mundo dos vegetais e minerais, mas sobretudo ao tratamento transcendental dela encontrado na *Naturphilosophie* de Schelling.

---

3 Em relação a Hegel, Schopenhauer é até mais depreciativo e o nomeia um *Hauswurst*, palhaço, arlequim filosófico de Schelling (Schopenhauer, 1988f, p.35). Num manuscrito póstumo de 1830 se encontra o seguinte comentário sobre o sistema filosófico hegeliano: "O sentido propriamente dito do *charlatanismo hegeliano* me parece o seguinte. Ele pega da filosofia schelinguiana duas proposições para construir a sua tralha, a citar: (1) Deus e o mundo são uma coisa só e (2) O real e o ideal são uma coisa só. Então ele diz: 'Se o Senhor Deus é uma coisa só com o mundo, logo o é também com o homem. Segue-se que o homem criou o mundo (pois isso, como se sabe, o fez o Senhor Deus). O mundo nada mais é do que o pensamento do Senhor Deus ou do homem que devém realidade efetiva, razão por que também justamente o real e o ideal são uma coisa só. Sob *ideal* entendo, entretanto, não o mundo intuitivo, mas os *conceitos* (na medida em que ignoro que estes sejam de origem empírica e individual). *Ergo* tem de haver entre os conceitos humanos correntes, dados, e o mundo efetivo a concordância mais precisa, pois eles são em verdade uma única e mesma coisa. A conclusão a tirar: a *lógica* é o que importa. Entendo-a como uma enumeração dos conceitos correntes e dados, tais quais são encontrados na 'testa parva do homem', sem separação entre o formal e o conteúdo, sem fio condutor algum ou entendimento humano ..." (Schopenhauer, 1966-1975d, HN I, 1, p.18-9). Em *Parerga e Paralipomena* a passagem é retomada: "*Schelling*, de acordo com exemplo de Espinosa, nomeou o mundo *Deus*. *Hegel* levou isso ao pé da letra. Ora, como a palavra Deus significa, propriamente dizendo, um ser pessoal que, entre outras coisas, possui características totalmente incompatíveis com o mundo, como a *onisciência*, Hegel transmitiu *esta* ao mundo. A sua sede não poderia, naturalmente, ser nenhuma outra senão a testa parva do homem. Essa testa apenas precisava deixar transcorrer os seus pensamentos (o movimento autônomo do conceito) para revelar todos os mistérios do céu e da terra ... na dialética hegeliana" (Schopenhauer, 1988f, p.36).

No entanto, retenhamos, Schopenhauer dá um passo a mais que Schelling ao unir estética e ética pela negação da Vontade. A sua estética, se conectada à metafísica da natureza, é negativa. Trata-se de uma tentativa de superação do resquício ontológico contido na estética positiva do absoluto, mediante o retorno ético à negatividade da terceira crítica. Em Schopenhauer, portanto, quando se contempla o belo, é a Vontade mesma, na sua unidade, que se contempla; mas essa intuição de si é uma autoanulação, cujos graus menores são identificados no belo e na compaixão. O fato místico por excelência, a santidade, é o seu momento mais elevado. Na negação da Vontade, não existem mais nem o objeto nem o sujeito da experiência. Como explicar isso? A filosofia é impotente. Aqui entra em cena o domínio do místico. O filósofo atingiu o limite da positividade do discurso e deve se calar, contentando-se em mostrar o fenômeno da ascese. Wittgenstein, depois, retomará essa colocação schopenhaueriana na proposição 7 do *Tractatus* com os termos: "O que em geral se deixa dizer, deixa-se dizer claramente; e sobre aquilo que não se pode falar, sobre isso deve-se silenciar". Silêncio no *falar*, no discursar que, todavia, não implica a impossibilidade de que se *mostre* aquilo sobre o que se silencia, como já o indicara Schopenhauer. "Decerto há algo indizível. Isso se *mostra*, é o místico", diz o *Tractatus* (6.522). No entanto, para chegar a esse marco do seu pensamento, Schopenhauer faz uso de Schelling, razão por que é impossível uma compreensão mais profunda da sua metafísica da natureza e do belo, dos graus de objetivação da Vontade na realidade efetiva mediante atos originários, as Ideias (recepção do conceito de natureza), e depois da sua cristalinidade estética (recepção do conceito de arte), sem uma remissão aos graus de desenvolvimento da natureza e aos atos originários da alma cósmica, exponíveis cristalinamente pela arte. Com isso, pode-se chegar à conclusão de que Schelling, depois de Kant, apresenta-se como o filósofo que mais impacto exerceu sobre o *Selbstdenker* Schopenhauer.

Referências bibliográficas

ADORNO, T. *Gesammelte Schriften*. "Ästhetische Theorie". Frankfurt a.M.: Suhrkamp, 1970, VII.

ARISTÓTELES. *Poética*. Trad. Eudoro de Souza. São Paulo: Ars Poetica, 1992.

BEIERWALTES, W. Absolute Identität: Neuplatonische Implikationen in Schellings "Bruno". In: *Philosophisches Jahrbuch*, 80. Jahrgang, Freiburg-München: Karl Alber, s. d.

BRYAN, M. *The Philosophy of Schopenhauer*. Oxford: Oxford University Press, 1983.

CACCIOLA, M. L. *Schopenhauer e a questão do dogmatismo*. São Paulo: EDUSP/FAPESP, 1994.

CASSIRER, E. *Das Erkenntnisproblem*. Berlin, Bruno Cassirer, 1923, v. III.

DEUSSEN, P. (Ed.). *Handschriftlicher Nachlaß* de Schopenhauer. München: Piper u. Co. Verlag, 1913.

FEUERBACH, L. Kritik der Schellingschen Philosophie (título dos editores). In: FRANK, M., KURZ, G. *Materialen zu Schellings philosophischen Anfängen*. Frankfurt a.M.: Suhrkamp, 1975, p. 399-406.

FICHTE, I. G. *Fichtes Leben und literarischer Briefwechse*. Leipzig: F. A. Brockhaus, 1862. (Edição de Immanuel Hermann Fichte).

_____. *Das System der Sittenlehre nach Prinzipien der Wissenschaftslehre* (FW IV). In: _____. *Werke* (FW). Berlin: Walter de Gruyter, 1971a. (Edição de Immanuel Hermann Fichte.)

Jair Barboza

FICHTE, I. G. *Darstellung der Wissenschaftslehre* 1801 (FW II). In: _____.
Werke (FW). Berlin: Walter de Gruyter, 1971b. (Edição de Immanuel
Hermann Fichte.)
_____. *Erste Einleitung in die Wissenschaftslehre* (FW I). In: _____. *Werke*
(FW). Berlin: Walter de Gruyter, 1971c. (Edição de Immanuel
Hermann Fichte.)
_____. *Erster Entwurf eines Systems der Naturphilosophie* (SW III). In:
_____. *Werke* (FW). Berlin: Walter de Gruyter, 1971d. (Edição de
Immanuel Hermann Fichte.)
_____. *Grundlage der gesammten Wissenschaftslehre* (FW I). In: _____.
Werke (FW). Berlin: Walter de Gruyter, 1971e. (Edição de Immanuel
Hermann Fichte.)
_____. *Das System der Sittenlehre* (FW I). In: _____. *Werke* (FW). Berlin:
Walter de Gruyter, 1971f. (Edição de Immanuel Hermann Fichte.)
_____. *Sonnenklarer Bericht* (FW II). In: _____. *Werke* (FW). Berlin:
Walter de Gruyter, 1971g. (Edição de Immanuel Hermann Fichte.)
_____. *Recension des Aenesidemus* (FW I). In: _____. *Werke* (FW). Berlin:
Walter de Gruyter, 1971h. (Edição de Immanuel Hermann Fichte.)
_____. *Versuch einer neuen Darstellung der Wissenschaftslehre* (FW I). In:
_____. *Werke* (FW). Berlin: Walter de Gruyter, 1971i. (Edição de
Immanuel Hermann Fichte.)
_____. *Zweite Einleitung in die Wissenschaftslehre* (FW I). In: _____.
Werke (FW). Berlin: Walter de Gruyter, 1971j. (Edição de Immanuel
Hermann Fichte.)
_____. *Zweite Einleitung in die Wissenschaftslehre, für Leser, die schon ein
philosophisches System haben* (FW I). In: _____. *Werke* (FW). Berlin:
Walter de Gruyter, 1971k. (Edição de Immanuel Hermann Fichte.)
FISCHER, K. *Schellings Leben, Werke und Lehre*. Heidelberg: Carls Winter's
Universitätsbuchhandlung, 1902.
FRANK, M. *Einführung in die frühromantische Ästhetik*. Frankfurt:
Suhrkamp, 1989.
FRANK, M., KURZ, G. (Ed.). *Materialen zu Schellings philosophischen
Anfängen*. Frankfurt a.M.: Suhrkamp, 1975.
FREUD, S. *Gesammelte Werke*. London: Imago, 1961. (Werke aus den
Jahren 1925-31. "Selbstdarstellung".)
FRONGIA, G., McGUINNES, B. *Wittgenstein: a Bibliographical Guide*.
Cambridge: Basil Blackwell, 1990.
FUHRMANS, H. *Schelling: Briefe und Dokumente*. Bouvier: Bonn, 1973.
GOETHE, J. W. *Sämtliche Werke* (SW). Stuttgart, Berlin: Cotta'sche
Buchhandlung, 1640 [MDCXL]. ("Kampagne in Frankreich",
XXVIII.)

286

Infinitude subjetiva e estética

GOETHE, J. W. *Morphologische Schriften*. Ed. e introd. Wilhelm Troll. Jena: Eugen Diederichs, 1926.

_____. *Eins und Alles (Werke I)*. In: _____. *Werke*, 14 Bd. München: C. H. Beck, 1982a.

_____. *Maximen und Reflexionen (Werke XII)*. In: _____. *Werke*, 14 Bd. München: C. H. Beck, 1982b.

_____. Bd. I. In: _____. *Werke*, 14 Bd. München: C.H. Beck, 1982c.

_____. *Faust I*. München: C. H. Beck, 1999.

GWINNER, W. *Schopenhauers Leben*. Leipzig: F. A. Brockhaus, 1919.

HARTMANN, E. V. *Die deutsche Ästhetik seit Kant*. Leipzig: Wilhelm Friedrich, 1886, B. III.

_____. *Zwei Schriften über Schellings Philosophie*. Aalen: Scientia Verlag, 1979. (Reedição em um único volume de *Schellings philosophisches System*, 1897, e *Schellings positive Philosophie als Einheit von Hegel und Schopenhauer*, 1869.)

HEINE, H. *Sämtliche Werke*. Essen: Phaidon, Bd. II, s. d.

_____. *Zur Geschichte der Religion und Philosophie in Deutschland*, s. n. t.

HEGEL, G. W. F. Vorlesungen über Ästhetik. In: _____. *Werke*. Frankfurt a.M.: Suhrkamp, 1970, XIII.

HILLEBRAND, J. *Die deutsche Nationalliteratur*. Hamburg, Gotha: Friedrich und Andreas Perther, 1851, III.

HOMANN, R. Erhaben, das Erhabene. In: *Historisches Wörterbuch der Philosophie*. Basel: Schwabe und Co., 1972.

HORKHEIMER, M. *Gesammelte Schriften*. Frankfurt: Fischer, 1990a. (Edição de Alfred Schmidt.)

_____. *Pessimismus heute* (GS VII). In: _____. *Gesammelte Schriften*. Frankfurt: Fischer, 1990b. (Edição de Alfred Schmidt.)

_____. *Vorselungen über die Geschichte der deutschen idealistischen Philosophie* (GS X). In: *Gesammelte Schriften*. Frankfurt: Fischer, 1990c. (Edição de Alfred Schmidt.)

HÜBSCHER, A. *Briefwechsel Arthur Schopenhauers*. München: Piper, 1933.

_____. *Schopenhauer-Bibliografie*. Stuttgart: Bad Cannstatt, 1981.

_____. *Denker gegen den Strom: Schopenhauer gestern, heute, morgen*. Bonn: Bouvier, 1988.

JACOBI, F. H. *Über die Lehre des Spinoza, in Briefen an Herrn Moses Mendelssohns*. Darmstadt: Wissenschaftliche Buchgesellschaft, 1968.

JÄHNIG, D. *Schelling, die Kunst in der Philosophie*. Stuttgart: Neske, 1969, Bd. II.

JEAN-PAUL. *Vorschule der Ästhetik*. Leipizig: Felix Meiner, 1923.

Jair Barboza

KANT, I. *Die metaphysischen Anfangsgründe der Naturwissenchaft* (GS IV). In: _____. *Gesammelte Schriften* (GS), s. l.: s. n., 1902-1923. (Edição Akademie.)

_____. *Prolegomena zu einer jeden künftigen Metaphysik, die als Wissenschaft auftreten können.* Hamburg: Felix Meiner, 1957.

_____. *Kritik der reinen Vernunft.* Hamburg: Felix Meiner, 1990a.

_____. *Kritik der Urteilskraft.* Frankfurt a.M.: Suhrkamp, 1990b. ("Eileitung". Erste Fassung).

KIELMEYER, C. F. *Über die Verhältniße der organischen Kräfte unter einander in der Reihe der verschiedenen Organisationen, die Gesetze und Folgen dieser Verhältniße.* Tübingen: Christian Friedrich Osiander, 1814.

KNITTERMEYER, H. *Schelling und die romantische Schule.* München: Ernst Reinhardt, 1929.

KURZ, G. *Materialen zu Schellings philosophischen Anfängen.* Frankfurt a.M.: Suhrkamp, 1975.

LEBRUN, G. *Sobre Kant.* Trad. Rubens Rodrigues Torres Filho. São Paulo: Iluminuras, 1993a.

_____. *Kant e o fim da metafísica.* Trad. Carlos Alberto Ribeiro de Moura. São Paulo: Martins Fontes, 1993b.

LUKÀCS, G. *Die Zerstörung der Vernunft.* Berlin: Newied am Rhein, 1962.

LYOTARD, J. F. *The Postmodern Condition: A Report on Knowledge.* Minneapolis: University of Minnesota Press, 1993.

MAY, E. Schopenhauer Lehre von der Selbstentzweiung des Willens, 33, *Schopenhauer-Jahrbuch*, Frankfurt: August Lutzeyer, 1949-1950.

MOLLOWITZ, G. Die Assimilation der platonisch-augustinischen Ideenlehre durch Schopenhauer. In: *66. Schopenhauer-Jahrbuch.* Frankfurt a.M.: Waldemar Kramer, 1985, p. 131-52.

NIETZSCHE, F. *Werke.* Berlin: Walter de Gruyter, 1969. (Edição "Götzen-Dammerung", de G. Colli e M. Montinari, VI Abt., Bd. III.)

_____. *Genalogia da moral.* São Paulo: Brasiliense, 1983.

NOVALIS.*Werke und Briefe.* Leipizig: Insel, 1942 [MCMXLII].

_____. *Dichtungen und Fragmente.* Leipzig: Reclam, 1989, p.400.

PANOFSKY, E. *Idea, ein Beitrag zur Begriffsgeschichte der älteren Kunsttheorie.* Berlin: Volker Spiess, 1982.

PLATÃO. *Der Staat.* Trad. Rudolf Rufener. Zürich, Artemis-Verlag, 1950.

_____. *Republic.* Trad. Paul Shorey. London: William Heinemann, 1987.

SCHEER, B. *Einführung in die Philosophische Ästhetik.* Darmstadt: Primus Verlag, 1997.

SCHELLING, F. W. J. *Abhandlungen zur Erläuterung des Idealismus der Wissenschaftslehre* (SW I). In: _____. *Sämmtliche Werke* (SW). Sttutgart, Cotta, 1856-1861a. (Edição de K. F. A. Schelling.)

Infinitude subjetiva e estética

SCHELLING, F. W. J. *Bruno oder über das göttliche und natürliche Prinzip der Dinge, ein Gespräch* (SW III). In: _____. *Sämmtliche Werke* (SW). Sttutgart, Cotta, 1856-1861b. (Edição de K. F. A. Schelling.)

_____. *Darstellung meines Systems der Philosophie* (SW IV). In: _____. *Sämmtliche Werke* (SW). Sttutgart, Cotta, 1856-1861c. (Edição de K. F. A. Schelling.)

_____. *Einleitung zu dem Entwurf eines Systems der Naturphilosophie* (SW I). In: _____. *Sämmtliche Werke* (SW). Sttutgart, Cotta, 1856-1861d. (Edição de K. F. A. Schelling.)

_____. *Erlangener Vorträge* (SW IX). In: _____. *Sämmtliche Werke* (SW). Sttutgart, Cotta, 1856-1861e. (Edição de K. F. A. Schelling.)

_____. *Erster Entwurf eines Systems der Naturphilosophie* (SW III). In: _____. *Sämmtliche Werke* (SW). Sttutgart, Cotta, 1856-1861f. (Edição de K. F. A. Schelling.)

_____. *Fernere Darstellungen aus dem System der Philosophie* (SW IV). In: _____. *Sämmtliche Werke* (SW). Sttutgart, Cotta, 1856-1861g. (Edição de K. F. A. Schelling.)

_____. *Ideen zu einer Philosophie der Natur* (SW II). In: _____. *Sämmtliche Werke* (SW). Sttutgart, Cotta, 1856-1861h (Edição de K. F. A. Schelling.)

_____. *Philosophie der Kunst*, (SW V). In: _____. *Sämmtliche Werke* (SW). Sttutgart, Cotta, 1856-1861i. (Edição de K. F. A. Schelling.)

_____. *Philosophie und Religion* (SW V). In: _____. *Sämmtliche Werke* (SW). Sttutgart, Cotta, 1856-1861j. (Edição de K. F. A. Schelling.)

_____. *Philosophische Briefe über Dogmatismus und Kritizismus* (SW I). In: _____. *Sämmtliche Werke* (SW). Sttutgart, Cotta, 1856-1861k. (Edição de K. F. A. Schelling.)

_____. *Philosophische Einleitung in die Philosophie der Mythologie* (SW XI). In: _____. *Sämmtliche Werke* (SW). Sttutgart, Cotta, 1856-1861l. (Edição de K. F. A. Schelling.)

_____. *Philosophische Untersuchungen über das Wesen der menschlichen Freiheit und die damit zusammenhängenden Gegenstände* (SW VII). In: _____. *Sämmtliche Werke* (SW). Sttutgart, Cotta, 1856-1861m. (Edição de K. F. A. Schelling.)

_____. *Rede an die Studierenten der Ludwig-Maximilians-Universität* (SW X). In: _____. *Sämmtliche Werke* (SW). Sttutgart, Cotta, 1856-1861n. (Edição de K. F. A. Schelling.)

_____. *System des transzendentalen Idealismus* (SW III). In: _____. *Sämmtliche Werke* (SW). Sttutgart, Cotta, 1856-1861o. (Edição de K. F. A. Schelling.)

SCHELLING, F. W. J. *Über das Verhältniß der bildenden Künste zur Natur*, (SW VII). In: _____. *Sämmtliche Werke* (SW). Sttutgart, Cotta, 1856--1861p. (Edição de K. F. A. Schelling.)

_____. *Vom Ich als Prinzip der Philosophie oder über das Unbedingte im menschlichen Wissen*. (SW I). In: _____. *Sämmtliche Werke* (SW). Sttutgart, Cotta, 1856-1861q. (Edição de K. F. A. Schelling.)

_____. *Von der Weltseele, eine Hypothese der höheren Physik zur Erklärung des algemeinen Organismus* (SW II). In: _____. *Sämmtliche Werke* (SW). Sttutgart, Cotta, 1856-1861r. (Edição de K. F. A. Schelling.)

_____. *Zur Geschichte der neueren Philosophie* (SW X). In: _____. *Sämmtliche Werke* (SW). Sttutgart, Cotta, 1856-1861s. (Edição de K. F. A. Schelling.)

SCHILLER, J. C. F. v. *Über die objektiven Bedingungen der Schönheit* (SW IX). In: _____. *Sämtliche Werke*. Leipzig: Georg Müler Verlag, 1913--1924a.

_____. *Vom Erhabenen: Zur weitern Ausführung einiger Kantischen Ideen* (SW X). In: _____. *Sämtliche Werke*. Leipzig: Georg Müler Verlag, 1913-1924b.

_____. *Über das Erhabene* (SW XVIII). In: _____. *Sämtliche Werke*. Leipzig: Georg Müler Verlag, 1913-1924c.

_____. *Über den Grund des Vergnügens an tragischen Gegenständen* (SW IX). In: _____. *Sämtliche Werke*. Leipzig: Georg Müler Verlag, 1913-1924d.

_____. *Über die tragische Kunst* (SW IX). In: _____. *Sämtliche Werke*. Leipzig: Georg Müler Verlag, 1913-1924e.

_____. *Über das Vergnügen an tragischen Gegenständen* (SW IX). In: _____. *Sämtliche Werke*. Leipzig: Georg Müler Verlag, 1913-1924f.

_____. *Zertreute Betrachtungen über verschiedene ästhetische Gegenstände* (SW X). In: _____. *Sämtliche Werke*. Leipzig: Georg Müler Verlag, 1913-1924g.

SCHMIDT, A. *Idee und Weltwille, Schopenhauer als Kritiker Hegel*. München: Hanser, 1988.

SCHOPENHAUER, A. *Frühe Manuskripte 1804-1818* (HN I). Frankfurt a.M.: Waldemar Kramer, 1966-1975a. (Edição *Der handschriftliche Nachlaß*, de Arthur Hübscher.)

_____. *Kritische Auseinandersetzungen 1809-1818* (HN II). Frankfurt a.M.: Waldemar Kramer, 1966-1975b. (Edição *Der handschriftliche Nachlaß*, de Arthur Hübscher.)

_____. *Berliner Manuskripte 1818-1830* (HN III). Frankfurt a.M.: Waldemar Kramer, 1966-1975c. (Edição *Der handschriftliche Nachlaß*, de Arthur Hübscher.)

Infinitude subjetiva e estética

SCHOPENHAUER, A. *Die Manuskriptbücher der Jahre 1830 bis 1852* (HN IV, 1). Frankfurt a.M.: Waldemar Kramer, 1966-1975d. (Edição *Der handschriftliche Nachlaß*, de Arthur Hübscher.)

_____. *Letzte Manuskripte* (HN IV, 2). Frankfurt a.M.: Waldemar Kramer, 1966-1975e. (Edição *Der handschriftliche Nachlaß*, de Arthur Hübscher.)

_____. *Randschriften zu Büchern* (HN V). Frankfurt a.M.: Waldemar Kramer, 1966-1975f. (Edição *Der handschriftliche Nachlaß*, de Arthur Hübscher.)

_____. *Metaphysik der Sitten.* München: Piper, 1985a. (Edição das *Philosophische Vorlesungen übr die gesammte Philosophie aus dem handschriftlichen Nachlaß*, de Volker Spierling.)

_____. *Metaphysik des Schönen.* München: Piper, 1985b. (Edição das *Philosophische Vorlesungen übr die gesammte Philosophie aus dem handschriftlichen Nachlaß*, de Volker Spierling.)

_____. *Die Welt als Wille und Vorstellung* I. Zürich: Haffmans, 1988a. (Edição *"letzter Hand"* de Ludger Lütkehaus.)

_____. *Die Welt als Wille und Vorstellung II.* Zürich: Haffmans, 1988b. (Edição *"letzter Hand"*, de Ludger Lütkehaus.)

_____. *Über die vierfache Wurzel des Satzes vom zurreichenden Grunde.* Zürich: Haffmans, 1988c. (Edição *"letzter Hand"*, de Ludger Lütkehaus.)

_____. *Über den Willen in der Natur.* Zürich: Haffmans, 1988d. (Edição *"letzter Hand"*, de Ludger Lütkehaus.)

_____. *Die beiden Grundprobleme der Ethik.* Zürich: Haffmans, 1988e. (Edição *"letzter Hand"*, de Ludger Lütkehaus.)

_____. *Parerga und Paralipomena I.* Zürich: Haffmans, 1988f. (Edição *"letzter Hand"*, de Ludger Lütkehaus.)

_____. *Parerga und Paralipomena II.* Zürich: Haffmans, 1988g. (Edição *"letzter Hand"*, de Ludger Lütkehaus.)

_____. *Sobre a Filosofia Universitária.* São Paulo: Pólis, 1991.

SUZUKI, M. *O gênio romântico: crítica e história da filosofia em Friedrich Schlegel.* São Paulo, Iluminuras, 1998.

TILLIETTE, X. *Schelling, une philosophie en devenir.* I: *Le système vivante, 1794-1821.* Paris: Vrin, 1970.

TORRES FILHO, R. R. *O espírito e a letra: crítica da imaginação pura em Fichte.* São Paulo: Ática, 1975.

_____. O Simbólico em Schelling. In: *Ensaios de filosofia ilustrada.* São Paulo: Brasiliense, 1987.

_____. "Prefácio" a Schopenhauer e a questão do dogmatismo. In: CACCIOLA, M. L. *Schopenhauer e a questão do dogmatismo.* São Paulo: EDUSP/FAPESP, 1994, p. 15-17.

VECCHIOTTI, I. "Schopenhauer e Schelling: problemi metodologici e problemi di contenuto". In: *Schopenhauer-Jahrbuch* für das Jahr 1987. Frankfurt a.M.: Waldemar Kramer, 1987.

_____. Sviluppo e senso delle annotazioni schopenhaueriane a Schelling. In: *Schopenhauer-Jahrbuch* für das Jahr 1989. Frankfurt a.M.: Waldemar Kramer, 1989.

VIËTOR, K. *Geist und Form*. Bern: A. Francke, 1952.

WEISCHEDEL, W. *Philosophische Grenzgänge*. Stuttgart: W. Kohlhammer, 1967.

WITTGENSTEIN, L. *Tractatus logico-philosophicus (Werke I)*. In: _____. *Werkausgabe*. Frankfurt a.M.: Suhrkamp, 1984a.

_____. *Tagebücher 1814-16. (Werke I)*. In: _____. *Werkausgabe*. Frankfurt a.M.: Suhrkamp, 1984b

ZINT, H. Schopenhauers Philosophie des doppelten Bewusstseins. In: *10. Schopenhauer-Jahrbuch*. Heidelberg: Carl Winters Universitäts-buchhandlung, 1921, p. 3-45.

Índice

A = A, 45, 54, 55, 84, 85, 88, 94, 133

A = B, 84, 85, 88, 94, 133, 137, 183

A = B+, 84, 85, 133, 137, 183

Absoluto, 120

Adorno, 242, 243

Agostinho, T. 129, 130

Analítica, 14, 150, 181, 189, 195, 200, 223, 246, 247, 251, 256, 257, 258, 260, 261, 281, 283

Aristóteles, 7, 62, 156, 241, 245, 268

Arte, 8, 10, 14, 15, 16, 53, 75, 79, 89, 91, 112, 223, 283

Barboza, J., 17

Beirwaltes, W. 164

Belo, 16, 17, 147, 150, 151, 152, 153, 154, 160, 161, 165, 169, 170, 175, 176, 181, 183, 189, 190, 191, 193, 194, 195, 196, 197, 198, 199, 202, 208, 210, 212, 213, 214, 215, 219, 220, 221, 223, 225, 226, 234, 235, 236, 237, 238, 239, 241, 242, 243, 245, 246, 247, 248, 249, 250, 251, 252, 253, 255, 256, 257, 258, 259, 260, 261, 262, 263, 264, 265, 266, 256, 268, 270, 271, 274, 277, 281, 286

Berkeley, G. 104

Bryan, M. 10

Böhme, J. (nota p.165)

Boileau, N. 191

Bruno, G. (nota p.165)

Burk, E., 193, 194

Cacciola, M. L., 17, 113, 119, 120

Cassirer, E. 9

Cícero, 165, 167, 234

Coisa, 182, 281

Construção, 14, 39, 40, 41, 42, 53, 60, 62, 65, 75, 87, 90, 102, 132, 141, 158, 176, 177, 233, 237

Correggio, 271

Descartes, R. 43, 104

Deus, 12, 16, 23, 24, 36, 38, 43, 73, 88, 99, 102, 129, 133, 138, 139, 141, 142, 159, 163, 179, 180, 185, 186, 187, 221, 265, 266, 276, 277, 280, 285

Empédocles, 59

Ekhart, M. nota 8 – p.87

Erlangen, J. 34

Espinosa, 7, 24, 30, 36, 73, 74, 115, 124, 125, 285

Espírito, 10, 15, 41, 52, 53, 57, 62, 63, 64, 65, 81, 86, 89, 91, 95, 97, 105, 111, 112, 114, 118, 133, 143, 144, 165, 166, 167, 170, 172, 175, 185, 207, 209, 241, 242, 243, 249, 252, 261, 274, 285

Essência, 17, 20, 24, 40, 44, 70, 83, 94, 95, 100, 109, 111, 112, 120, 121, 122, 123, 126, 128, 129, 134, 156, 166, 180, 183, 184, 185, 187, 219, 223, 226, 255, 264, 266, 268, 269, 270, 271, 275

Estética, 9, 10, 13, 14, 15, 16, 17, 53, 164, 155, 156, 159, 160, 161, 166, 167, 168, 169, 173, 176, 177, 178, 182, 186, 189, 190, 194, 195, 196, 197, 199, 200, 204, 205, 206, 207, 210, 211, 213, 215, 216, 218, 219, 220, 222, 223, 228, 230, 232, 233, 234, 235, 238, 239, 240, 241, 242, 243, 244, 245, 246, 247, 248, 250, 251, 252, 253, 254, 255, 256, 257, 258, 259, 260, 261, 262, 263, 264, 265, 266, 268, 269, 271, 273, 274, 275, 277, 279, 281, 283, 286

Ética, 10, 14, 17, 28, 197, 199, 207, 223, 264, 265, 267, 269, 270, 271, 273, 274, 275, 277, 286

Eu, 26, 28, 38, 47, 51, 91, 112

Exposição, 84

Felicidade, 205, 230

Fenômeno, 15, 49, 55, 71, 72, 76, 81, 88, 92, 105, 106, 108, 109, 110, 113, 114, 117, 120, 121, 128, 131, 149, 152, 159, 160, 162, 168, 174, 183, 190, 191, 193, 206, 207, 209, 219, 226, 227, 228, 250, 254, 255, 259, 260, 261, 268, 270, 283, 286

Feuerbach, L. 139

Fichte, I. G. 7, 8, 14, 22, 23, 24, 26, 27, 29, 31, 33, 34, 36, 38, 40, 41, 42, 43, 44, 45, 46, 47,

48, 49, 51, 53, 54, 55, 56, 58,
59, 62, 63, 74, 78, 82, 90, 95,
102, 103, 112, 114, 119, 122,
138, 234, 271, 279, 284
Filosofia, 17, 178, 181, 185, 213,
214, 221, 223, 262
Fischer, K., 9, 43, 44, 212
Força, 60, 66, 67, 70, 71, 74, 77,
78, 82, 83, 88, 107, 111, 120,
121, 125, 131, 134, 137, 155,
174, 203, 207, 239
Frank, M., 139, 178, 218
Freud, S. 10
Frongia, G. 10
Fuhrmans, H. 212, 36, nota 4 –
p.36

Gênio, 13, 16, 25, 144, 150, 155,
156, 160, 161, 167, 169, 170,
171, 172, 174, 176, 177, 181,
187, 195, 210, 212, 225, 236,
237, 238, 244, 247, 248, 249,
257, 258, 259, 260, 261, 263,
264, 268, 270, 271, 272, 273,
283
Goethe, 15, 60, 70, 71, 72, 73,
74, 78, 82, 83, 86, 87, 91,
116, 117, 132, 135, 145, 203,
211, 218, 246

Hamanns nota p.170
Hartmann, E. v., 8, 9, 12, 13, 74,
238, 240, 242, 262, 279
Hegel, G. W. F. 8, 36, 102, 242,
243, 284, 285
Heine, H. 149, 208
Herder, J. G. nota p.170

Heráclito, 135, 284
Homann, R. nota p.218
Homero, 163, 170, 217
Horkheimer, M. 29, 47, 62, 83,
196, 259, 263, 264, 267, 281,
282, 283
Hübscher, A. 8, 9, 13, 53, 74,
136, 137, 172, 279

Ideia, 16, 42, 75, 82, 91, 92,
129, 130, 150, 155, 156, 157,
161, 163, 165, 166, 178, 180,
181, 182, 183, 184, 186, 187,
189, 190, 210, 211, 213, 215,
216, 221, 225, 226, 228, 229,
231, 233, 234, 235, 236, 238,
240, 247, 248, 250, 251, 253,
255, 256, 257, 258, 260, 263,
273, 275, 277, 281, 283
Intuição, 12, 14, 16, 19, 20, 21,
22, 24, 25, 26, 27, 30, 31, 32,
33, 34, 35, 36, 37, 38, 39, 40,
41, 43, 44, 46, 47, 51, 52, 53,
57, 58, 59, 60, 61, 69, 73, 78,
79, 80, 81, 82, 83, 87, 94, 97,
102, 104, 107, 108, 114, 118,
119, 120, 121, 122, 129, 138,
144, 148, 157, 160, 161, 162,
167, 168, 171, 174, 176, 177,
182, 183, 190, 191, 199, 206,
208, 209, 210, 211, 212, 213,
214, 215, 216, 217, 218, 219,
220, 221, 226, 227, 228, 231,
232, 233, 234, 235, 237, 238,
243, 244, 247, 252, 254, 259,
260, 265, 266, 271, 272, 273,
277, 284, 286
Íxion, 267

Jacobi, F. H. 38, 115, 124, 125, 157, 167

Jähning, D. 219, 220

Jean-Paul, 270

Joyce, 222

Kant, I. 7, 8, 10, 14, 15, 17, 22, 23, 25, 31, 33, 34, 35, 38, 39, 51, 53, 70, 74, 77, 78, 80, 82, 83, 96, 99, 100, 101, 102, 103, 107, 112, 113, 115, 125, 131, 132, 135, 137, 145, 147, 148, 149, 150, 151, 153, 154, 155, 156, 157, 158, 159, 160, 161, 162, 163, 164, 165, 167, 169, 170, 171, 172, 174, 181, 183, 187, 189, 190, 191, 192, 194, 195, 197, 199, 200, 201, 203, 205, 209, 210, 213, 214, 217, 219, 220, 225, 226, 227, 228, 233, 245, 246, 247, 248, 249, 250, 251, 255, 256, 257, 259, 260, 261, 262, 275, 281, 282, 283, 285, 287

Kepler, J. 73

Kielmeyer, C. F. 15, 73, 74, 78, 82, 83, 87, 132, 135, 147

Klopstock, F. G. 194

Knittermeyer, H. 79

Kurz, G. 139, 218

Lebrun, G. 149, 162, 195, 199

Liberdade, 8, 12, 21, 22, 23, 25, 27, 32, 34, 40, 41, 53, 56, 63, 75, 76, 81, 82, 96, 97, 113, 138, 141, 142, 143, 148, 149, 150, 151, 161, 167, 168, 169, 171, 172, 186, 181, 195, 198, 200, 202, 206, 207, 209, 231, 232, 249, 251, 252, 260, 261, 263, 265, 269, 271, 273, 275, 280, 283, 284

Locke, 113

Longino, 193

Lucrécio, 62

Lukàcs, G. 142

Lutero, M. 88

Lyotard, J. F. 222

May, E., 135

McGuinnes, 10

Metamorfose, 86

Mito, 217, 218

Mollowitz, G. 129, 130, 145

Música, 10, 238, 240, 241

Nada, 26, 49, 111, 274

Newton, I. 76, 125, 170, 282

Nietzsche, F. 10, 154, 169, 222, 240, 246, 247

Novalis, 78, 79, 80, 83, 85, 111, 112, 178, 259

Panofsky, E. 165, 166

Platão, 7, 8, 10, 16, 20, 95, 103, 115, 118, 127, 156, 158, 159, 163, 164, 165, 178, 179, 180, 225, 226, 228, 235, 248, 258, 263, 284, 285

Plotino, 157, 165, 166, 167, 235

Poesia, 79, 83, 163, 164, 172, 173, 174, 194, 205, 217, 218, 236, 238, 240, 246, 256

Polaridade, 17, 61, 135

Prazer, 17, 94, 107, 108, 117, 152, 154, 190, 193, 194, 195, 199, 201, 205, 204, 206, 211, 221, 222, 249, 272

Pseudo Longino nota p.191

Rafael, 274

Razão, 13, 23, 30, 31, 32, 33, 34, 49, 50, 51, 57, 58, 59, 77, 95, 96, 97, 98, 99, 100, 102, 103, 105, 106, 107, 109, 115, 116, 118, 120, 122, 123, 124, 126, 127, 128, 136, 140, 141, 142, 143, 148, 151, 152, 153, 156, 157, 158, 160, 164, 165, 172, 176, 181, 190, 191, 192, 193, 197, 199, 200, 201, 207, 209, 218, 228, 229, 236, 237, 238, 240, 247, 248, 252, 254, 256, 257, 258, 260, 265, 270, 271, 272, 273, 275, 281, 285, 286

Real, 27, 34, 41, 42, 53, 56, 57, 64, 65, 66, 68, 69, 83, 85, 89, 81, 104, 113, 114, 116, 117, 119, 122, 137, 165, 167, 177, 183, 184, 186, 202, 218, 256, 274, 285

Realidade, 15, 22, 23, 27, 28, 29, 34, 39, 42, 46, 47, 50, 56, 64, 66, 68, 78, 79, 80, 81, 82, 89, 92, 94, 99, 104, 105, 108, 112, 113, 114, 116, 119, 132, 139, 148, 157, 159, 164, 173, 187, 204, 209, 218, 226, 227, 239, 245, 248, 249, 265, 268, 282, 285, 286

Saber, 19, 20, 21, 26, 27, 44, 47, 48, 51, 52, 53, 54, 55, 59, 60, 61, 63, 65, 84, 89, 90, 95, 97, 103, 105, 106, 107, 108, 115, 116, 159, 169, 270, 283

Scheer, B., 251

Schelling, F. W. J. 7, 8, 9, 10, 11, 12, 13, 14, 15, 16, 17, 19, 20, 22, 23, 24, 29, 31, 33, 34, 36, 38, 39, 40, 41, 42, 43, 44, 45, 46, 50, 52, 54, 55, 56, 57, 59, 60, 61, 62, 63, 65, 66, 68, 69, 70, 73, 74, 77, 78, 79, 80, 81, 82, 83, 84, 86, 87, 89, 90, 92, 93, 94, 95, 96, 97, 98, 99, 102, 103, 105, 111, 112, 114, 115, 117, 119, 120, 122, 124, 125, 128, 130, 132, 135, 136, 137, 138, 139, 140, 141, 142, 143, 144, 147, 150, 151, 157, 165, 167, 169, 171, 172, 174, 176, 177, 178, 179, 180, 181, 183, 184, 186, 187, 189, 194, 200, 203, 210, 211, 214, 215, 216, 219, 220, 221, 223, 225, 226, 229, 232, 233, 235, 238, 239, 241, 242, 243, 244, 248, 249, 250, 254, 255, 256, 257, 259, 261, 262, 263, 264, 265, 268, 271, 274, 277, 279, 280, 281, 283, 284, 285, 286

Schiller, J. C. F. 16, 194, 199, 200, 201, 202, 203, 204, 205, 206, 207, 208, 209, 210, 211, 214, 212, 215, 216, 219, 221, 248, 249, 250, 255, 256, 258, 261, 263, 283

Schlegel, A., 178

Schlegel, F., 53, 79, 172, 178, 212

Schmidt, A., 281

Schopenhauer, A. 7, 8, 9, 10, 11, 13, 14, 15, 16, 17, 29, 49, 50, 51, 53, 61, 75, 80, 91, 98, 99, 100, 101, 102, 103, 105, 107, 108, 109, 110, 111, 112, 113, 114, 115, 116, 117, 119, 120, 121, 122, 123, 124, 125, 128, 129, 130, 131, 132, 133, 134, 135, 136, 137, 140, 142, 143, 144, 145, 150, 151, 157, 178, 183, 194, 200, 203, 210, 213, 223, 225, 226, 227, 228, 229, 232, 233, 234, 235, 236, 237, 238, 239, 240, 242, 243, 244, 245, 247, 248, 249, 251, 252, 253, 255, 256, 257, 258, 259, 261, 262, 264, 265, 266, 267, 268, 269, 270, 271, 272, 273, 274, 275, 276, 277, 279, 280, 281, 283, 284, 285, 286

Schulze, 7, 24

Sensível, 147

Shaftesbury, 172

Símbolo, 216

Sistema, 82, 167, 173, 181, 212, 216, 249, 256, 263

Sócrates, 163, 164

Stephani nota – p.24

Sublime, 14, 150, 181, 189, 191, 193, 200, 206, 223, 247, 251, 256, 257, 258, 260, 261, 281, 283

Sujeito, 16, 20, 21, 22, 23, 24, 25, 29, 30, 31, 35, 36, 47, 49, 50, 51, 52, 54, 55, 56, 57, 58, 63, 64, 68, 69, 84, 88, 104, 105, 112, 114, 119, 120, 125, 126, 162, 174, 191, 199, 201, 202, 205, 206, 210, 213, 220, 222, 227, 229, 230, 231, 232, 234, 235, 239, 245, 246, 248, 250, 251, 253, 254, 255, 256, 257, 269, 271, 272, 276, 286

Suzuki, M. 53, 157

Tieck nota 6 – p.79

Tilliette, X. 9, 38, 44, 141, 157, 142, 167, 244, 261, 284

Torres Filho, R. R. 23, 26, 28, 48, 50, 52, 113, 217

Tragédia, 10, 200, 202, 203, 204, 205, 206, 207, 208, 209, 210, 220, 221, 256, 257, 268

Transição, 189

Ungolino nota p.264

Upanixade, 8, 115, 285

Vida, 10, 15, 16, 20, 23, 26, 27, 28, 38, 43, 51, 52, 53, 58, 59, 71, 73, 76, 78, 79, 80, 81, 82, 83, 84, 85, 87, 89, 90, 93, 94, 95, 98, 114, 121, 122, 123, 125, 126, 128, 131, 132, 138, 140, 141, 144, 145, 164, 169, 177, 187, 190, 193, 197, 202, 203, 205, 207, 220, 240, 242, 247, 253, 254, 256, 266, 267, 269, 270, 271, 272, 273, 274, 284

Viëtor, K. 193, 194

Visão, 42, 43, 44, 64, 86, 92,
103, 105, 108, 118, 131, 141,
143, 162, 165, 166, 221, 238,
241, 246, 257, 259, 260, 267,
271, 272, 275, 277
Vontade, 8, 15, 94, 98, 99, 110,
111, 117, 118, 119, 120, 121,
122, 123, 126, 127, 128, 129,
130, 131, 132, 133, 134, 135,
136, 137, 138, 140, 143, 203,
223, 228, 229, 231, 233, 236,
239, 240, 247, 249, 254, 255,

257, 265, 267, 268, 270, 271,
272, 273, 274, 275, 276, 277,
279, 280, 281, 283, 286

Wacknroder, W. H. 172, nota
p.169
Weischedel, W. 222, 223
Wittgenstein, L. 10, 17, 64, 272,
274, 286

Zint, H. 145

Anexos

ANEXO 1 – Acima, em dois registros do seu caderno de estudos sobre as "Ideen zu einer Philosophie der Natur" de Schelling, Schopenhauer escreve: "p.196 Das Kapitel über die Konstruktion der Elektricität in der Natur-Philosophie scheint mir sehr toll". E: "p.237 Das Kapitel vom Allgemeinen im Dynamischen Process ist wo möglich noch toller".

Fonte: Schopenhauer-Archiv, Frankfurt am Main.

Jair Barboza

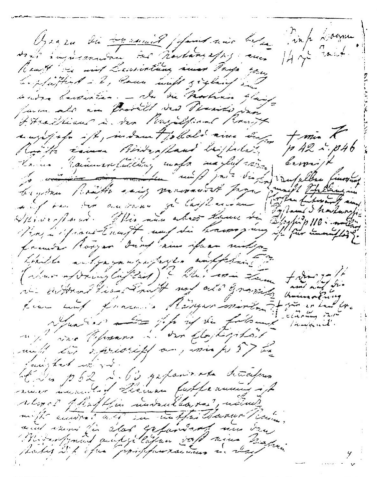

ANEXO 2 – Na observação marginal (canto superior direito), em uma página de seu caderno de estudos sobre Kant, ano de 1812, a menção ao "Erster Entwurf": "Denselben Einwurf macht Schelling im Ersten Entwurf eines Systems der Naturphilosophie, p.110 und erklärt ihn für unauflöslich".

Fonte: Schopenhauer-Archiv, Frankfurt am Main.

Infinitude subjetiva e estética

ANEXO 3 – Fotocópia do exemplar de uso schopenhaueriano do "Freiheitsschrift", com inúmeros grifos na p.419, dentre os quais o referente à definição *Wollen ist Ursein*, à qual se seguem predicados do querer como *Grundlosigkeit, Ewigkeit, Unabhängigkeit von der Zeit, Selbstbejahung*, depois adaptados por Schopenhauer ao domínio do irracional.

Fonte: Schopenhauer-Archiv, Frankfurt am Main.

ANEXO 4 – Acima, na p.422 do escrito sobre a liberdade, o grifo em "viele einzelne Willen, die in einem Urwillen begriffen sind". Schopenhauer recebe essa formulação pela distinção entre Vontade cósmica e vontades particulares de cada ser humano, que correspondem a uma acentuação da Ideia de humanidade. Todavia, embaixo à esquerda, onde está escrito "ecce", Schopenhauer parece estranhar uma *Vermögen* de bem e mal enquanto *lebendige Begriff*, provavelmente por tratar-se de uma interferência inverídica do racional no irracional.

Fonte: Schopenhauer-Archiv, Frankfurt am Main.

ANEXO 5 – Quando no escrito sobre a liberdade Schelling afirma que as coisas têm seu fundamento naquilo que em Deus não é ele mesmo, "was in Gott nicht Er selbst ist", o autor de *O mundo...* comenta ironicamente, em francês, ao lado da passagem: *courage* (coragem), como se tivesse faltado a Schelling a coragem de dar um passo decisivo e reconhecer o irracional como princípio do mundo.

Fonte: Schopenhauer-Archiv, Frankfurt am Main.

ANEXO 6 – Quando no escrito sobre a liberdade, p.436, Schelling afirma que o princípio obscuro das criaturas, a vontade ainda sem unidade perfeita com a luz, é "blinder Wille", Schopenhauer reconhece a verdade dessa sentença, que contém a característica marcante da sua Vontade cósmica, ou seja, a impetuosidade cega. O filósofo, então, anota marginalmente: "Vorspuck von mir", ou seja, uma antecipação, embora tateante, do que depois ele dirá com plena clareza de consciência.

Fonte: Schopenhauer-Archiv, Frankfurt am Main.

ANEXO 7 – Quando na p.455 do escrito sobre a liberdade Schelling diz "dass die Begierde, die den Grund jedes besondern Naturlebens ausmacht", Schopenhauer reconhece mais uma vez uma espécie de antecipação rudimentar de si, da sua tese da volição essencial de cada ser, ao anotar à direita: "Vorspuck von mir".

Fonte: Schopenhauer-Archiv, Frankfurt am Main.

jene Einheit den Ausdruck *von einem einzel-
nen Punkt hergenommen hast, als ob sie
auf diesen eingeschränkt wäre. Jedoch desto
mehr muß es uns angelegen seyn, diesen
Punkt zu bestimmen, um seine Würde erkennen zu lernen. Du setzest also, wenn du die
Einheit des Anschauens und Denkens setzest,
nothwendig das objektive Erkennen mit dem
unendlichen Begriff des Erkennens gleich?
Lucian. So setze ich.
Bruno. Das objektive Erkennen aber
ist endlich nur sofern es auf den Leib als
sein <u>unmittelbares Objekt</u> bezogen wird, un-
endlich also insofern es auf den Begriff des
Erkennens?
Lucian. Es folgt wohl.
Bruno. Aber dieser ist gleichfalls un-
endlich?
Lucian. Richtig.
Bruno. Das Bezogene also, und das,
worauf bezogen wird, sind Eins und unun-
terscheidbar.
Lucian. Nothwendig.
Bruno. Das Unendliche kommt also
zu dem Unendlichen, und wie denkst du nun,
daß dieses zu sich selber kommen des Unend-

143

lichen sich ausspreche, oder welcher Ausdruck
dafür sey?
Lucian. Ich.
Bruno. Du hast den Begriff genannt,
mit dem als einem Zauberschlag die Welt sich
öffnet.
Lucian. Gewiß, er ist Ausdruck der
höchsten Absonderung des Endlichen vom
Endlichen.
Bruno. Welche weitern Bestimmungen
aber dieses Begriffs pflegt ihr zu geben?
Lucian. Was wir Ich nennen, ist nur
jene Einheit des Idealen mit dem Realen, des Endlichen mit dem Unendlichen;
diese selbst aber wieder ist nur sein eignes
Thun. Das Handeln, wodurch es entsteht,
ist zugleich es selbst, es ist folglich nichts
unabhängig von diesem Handeln und außer
demselben, sondern nur für sich selbst und
durch sich selbst. Eben so auch <u>die an sich
ewigen Dinge</u> gelangen in das objektive und
zeitliche Erkennen, worin sie durch Zeit be-
stimmt werden, bloß dadurch, daß uns
endliche Denken sich im Endlichen Objekt
wird.
Bruno. Dieses Objektivwerden des un-

ANEXO 8 – Na p.142 acima, a passagem da obra "Bruno" sobre o *Leib*, corpo como *unmittelbares Objekt*, objeto imediato. Mais uma oportunidade para Schopenhauer grifar um conceito que recebe a sua anuência, no sentido daquilo que leva ao turvamento da consciência.
Fonte: Schopenhauer-Archiv, Frankfurt am Main.

164

Selbst," — Ist die nicht das Princip aller Schwärmerischen Philosophie, das nur von verschiednen verschieden — nach ihrer Geist und Sinnesart — ausgelegt, gedentet, in Bilder gehüllt worden ist. Das Princip für die Gefchichte aller Schwärmerey ist hier zu finden.

„Ich begreife, fagen Sie, wie Spinoza den Widerspruch feines Moralprincips fich verbergen konnte. Aber, diefs zugegeben, wie konnte der heitre Geift eines Spinoza — (über fein ganzes Leben und alle feine Schriften verbreitet fich jenes fanfte Licht der Heiterkeit) — ein folches zerftörendes, vernichtendes Princip ertragen?" — Ich kann Ihnen nichts anders antworten, als, lefen Sie feine Schriften in diefer Hinficht, und Sie werden die Antwort auf Ihre Frage feibft finden.

Eine natürliche — unvermeidliche Täufchung hatte ihm, und allen den edleren Geiftern, die daran glaubten, jenes Princip erträglich gemacht. Ihm, ist intellektuale Anfchauung des Abfoluten das höchfte, die letzte Stufe der Erkenntnifs, zu der ein endliches Wefen fich erheben kann, das eigentliche Leben des Geiftes. *) Woher anders konnte er die

*) Alle adäquaten, d. h. unmittelbaren Erkenntniffe find nach Spinoza Anfchauungen göttlicher Attribute, und der Hauptfatz, auf dem feine Ethik (infofern fie diefs ist) beruht, ist der Satz: mens humana habet adaequatam cognitionem aeternae et infinitae effentiae Dei. Eth. L. II. Prop. 47. Aus diefer Anfchauung Gottes läfst er die intellektuelle Liebe Gottes entftehen, welche er als Annäherung zum Zuftande der höchften Seligkeit befchreibt. Mentis erga Deum amor intellectualis, fagt er

165

Idee derfelben gefchöpft haben, als aus feiner Selbftanfchauung; man darf nur ihn felbft lefen, um fich ganz davon zu überzeugen. *)

Uns allen nämlich wohnt ein geheimes, wunderbares Vermögen bey, uns aus dem Wechfel der Zeit in unfer Innerftes, von allem, was von auffenher hinzukam, entkleidetes Selbft zurückzuziehen, und da unter der Form der Unwandelbarkeit das Ewige in uns anzufchauen. Diefe Anfchauung ist die innerfte, eigenfte Erfahrung, von welcher allein alles abhängt, was wir von einer überfinnlichen Welt wiffen und glauben. Diefe Anfchauung zuerft überzeugt uns, dafs irgend etwas im eigentlichen Sinne ist, während alles übrige nur erfcheint, worauf wir jenes Wort übertragen. Sie unterfcheidet fich von jeder finnlichen Anfchauung dadurch, dafs fie nur durch Freyheit hervorgebracht und jedem Andern fremd und unbekannt ist; deffen Freyheit, von der eindringenden Macht der Objekte überwältigt, kaum

i. V. Prop. 36, pars est infiniti amoris, quo Deus fe ipfum amat. — Summus mentis conatus fummaque virtus est, res intelligere tertio genere, quod procedit ab adaequata idea divinorum attributorum. ib. Prop. 25. — Ex hoc cognitionis genere fumma, quae dari poteft, mentis acquiefcentia oritur. ib. Prop. 27. — Clare intelligimus, qua in re noftra falus, feu beatitudo feu libertas confiftit, nempe in aeterno erga Deum amore. ib. Prop. 36. Schol.

*) z. B. L. V. Prop. 30. Mens noftra, quatenus fe fub Aeternitatis fpecie cognofcit, eatenus Dei cognitionem neceffario habet, fcitque, fe in Deo effe et per Deum concipi.

ANEXO 9 a, b e c – Neste anexo e no seguinte, 9b, fotocópias das p.164-7 do exemplar schopenhaueriano de uso das cartas filosóficas sobre o dogmatismo e criticismo de Schelling, com a observação "Ecce", exatamente na definição do conceito de intuição intelectual. Depois, no Apêndice 9c, comentário em seu caderno de estudos sobre a grande verdade da referida passagem: "p.165-166 Steht grosse lautre Wahrheit".

Fonte: Schopenhauer-Archiv, Frankfurt am Main.

166

zur Hervorbringung des Bewußtseyns hinreicht. Doch giebt es auch für diejenigen, die diese Freyheit der Selbstanschauung nicht besitzen, wenigstens Annäherung zu ihr, mittelbare Erfahrungen, durch welche uns ihr Daseyn ahnen läßt. Es giebt einen gewissen Tiefsinn, dessen man sich selbst nicht bewußt ist, den man vergebens sich zu entwickeln strebt. Jacobi hat ihn beschrieben. Auch wird eine vollendete Aesthetik (das Wort im alten Sinne genommen) empirische Handlungen aufstellen, die nur als Nachahmungen jener intellektuellen Handlung erklärbar sind, und schlechterdings nicht begreiflich wären, hätten wir nicht — um in Plato's Sprache mich auszudrücken — irgend einmal in der intellektualen Welt ihr Vorbild angeschaut.

„Von Erfahrungen" von unmittelbaren Erfahrungen muß alles unser Willen ausgehen; dieß ist eine Wahrheit, die schon viele Philosophen gesagt haben, denen zur vollen Wahrheit nichts, als die Aufklärung über die Art jener Anschauung fehlte. Von Erfahrung allerdings, — aber, da jede auf Objekte gehende Erfahrung vermittelt ist durch eine andre, — von einer unmittelbaren im engsten Sinne des Worts, d. h. selbst hervorgebrachten und von jeder objektiven Kausalität unabhängigen Erfahrung — muß unser Willen ausgehen. Dieses Princip — Anschauung und Erfahrung — allein kann dem todten, unbeseelten Systeme Leben einhauchen; selbst die abgezogensten Begriffe, mit denen unsre Erkenntniß spielt, hängen an einer Erfahrung, die auf Leben und Daseyn geht.

Diese intellektuale Anschauung tritt dann ein, wo wir für uns selbst aufhören, Objekt zu seyn,

167

wo, in sich selbst zurückgezogen, das anschauende Selbst mit dem angeschauten identisch ist. In diesem Moment der Anschauung schwindet für uns Zeit und Dauer dahin: nicht wir sind in der Zeit, sondern die Zeit — oder vielmehr nicht sie, sondern die reine absolute Ewigkeit ist in uns. Nicht wir sind in der Anschauung der objektiven Welt, sondern sie ist in unsrer Anschauung verloren.

Diese Anschauung seiner Selbst hatte Spinoza objektivirt. Indem er das Intellektuale in sich anschaute, war das Absolute für ihn kein Objekt mehr. Dieß war Erfahrung, die zweyerley Auslegungen zuließ: Entweder er war mit dem Absoluten, oder das Absolute war mit ihm identisch geworden. Im letzten Fall war die intellektuale Anschauung, Anschauung seiner selbst — im ersten, Anschauung eines absoluten Objekts. Spinoza zog das letzte vor. Er glaubte sich selbst mit dem absoluten Objekt identisch und in seiner Unendlichkeit verloren.

Er täuschte sich, indem er dieß glaubte. Nicht er war in der Anschauung des absoluten Objekts, sondern umgekehrt, für ihn war alles, was objektiv heißt, in der Anschauung seiner selbst verschwunden. Aber jener Gedanke — im absoluten Objekt untergegangen zu seyn — war ihm dann deßwegen erträglich, weil er durch Täuschung entstanden war, um so erträglicher, da diese Täuschung unzerstörbar ist.

Schwerlich hätte ein Schwärmer sich an dem Gedanken, in dem Abgrund der Gottheit verschlungen zu seyn, vergnügen können, hätte er nicht immer an die Stelle der Gottheit wieder sein eignes Ich

ANEXO 9 b

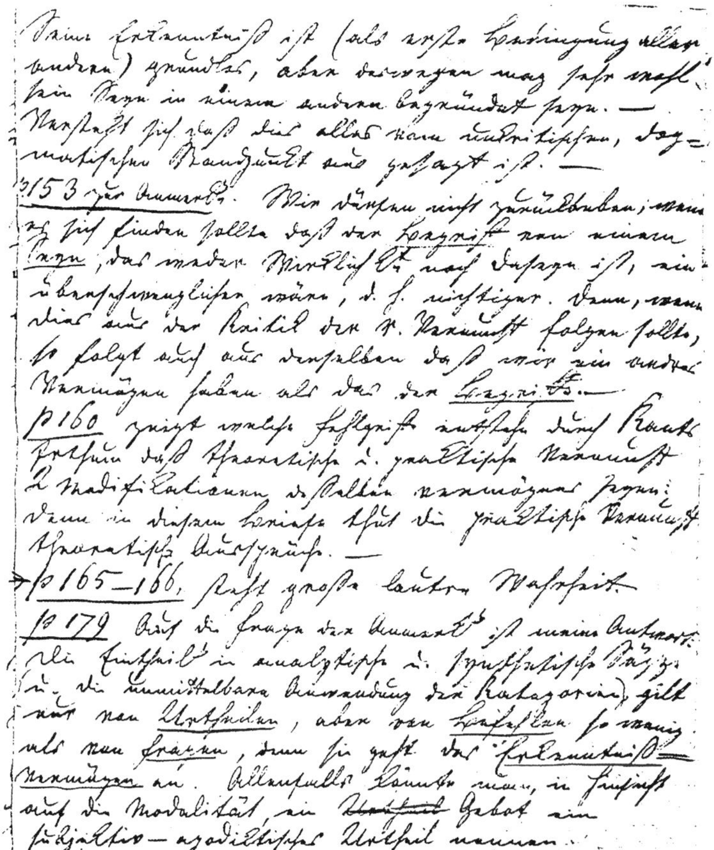

Seine Erkenntniß ist (als erste Bedingung aller andern) grundlos, aber dagegen mag sehr wohl kein Satz in einem andern begründet seyn. — Versteht sich daß dies alles vom unkritischen, dogmatischen Standpunkt aus gesagt ist. —
p. 153 zur Anmerk. Wir dürfen nicht zurückbeben, wenn es sich finden sollte daß der Begriff von einem Seyn, das weder Wirklichkeit noch Daseyn ist, ein überschwenglicher wäre, d. h. nichtiger. Denn, wenn dies aus der Kritik der r. Vernunft folgen sollte, so folgt auch aus derselben daß wir ein ander Vermögen haben als das der Begriffe. —
p. 160 zeigt welche Fehlgriffe entstehn durch Kants Lehren daß theoretische u. praktische Vernunft 2 Modifikationen desselben Vermögens seyn: denn in diesem Bereiche thut die praktische Vernunft theoretische Aussprüche. —
p. 165–166. steht große lautere Wahrheit.
p. 179 Auf die Frage der Anmerk. ist meine Antwort: die Eintheil. in analytische u. synthetische Sätze (u. die unmittelbare Anwendung der Kategorien) gilt nur von Urtheilen, aber von Befehlen so wenig als von Fragen, denn sie geht das Erkenntniß-Vermögen an. Allenfalls könnte man, in Hinsicht auf die Modalität ein ~~Urtheil~~ Gebot ein subjektiv-apodiktisches Urtheil nennen.
17[?]–81 Identität des Subjekts u. Objekts

ANEXO 9 c

Jair Barboza

20

so ist nur dieses Werk entstanden, die Schönheit aber nicht, welche ihrer Natur nach,
also mitten in der Zeit, ewig ist. Indem
wir also unsre Schlüsse überrechnen, so fin-
det sich, nicht nur daß die ewigen Begriffe
vortrefflicher und schöner seyen, als die Dinge selbst, sondern vielmehr, daß sie auch allein schön, ja daß der ewige Begriff eines
Dinges nothwendig schön sey.

Alexander. Gegen diese Schlußfolge
ist nichts einzuwenden. Denn nothwendig
ist, daß, wenn die Schönheit etwas unzeit-
liches ist, jedes Ding nur durch seinen ewigen Begriff schön sey; nothwendig, wenn die
Schönheit nie entstehen kann, daß sie das
Erste, Positive, die Substanz der Dinge
selbst sey; nothwendig, wenn das entgegen-
gesetzte der Schönheit bloße Verneinung und
Einschränkung ist, daß diese nicht in. jene
Region dringen könne, wo nichts als Reali-
tät angetroffen wird, daß also auch die
ewigen Begriffe aller Dinge allein und nothwendig schön seyen.

Anselmo. Sind wir aber nicht früher
übereingekommen, daß eben diese ewigen

21

Begriffe der Dinge auch allein und absolut
wahr, alle andern täuschend oder nur relativ
wahr seyen, und daß, die Dinge mit abso-
luter Wahrheit erkennen, so viel heiße als:
sie in ihren ewigen Begriffen erkennen?

Alexander. Freylich sind wir übereingekommen.

Anselmo. Haben wir also nicht die
höchste Einheit der Wahrheit und der Schönheit aufgezeigt?

Alexander. Ich kann nicht widerspre-
chen, nachdem du. mich in diese Schlußfolge
verstrickt hast.

Anselmo. Du hattest also ganz recht,
wenn du urtheiltest, daß ein Kunstwerk einzig durch seine Wahrheit schön sey, denn ich
glaube nicht daß du unter Wahrheit irgend
etwas schlechteres oder geringeres verstanden
habest, als die der intellectualen Urbilder der
Dinge. Außer dieser aber haben wir noch
eine untergeordnete und trügerische Wahrheit,
die den Namen von jener leiht, ohne ihr der
Sache nach gleich zu seyn, und die theils
in einer verworrenen und undeutlichen, imme-
aber in einer bloß zeitlichen Erkenntniß be-
steht. Diese Art der Wahrheit, welche sich

ANEXO 10 – Passagem do diálogo "Bruno" grifada, na p.21, por Schopenhauer,
quando Anselmo diz: "Du hattest also ganz recht, wenn du urtheiltest, dass
ein Kunstwerk einzig durch seine Wahrheit schön sey, denn ich glaube nicht
dass du unter Wahrheit irgend etwas schlechteres oder geringeres verstanden
habest...".

Fonte: Schopenhauer-Archiv, Frankfurt am Main.

28

giebt er nicht vielmehr den Ideen der Dinge, die in ihm sind, ein eignes und unabhängiges Leben dadurch, daß er sie als die Seelen einzelner Leiber existiren läßt. Ja, hat nicht eben deswegen auch jedes Werk, dessen Hervorbringendes der ewige Begriff des Individuums ist, ein gedoppeltes Leben, ein unabhängiges in ihm selbst, und ein anderes in dem Hervorbringenden?.

Alexander. Nothwendig.

Anselmo. Ein Werk also, das nicht in ihm selbst lebt und unabhängig von dem Hervorbringenden für sich fortdauert, werden wir auch für kein Werk halten, dessen Seele ein ewiger Begriff ist.

Alexander. Unmöglich.

Anselmo. Haben wir aber nicht festgesetzt, daß jedes Ding in seinem ewigen Begriff schön sey. Das Hervorbringende also eines Werks, wie wir es angenommen haben, und das Hervorgebrachte selbst sind eins, beyde nämlich schön. Das Schöne also bringt das Schöne, das Göttliche das Göttliche hervor.

Alexander. Dies ist einleuchtend.

Anselmo. Da nun das Schöne und

29

Göttliche in dem hervorbringenden Individuum sich unmittelbar nur auf dieses Individuum bezieht, ist es denkbar, daß in so fern in ihm zugleich die Idee des Schönen und Göttlichen an und für sich selbst sey, oder ist diese nicht vielmehr nothwendig in einem andern, in demselben nämlich, aber nicht als unmittelbarem Begriff des Individuums, sondern schlechthin betrachtet?.

Alexander. Nothwendig das letzte.

Anselmo. Ist es daher nicht ferner begreiflich, daß diejenigen, welche geschickt sind schöne Werke hervorzubringen, die Idee der Schönheit und Wahrheit an und für sich selbst oft am wenigsten besitzen, eben weil sie von ihr besessen werden?

Alexander. Es ist natürlich.

Anselmo. In so fern nun der Hervorbringende das Göttliche nicht erkennt, als solcher erscheint er nothwendig mehr wie ein Profaner als wie ein Eingeweihter. Ob gleich er es aber nicht erkennt, übt er es doch von Natur aus, und offenbart ohne es zu wissen denen, die es verstehen, die verborgensten aller Geheimnisse, die Einheit des göttlichen und natürlichen Wesens und

ANEXO 11 – A sentença neoplatônica de Schelling em "Bruno", grifada por Schopenhauer, definidora da estética de ambos, ou seja, a união entre *Idee der Schönheit und Wahrheit*.

Fonte: Schopenhauer-Archiv, Frankfurt am Main.

SOBRE O LIVRO

Formato: 14 x 21 cm
Mancha: 23 x 45 paicas
Tipologia: Iowan Old Style 10/14
Papel: Pólen Soft 80 g/m² (miolo)
Cartão Supremo 250 g/m² (capa)
1ª edição: 2005

EQUIPE DE REALIZAÇÃO

Coordenação Geral
Sidnei Simonelli

Produção Gráfica
Anderson Nobara

Edição de Texto
Maurício Balthazar Leal (Preparação de Original)
Sandra Garcia Cortes e
Daniel Seraphim (Revisão)
Oitava Rima Prod. Editorial (Atualização Ortográfica)

Editoração Eletrônica
Santana

Impressão e acabamento